Klaus Buhlmann

Perfekt Auto fahren

Klaus Buhlmann

Perfekt Auto fahren

Tipps, Tricks und Techniken

Motor buch Verlag

Einbandgestaltung: Dos Luis Santos
Titelbilder: Klaus Buhlmann

Recherchen zu »Fitness und Ernährung«:
Bastian Buhlmann

Soweit nicht anders vermerkt, stammen alle Abbildungen vom Autor.

ISBN: 3-613-02307-5

Postfach 10 37 43, 70032 Stuttgart
Ein Unternehmen der Paul Pietsch Verlage GmbH+Co
1. Auflage 2003

Lektorat: Kuch Joachim
Innengestaltung: Viktor Stern
Druck: Henkel Druck GmbH, 70435 Stuttgart
Bindung: Buchbinderei Müller, Leipzig
Printed in Germany

Vorwort

Mit dem Rallyefahren begann ich mit sechzehn als Copilot, was meinen Vater eine Menge der ohnehin nur noch spärlich vorhandenen Haare kostete. Später kostete es ihn auch Geld, weil ich mit achtzehn auf den Fahrersitz wechselte und er mich anfänglich nach Kräften unterstützte. Im NSU TT begann ich bei kleinen, lokalen Rallyes und diente mich langsam nach oben. Meine Vorbilder hießen Björn Waldegaard und Hannu Mikkola und ich war fasziniert von deren Lenkradartistik. Mit Mitte zwanzig fuhr ich große, internationale Rallyes und ich erreichte den Status eines »Semi-Werksfahrers« bei einem prominenten schwäbischen Opel-Tuner. Der einsame Kampf gegen die erbarmungslos tickende Uhr war für mich Freiheit, Freizeit und ein bisschen Abenteuer. Erst Mitte der achtziger Jahre, als ich in manchen Gegenden schon jeden Stein beim Vornamen kannte, fand meine Frau, dass es langsam Zeit sei, erwachsen zu werden, und sie begann damit, aus einem ganzen Zimmer voll Blech die ersten nach mehr als 20 Jahren Rallyesport bereits angelaufenen Pokale als Sondermüll zu entsorgen.

Das Rallyefahren halte ich – Formel 1 hin oder her – für die perfekteste und gleichsam artistischste Form des sportlichen Autofahrens. Und ich erwähne meine »bewegte Vergangenheit« und diese These nur deshalb, weil der Leser so vielleicht verstehen wird, dass ich die Darbietungen meiner vom Motorsport unbeleckten Zeitgenossen im normalen Straßenver-

Königsdisziplin: Rallyefahren ist Lenkradartistik in Perfektion. Wer den »wilden Reitern« bei ihrem Tanz auf der Rasierklinge auf die Pedalerie schaut, sieht die Messlatte für perfektes Auto fahren (Foto: Peugeot).

Klaus Buhlmann (links) organisierte nicht nur für Ferrari und Luca di Montezemolo die »Ferrari Racing Days« mit Michael Schumacher. Der Rheinländer veranstaltete viele Jahre lang auch Sport-Fahrerlehrgänge zur Erlangung der DMSB-C Lizenz (Foto: Motor-Events).

kehr stets mit etwas anderen Augen gesehen habe und heute noch sehe: Die Fahrschule und die Führerschein-Prüfung sind notwendige (bürokratische) Hürden. Jeder, sei er auch noch so untalentiert, lernt irgendwann ein Auto zum Anrollen, zum Fahren und wieder zum Stehen zu bringen. Im ersten Jahr Fahrpraxis sind dann die Fortschritte am größten: Das Gefühl für die Kupplung wächst, das Auto wird kaum noch abgewürgt, sanfter abgebremst und mitunter auch mutiger beschleunigt. In den Folgejahren werden die Lernschritte kleiner und irgendwann stagniert der fahrerische Fortschritt. Die Mehrzahl der Autofahrer hat dann ein Niveau erreicht, das es ihnen erlaubt, unauffällig und zumeist unfallfrei am Verkehr in der Stadt, auf der Landstraße und auf der Autobahn teilzunehmen. Nicht mehr und nicht weniger.

In Notsituationen versagen jedoch mehr als 80 % aller Autofahrer völlig. Sie oder er haben nie gelernt, ein Auto aus hoher Geschwindigkeit mit brutaler Kraft voll abzubremsen. Ein Hindernis, wie etwa ein auf der Autobahn urplötzlich entstehender Stau, wird fast unweigerlich zur Crash-Zone. In der Stadt knallt es täglich einige hundert Mal, weil niemand gelernt hat, einem Hindernis mit einem reaktionsschnellen Haken auszuweichen und statt dessen mit blockierenden Rädern in dieses hineinrutscht. Und auf der Landstraße gibt es eine erschreckende Anzahl von Schwerverletzten und Toten, die nicht in der Lage waren, ihre Geschwindigkeit richtig einzuschätzen und im Wechsel von Geraden und Kurven eine Harmonie des Bremsens und Beschleunigens zu finden. Auto fahren im normalen Straßenverkehr ist gefährlich und wird mit zunehmenden Zulassungszahlen und zunehmender Verkehrsdichte immer gefährlicher !

Ob als Geschäftsführer eigener Event-Firmen, Sport-Beauftragter eines der bekanntesten deutschen Tuners oder Breitensport-Chef eines der großen Automobilclubs veranstalte ich daher seit 1974 Fahrsicherheitstrainings und Sport-Fahrerlehrgänge. Ich besaß die Instruktoren-Lizenz des Deutschen Motor Sport Bundes zur Ausbildung von Renn- und Rallyefahrern und veranstaltete fast zehn Jahre lang regelmäßig Ausbildungsgänge zur Erteilung der Internationalen »C«-Fahrerlizenz, dem erforderlichen Rennfahrer-Führerschein, ohne den keiner an großen, internationalen Rennen teilnehmen darf. Mehr als 1000 Schüler haben meine »Rennfahrer-Schule« besucht und erfolgreich abgeschlossen. Auch für alle diese Schüler hatten die Götter stets den Schweiß vor den Erfolg gesetzt: Obligatorisch beginnt jeder Sport-Fahrerlehrgang mit einer ausführlichen Theorie: Das beginnt mit der Fahrzeugbedienung, denn wer im Auto liegt wie im Fernsehsessel, kann es weder gescheit lenken noch optimal abbremsen. Einen Schwerpunkt bildet die Fahr-Physik, denn jedes Auto führt ein ganz erstaunliches Eigenleben, es lenkt, ohne dass der Fahrer lenkt und es pendelt und schwingt, auch wenn der Chauffeur eigentlich geradeaus will. Man muss diese Fahr-physikalischen Gesetze kennen, denn wenn man sie kennt, kann man sie beeinflussen. Natürlich beschäftigt sich dieses Buch auch mit Fahrstil und -technik der Sport- und Rennfahrer, die es zur »Hohen Schule« gebracht haben müssen, um in ihrem Hobby (und einige in ihren Beruf) bestehen zu können. Das geht von der routinierten Fahrzeugbedienung über die Kurventechnik, das richtige Bremsen und rechtzeitige Beschleunigen bis hin zu den artistischen Einlagen der Rallyeprofis, die mit dem linken Fuß bremsen oder mit der Handbremse lenken. Tipps zu der für den Rennfahrer empfehlenswerten Ernährung und zu den heute unentbehrlichen Fitness-Programmen zählen ebenso zum Inhalt dieser Lektüre, wie (natürlich!) Alltagstipps zum besseren Auto fahren in der Stadt, auf der Landstraße und der Autobahn. Und abgerundet wird »das Werk« schließlich durch den Versuch einer Trennung von begehbaren und illusorischen Wegen zum Renn- oder Rallyesport und einigen Hinweisen zum »Who-is-Who?« und den Strukturen im deutschen Motorsport.

Ich widme dieses Buch all jenen, die das Auto und den Motorsport so mögen, wie ich »Selbstbeweger und Rennerei« seit Jahrzehnten liebe. Menschen mit Benzin im Blut, die ein so enges und ambitioniertes Verhältnis zu diesem Komplex verspüren, dass sie den festen Vorsatz haben, ihr Mobil so perfekt wie nur möglich zu beherrschen. Dabei liegen mir jene Leser am Herzen, die ein schnelles Auto fahren und im Alltag seine Vorzüge mit verbesserter Perfektion und größerer Sicherheit nutzen möchten. Diesem Leserkreis empfehle ich, nach dieser Lektüre über die Stufen eines Fahrsicherheitstrainings, eines Marken-, eines Sport- und eines Fortgeschrittenen-Fahrerlehrgangs das theoretische Wissen in der Praxis zu vertiefen. Perfekt Auto fahren lernt man nicht (nur) am grünen Tisch.

Durchaus wichtige Grundlagen am grünen Tisch vermitteln möchte ich jedoch jenen, die als jugendliches Talent, reife Frau oder gestandener Mann über den Einstieg in den Motorsport nachdenken. Die Möglichkeit, Sportfahrern auf die Pedalerie zu schauen, indem man die theoretischen Grundlagen des sportlichen, perfekten Autofahrens sorgfältig erarbeitet, verbreitert das natürliche Potential und verkürzt die Lehrzeit wesentlich. Insofern wären meine Ziele erreicht, wenn dieses Buch hier und da hilft, nicht nur im Alltag sicherer zu fahren, sondern auch den Einstieg in den Motorsport zu erleichtern und zu fördern.

Viel Erfolg wünscht
Ihr
Klaus Buhlmann

www.motor-events.de
Klaus Buhlmann · Wiehl

Inhalt

Vorwort		5
1.	**Fahrzeug-Bedienung**	9
2.	**Fahrphysik**	18
2.1	Achsen, um die sich's dreht	20
2.2	Schwarzes Gold: Reifen- und Kräfte	24
2.3	Eigenlenkverhalten	30
2.4	Grundzüge der Fahrphysik in der Kreisbahn	35
2.5	Übersteuern (z.B. bei Hinterradantrieb)	40
2.6	Untersteuern (z.B. bei Frontantrieb)	46
2.7	Neutrales Fahrverhalten (z.B. bei Allradantrieb)	54
3.	**Praxis-Tipps für den Alltag**	59
3.1	Autobahn, Landstraße und Stadtverkehr	60
3.2	Regen, Schnee und Eis: Sicher fahren bei Glätte	67
3.3	Nacht und Nebel	73
4.	**Fahrtechnik für Fortgeschrittene**	77
4.1	Vom Radius zur Ideallinie (Einlenk-, Scheitel- und Auslenkpunkt)	78
4.2	Gekonnte Kurventechnik – Bremsen und Beschleunigen	87
4.3	Gegenlenken	91
4.4	Richtig bremsen	95
4.5	Die Handbremse als Lenkhilfe	102
4.6	Drift oder Powerslide, Sideways-Technik	105
4.7	Das Driften durch »Anstellen«	111
4.8	Handbremswende und »ganze Wende«	115
5.	**Wege zum Rennsport**	121
5.1	Fahrsicherheitstraining	123
5.2	Sportfahrer-Lehrgang	128
5.3	Rennsport-Regeln	135
5.4	Rallye-Regeln	144
6.	**Fitness und Ernährung**	151
6.1	Richtige Ernährung	151
6.2	Fitness-Tipps	157
7.	**Wie wird man nun Sportfahrer ?**	162
8.	**»Who-is-Who ?« (Industrie-Kontakte)**	176

Rallye-Profis wie der zweimalige Weltmeister Marcus Grönholm sind perfekt in der Bedienung und Beherrschung ihrer Boliden (Foto: Peugeot).

1. Fahrzeug-Bedienung

Ein x-beliebiger Sonntag auf der Autobahn: Weil weniger Verkehr herrscht und kaum Lastwagen unterwegs sind, gibt es Raum und Muße für Studien zum Thema »Sonntagsfahrer« (leider sind die gleichen Fahrer auch an allen übrigen Tagen der Woche unterwegs). Mit gemütlichen 160 laufe ich auf einen Golf auf. Gut und weithin sichtbar »warnt« der Fahrer die übrigen Verkehrsteilnehmer: Er trägt einen Hut! Hutträger – es mag europaweit zwei oder drei Ausnahmen geben – sind als Autofahrer latent gefährlich (und gefährdet). Das ist keine böswillige Behauptung, sondern eine Lebenserfahrung. An diesem Sonntag achte ich auf die profanste Voraussetzung fürs Auto fahren, die Fahrzeug-Bedienung. Bei dem Golf-Fahrer fällt mir gleich nach dem Hut der Innen-Rückspiegel auf: Der steht schief und schräg und der gute Mann kann darin vielleicht die Sterne beobachten oder die Beine seiner Beifahrerin bewundern, nie und nimmer aber kann er darin nach hinten schauen. Ich überhole und riskiere einen Blick nach rechts: Der Golfer hockt in der »Affe-auf-dem-Schleifstein-Position« in seinem Auto, so weit vorne, dass man glaubt, die Hutkrempe würde an der Windschutzscheibe anstoßen. Die Arme sind extrem angewinkelt und beide Hände fassen das Lenkrad ganz oben in der Mitte. Er ist so konzentriert, dass er sich permanent nach vorn beugt: Der Rücken hat keinen Kontakt zur Sitzlehne. Wenn etwas Unerwartetes passiert, ist dieser Mann verloren: Bis der »Hutmann« seine Gliedmaßen sortiert hat, sind die anderen Unfallbeteiligten schon abgeschleppt. Und bremsen kann er in dieser Position schon gar nicht: Das Knie wird am Armaturenbrett hängen bleiben! Irgendwie passt seine Beifahrerin zu ihm: Sie studiert eine Straßenkarte.

Die Gefahr kommt von hinten, ist rot, schnell und fährt mit Fernlicht. Ich springe eilig nach rechts, was mein neuer Vordermann als Einladung versteht, völlig unmotiviert nach links auszuscheren. Nein, am Horizont fährt ein Wohnwagengespann. Er setzt mit einer halben Stunde Vorlauf zum Überholen an. Vorsichtshalber ducke ich mich ein wenig, doch der Ferrari-Fahrer »von hinten« hat gute Bremsen. So erlebe ich hautnah, wie der Schumi-Jünger, der jetzt links neben mir »eingebremst« fährt, fast an einer Kombination aus Herzinfarkt und Nervenzusammenbruch stirbt. Na ja, irgendwie hat er ja recht. Nachdem sich mein Blick von der ungemein attraktiven und unglaublich blonden Beifahrerin gelöst hat, beobachte ich wieder den Fahrer. Nein! Er trägt blaue Sparco-Handschuhe, die langen, die fast bis zu den Ellbogen hinauf gehen. Ich werde das in die Hitliste der Ferrarifahrer-Anekdoten aufnehmen, die noch immer von einem Ferraristi angeführt wird, der nach dem Einparken am Ziel eines Treffens ausstieg, um sich von seiner Partnerin mit Netzspannung die Haare frisch fönen zu lassen. In aller Öffentlichkeit. Beim Fahrerlehrgang am nächsten Tag warf er seinen F40 in die Leitplanke. Die heutige Sonntagsausgabe aus Maranello liegt (!) in seiner Flunder. Dabei ist er nicht einmal besonders groß. Er hat den Sitz bis zum Anschlag nach hinten gerückt und die Arme (mit den blauen Handschuhen) sind wie mit dem Lineal ausgerichtet ausgestreckt und die Hände umfassen das Lenkrad in der unteren Hälfte. Hoffentlich wird er nicht auf den Hutträger treffen.

Eine halbe Stunde später: Das junge Mädchen fällt mir auf, weil sie von der Auffahrt kommend an einem Wohnmobil vorbei gleich über zwei Spuren nach links auf die Überholspur fährt. Ich bremse mich ein und bewundere den Uralt-Corsa, dessen Auspuff bedrohlich auf und ab schwingt. Sie hat das Handy am Ohr, da kann so was wie nach der Auffahrt schon mal passieren. Ich habe von meiner Tochter Meike gelernt, Verständnis zu haben. Weil das Wohnmobil unbeirrt seine Bahn zieht und der Corsa natürliche Grenzen hat, entsteht ein Zockel-Stau, der schnell anwächst. Jetzt schaut sie in den Rückspiegel und beschließt, etwas zu unternehmen. Doch weil sie versucht, den Opel-Zwerg im fünften Gang zu beschleunigen, dauert es noch endlose Sekunden, ehe sie endlich am Camper vorbei gezogen ist. Es wird mir langsam zu gefährlich: Ich setzte den Blinker und verlasse die Autobahn, um auf einsamen Nebenstrassen nach Hause zu fahren.

Tipps, ein Auto zu bedienen? Das ist für die meisten Deutschen als »Erfinder-Erben des Autos« eine schlimme Beleidigung. Auch jeder Leser dieses Buches hat fleißig seine Fahrstunden absolviert und erfolgreich seine Führerscheinprüfung bestanden (wenn auch vielleicht nicht im ersten Anlauf). Und er hat möglicherweise schon viele Jahre Fahrpraxis (früher gab's eine Goldmedaille, wenn dies auch unfallfrei gelang), ist mit seinem Auto vielleicht schon mehrfach »um die Erde« gefahren und außerdem hat er sicher seine lieben Gewohnheiten, die sich bewährt haben. Und jetzt maßen wir uns an, einem »alten Hasen« wie Ihnen noch Tipps zu geben ?

In der Tat, ja. Denn auch wir haben so unsere Erfahrungen gesammelt: Zum Beispiel sonntags auf der Autobahn, wenn Papa, Mama und die lieben Kleinen spazieren fahren. Der eine Fahrer streckt sich im Auto aus, wie in einem Liegestuhl: Arme und Beine sind wie mit dem Lineal ausgerichtet »voll ausgestreckt«, die

Finger können gerade noch das Lenkrad umfassen und um die Pedale zu treten, müssen die Fußspitzen herhalten. Möglicherweise sitzt er dabei am Volant eines entsprechend sportlichen Modells und trägt »halbe Lederhandschuhe«, aus denen die bloßen Finger herausragen. Der andere Prototyp des Sonntagsfahrers fährt schon optisch defensiv und »voll konzentriert«: Er hockt so weit vorne auf seinem Sitz, als wolle er sich die Nase an der Frontscheibe eindrükken, Position und Konzentration sind so groß, dass zwischen Rücken und Lehne »jede Menge Luft« ist und eigentlich ein kleiner Hocker als Fahrersitz ausreichen würde. Die Hände umgreifen das Lenkrad zumeist ganz oben und die Arme sind zu einem solch spitzen »V« angewinkelt, dass die Ellbogen unten auf dem Lenkradkranz ruhen. Dadurch müssen die Beine so stark angewinkelt sein, dass sie permanenten Kontakt zum Armaturenbrett haben.

Übertrieben ? Leider nicht. Wir haben Dutzende von Sport-Fahrerlehrgängen veranstaltet und mehr als 1000 Schüler zur Internationalen Fahrer-Lizenz ausgebildet – und dabei immer wieder erfahren müssen, dass selbst junge Autofahrer dieses Marotten aus der Fahrschule mitbringen oder diese sich selbst angeeignet haben. Weil wir wissen, dass die meisten Autofahrer auch die einfachsten Regeln der Fahrzeugbedienung nie gelernt (oder wieder verlernt) haben, möchten wir Ihnen noch einmal das wichtigste bedienungstechnische Handwerkszeug an die Hand geben:

Die richtige Sitzeinstellung und Fahrerposition

Die optimale Sitzposition ist natürlich von der Körpergröße und von der Länge der Arme und Beine abhängig. Dennoch gibt es bewährte Grundregeln, die zur einzig vernünftigen Sitzeinstellung und damit zur optimalen Sitzposition führen.

Die Rückenlehne steht in einem Winkel von etwa 90 bis 100 Grad zur Sitzfläche. Keinesfalls wählt man eine »liegende«, weit nach hinten gekippte Position der Rückenlehne, selbst wenn dies besonders großen Fahrern mehr Kopffreiheit bescheren würde. Man kann einerseits in der Liegestuhlposition kaum über das Lenkrad schauen, geschweige denn die notwendige Rundum-Übersicht erhalten, andererseits birgt diese (völlig falsche!) Position die große Gefahr, bei einem Aufprall unter dem Sicherheitsgurt wegzurutschen.

Nun verstellt man den Abstand des Sitzes zum Lenkrad so weit nach vorne oder hinten, dass man mit leicht ausgestreckten Armen den oberen Rand des Lenkradkranzes bequem umfassen kann. Ballt man beide Hände zur Faust, so müssen die Handballen bei gestrekkten Armen oben, auf der »höchsten Stelle« des Lenkrades bequem und voll aufliegen. Dieser Abstand hat zur Folge, dass die Arme deutlich angewinkelt sind, wenn man nun die Hände herunter in die Normalposition, seitlich über den Lenkradspeichen nimmt.

In der Regel hat man damit bereits die optimale Sitzposition gefunden. Man kontrolliert dies jedoch, indem man zunächst mit dem linken Fuß die Kupplung tritt. Dabei muss man das Kupplungspedal mit leicht gestrecktem Bein und ohne den Fuß im Fußgelenk zu strecken, ganz durchtreten können. Diese Regel gilt dann natürlich auch für das rechte Bein und das Bremspedal: Nur in dieser Position, in der auch das Bremspedal bis zum absoluten Anschlag getreten werden kann, ohne dass das rechte Bein »am Anschlag« voll ausgestreckt ist, hat man im Ernstfall die optimale Hebelwirkung und vor allem sämtliche, verfügbare Muskelkraft, um eine Vollbremsung so, wie es sein muss, durchzuführen (Die richtige Sitzposition: Abbildung 1).

Damit ist der Sitz perfekt eingestellt. Vergessen sollte man aber auf keinen Fall eine Kontrolle der Kopfstütze. Diese ist nur dann optimal eingestellt, wenn sie den Hinterkopf (etwa in Höhe der Augen) sicher stützt und schützt. Zu niedrig eingestellte Kopfstützen gehören zu den häufigsten und folgenschwer-

Arbeitsplatz in einem BMW M3: Sportsitze geben Seitenhalt und absorbieren Fliehkräfte, ein kompaktes Lederlenkrad lädt ein zur »10 vor 2-Haltung« und der kurze Schaltknauf bedient präzise das Sechsganggetriebe (Foto: BMW).

sten Bedienungsfehlern, weil falsche (vor allen die zu niedrige) Einstellungen im Falle eines Crashs zu schlimmen Nackenwirbelverletzungen oder gar zu einem Genickbruch führen können.

Die meisten Hersteller bieten für fast alle Modelle gegen Aufpreis sogenannte »Sportpakete« an, zu den fast immer besondere Sportsitze gehören. Nicht wenige Autofahrer lehnen solche Sitze kategorisch ab - völlig zu Unrecht, denn die normalen Seriensitze sind oft zu weich gepolstert und können (insbesondere bei längeren Fahrten) zu Muskelverspannungen und Rückenbeschwerden führen. Die dadurch auftretende Körpermüdigkeit stellt ein erhebliches Sicherheitsrisiko dar. Zudem bieten sie oft zu wenig Seitenhalt, was sich insbesondere bei forscher Fahrweise erweist.

Der Sitze-Hersteller RECARO zählt seit den frühen sechziger Jahren weltweit zu den Marktführern im Geschäft mit dem »vernünftigen Sitzen« im Auto. RECARO beliefert heute zahlreiche Autohersteller als Serienausstatter. Und auch in gut ausgestatteten Flugzeugen findet man heute Passagiersitze von RECARO. Das dies seine guten Gründe hat, zeigen die vielen Vorteile eines guten Sportsitzes:

An den Seiten von Sitzfläche und Rückenlehne gibt es wulstartig geformte Stützen, die dem Körper bei auch noch so großer Zentrifugalkraft guten Halt bieten. Es gibt kein Hin- und Herrutscher in Kurven und auch die

Beifahrerin landet nicht (ungewollt) auf dem Schoß des Fahrers, wenn er einmal übermütig schnell durch eine scharfe Biegung prescht. Wenngleich Sitzfläche und Rückenlehne erheblich »dünner« als bei den meisten Seriensitzen ausschauen, besitzen sie einen festen, ausgetüftelten Federkern und eine computerberechnete, ergonometrische Form. Groß gewachsene Fahrer können solche Sitze häufig noch individuell einstellen, weil es zumeist eine Verlängerung der Sitzfläche gibt, die man nach vorn herausziehen kann und die besonders lang geratene Oberschenkel optimal abstützt. Obligatorisch sollte zudem eine Sitz-Höhenregulierung sein, mit deren Hilfe kleinere Fahrerinnen und Fahrer die Sitzfläche höher einstellen oder Großgewachsene den Sitz »tieferlegen« können. Die gegenüber dem Seriensitz geringeren Dimensionen der Rückenlehne von Sportsitzen bringen diesen (zu Unrecht!) in der Verdacht, unbequem zu sein. In Wahrheit ist so, wie mit der harten Matratze und dem vermeintlich wohligweichen Bett: Die Rückenlehnen von Sportsitzen sind so geformt, gestützt und gepolstert, dass sie insbesondere für Menschen mit Rückenbeschwerden unentbehrlich sind. Zudem bietet die zierlichere Konstruktion den Passagieren auf den hinteren Sitzen den Vorteil, eine größere Beinfreiheit zu haben. Trotz ihrer »Leichtbauweise« haben solche Sportsitze extrem stabile, chrashgetestete Konsolen und man kann einem RECARO-Sitz getrost größtmögliche Unfallsicherheit attestieren. Zu den entscheidenden Vorteilen eines Sportsitzes zählt die computerberechnete, ergonometrisch und orthopädisch günstige Form und Gestaltung von Konsole, Polsterung und Seitenstützen: Selbst Autobahn-Marathons lassen sich in solchen Sitzen ohne nennenswerte Gliederbeschwerden überstehen.

Die richtige Sitzposition:

Die Rückenlehne steht in einem Winkel zwischen 90 und 100 Grad zur Sitzfläche. Die Arme sind in der richigen Lenkradhaltung (10 vor 2) so angewinkelt, daß bei ausgestreckten Armen die Handballen auf der höchsten Stelle des Lenkrades aufliegen.

Der Sitz ist so weit nach vorne gerückt, daß die Beine alle Pedale "bis zum Anschlag" durchtreten können, ohne ganz gestreckt zu sein.

Der Renn- oder Rallyefahrer geht noch einen Schritt weiter: Im Automobilsport sind die Fliehkräfte so groß und die Distanzen so kräftezehrend, dass der Fahrer »wie mit dem Auto verschweißt« hinter Lenkrad und Pedalerie sitzen muss. Spezielle Rennsport-Sitze haben daher extrem erhöhte und extrem stabile Stützen links und rechts von Sitzfläche und Rückenlehne. Bei den Profis werden die Schalen der individuellen Körperform angepasst. Zu diesem Zweck gibt es dann mehrere Sitzproben und entsprechend viele, in Handarbeit ausgeführte Produktionsgänge. Diese Sitze bestehen aus einer Kohlefaser- oder Kevlar-Schale mit einer extrem hohen Materialfestigkeit. Diese Schale ist ergonometrisch schon so perfekt geformt, dass nur noch eine dünn anmutende Polsterung hinzugefügt wird. Die Sitze haben dadurch ein Eigengewicht von lediglich 5 bis 10 kg, was im Rennsport, wo jedes Kilo zählt, natürlich sehr wichtig ist.

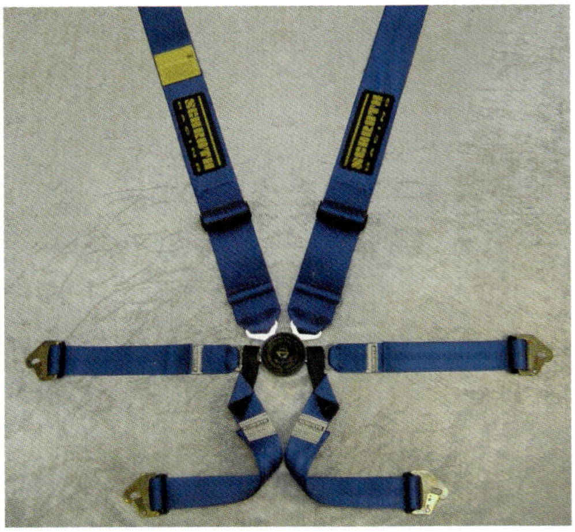

Ein MUSS in jedem Sportauto: Hosenträgergurte sind für den Sportfahrer die beste Lebensversicherung, besonders in Verbindung mit …

… Profi-Schalensitzen, die einerseits superleicht sind, andererseits optimalen Halt und höchste Sicherheit bieten (Fotos: Schroth, Recaro).

Die richtige Lenkradhaltung

Wenn man das Lenkrad in Normalstellung einmal wie das Zifferblatt einer Uhr unterteilt, so sollten die Hände beim Geradeausfahren den Kranz etwa in der Stellung »zehn vor zwei« (13.50 Uhr) umfassen: Die linke Hand an der Position der Zehn, die rechte Hand dort, wo man auf der Uhr die Zwei findet. Die Daumen und die Handballen liegen auf bzw. am Lenkradkranz, den die übrigen vier Finger der Hände fest, aber unverkrampft umfassen. Zwar kann man selbst bei den Profis unter den Rennfahrern leichte Abweichungen von dieser Grundstellung (10 vor 2) feststellen und die linke Hand mag das Lenkrad in einer Position zwischen 9 und 10 fassen, während die rechte Hand den Lenkradkranz zwischen 2 und 3 »Uhr« greift. Alle übrigen Lenkradhaltungen jedoch wie etwa das pseudo-sportliche Greifen des Lenkrads in der Mitte an den Speichen oder die »Fünf nach zwölf«-Position des klassischen Sonntagsfahrers sind schlichtweg falsch und gefährlich.

Die Positionen »zehn vor zwei« bis »viertel nach neun« haben sich im Sport aus zwei Gründen bewährt: Zum einen hat man in dieser Stellung das beste Gefühl für die Lenkung und die auftretenden Kräfte, und zum anderen können bei einer modernen (heute üblichen) direkten Lenkung fast alle Kurven in dieser Position gefahren werden, ohne umgreifen zu müssen: Weil bei diesen direkten Lenkungen schon eine halbe Lenkradumdrehung ausreicht, Kurven bis zu einem Radius von etwa 70 Grad zu steuern, lassen sich mit einem Griff am Lenkrad die große Mehrzahl aller Kurven bewältigen. Beide Hände bleiben dabei stets fest am Lenkrad, es sei denn, eine Hand hat für einen kurzen Augenblick eine andere Aufgabe, z.B. zu schalten oder einen am Armaturenbrett befindlichen Knopf zu bedienen. Alle weiteren Techniken des Lenkens erläutern wir in einem separaten Abschnitt (Die richtige Lenkradhaltung: Abbildung 2).

Da die Automobilhersteller auch in diesem Punkt aus dem Motorsport gelernt haben und

BMW-Instruktor vermittelt die richtige Lenkradhaltung einer hübschen Lady, der das Fahrertraining offensichtlich Spaß macht (Foto: BMW).

fast alle Autos heute mit recht kleinen, griffigen Lenkrädern ausgestattet sind, verfügt man meistens »serienmäßig« über das richtige Handwerkszeug. Wer jedoch noch ein Lenkrad mit einem Durchmesser von mehr als 40 cm in seinem Auto hat, sollte nachdenklich werden. Das ideale Lenkrad sollte einen Durchmesser von 32 bis 38 cm haben und einen recht dicken, griffigen Kranz besitzen, der über einer weichen Polsterung mit einem Mantel aus Leder umnäht ist. Es sollte drei oder vier Speichen und einen absolut sicheren Auf-

Die richtige Lenkradhaltung:

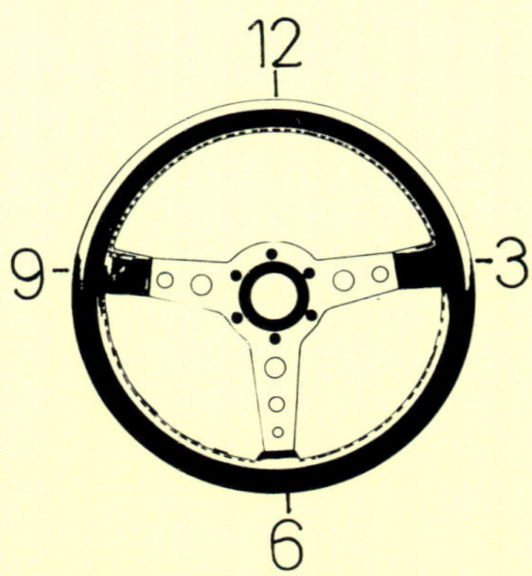

**Im Motorsport ideal bewährt hat sich folgende Position der Hände:
Links: zwischen 9 und 10 Uhr ! - Rechts: zwischen 2 und 3 Uhr !**

pralltopf besitzen. Selbst modernste Airbag-Lenkräder haben noch diese sportlichen Attribute. Lederlenkräder haben eine ungemein gute Griffigkeit und absorbieren ausgezeichnet den Handschweiß. Ein kleiner Kranz erlaubt bei einer entsprechend direkten Lenkung synchrone, direkte Lenkradreaktionen und ein klassisches Dreispeichenlenkrad gewährt zumeist freie Sicht auf alle wichtigen Armaturen und Instrumente.

Richtiges Kuppeln und Schalten

Da der Gebrauch von Kupplung und Schaltung zu den elementaren Kenntnissen eines jeden Autofahrers zählen müssten, wollen wir uns hier darauf beschränken, einige immer wieder zu beobachtende Fehler aufzuzeigen.

Die Kupplung trennt das Motor-Drehmoment vom Getriebe und vom Antriebsstrang. Tritt man das Kupplungspedal (auskuppeln), so wird der Fluss des Drehmoments vor dem Getriebe unterbrochen. Lässt man das Pedal wieder langsam los (einkuppeln), so schließt sich der Kraftfluss zu den Antriebsrädern. Hält man das Pedal jedoch in einer nur teilweise durchgetreten Stellung, so spricht man vom »Schleifen« der Kupplung. Wichtig ist, dass man die Kupplung nur beim Anfahren schleift. Hier geht es sogar gar nicht anders, die Kupplung muss bei einer gewissen Motordrehzahl weich und »schleifend« kommen, bis das Auto deutlich rollt. Die Kupplung wird immer mit dem linken Fuß betätigt. Bis hier her »kalter Kaffee«, da jedermann bekannt. Wenn es nichts zu schalten (und somit nichts zu kuppeln) gibt, ruht der linke Fuß völlig entspannt links neben dem Kupplungspedal. Erfreulicherweise sind immer mehr Hersteller dazu übergegangen, dort am Fußboden oder am Radkasten eine Fußstütze anzubringen. Wer solchen »Luxus« in seinem Auto vorfindet, sollte ihn auch benutzen (und wer im Motorsport aktiv werden möchte und in seinem Mobil keine Fußstütze hat, sollte sich diese einbauen lassen). Einerseits fährt man mit dieser kleinen Hilfe viel entspannter, andererseits kann man den Körper viel besser abstützen, sobald Fliehkräfte greifen. Viele Autofahrer neigen jedoch dazu, den linken Fuß auf dem Kupplungspedal abzustellen. Das kann dazu führen, dass die Kupplung ständig – und ungewollt – leicht getreten wird, also schleift und sehr bald verschleißt, ganz abgesehen davon, dass sie in diesem Zustand auch nie die volle Motorkraft überträgt.

Mit dem Schaltgetriebe kann man das Übersetzungsverhältnis der Motorkraft zu den Antriebsrädern bestimmen. Alle weniger guten Autofahrer haben zum Schaltgetriebe ein mehr oder weniger gestörtes Verhältnis: Das beginnt beim Schaltvorgang selbst, denn viele Fahrer »rühren« im Getriebe, wie Großmutter in einem zu zäh geratenen Kuchenteig. Wichtig ist, das man möglichst exakt dem auf der Oberseite des Schaltknüppels eingeprägten Schaltschema folgt. Nehmen wir an, die ersten vier Gänge sind wie ein großes H angeordnet, so reißt man den Schalthebel beim Zurückschalten vom dritten Gang (oben rechts) nicht einfach diagonal nach unten links (zweiter Gang), sondern führt den Hebel bewusst und gekonnt »über den Querbalken des großen H«, ehe man ihn dann gerade nach unten zieht.

Vor allem dient das Getriebe dazu, dass der Motor immer in einem möglichst günstigen Drehzahlband arbeiten kann – und hier werden die meisten Fehler gemacht. Herr Jedermann sollte seinem Motor stets »Arbeitsbedingungen« zwischen 2.500 und 5.500 Umdrehungen pro Minute gönnen, das heißt, er sollte einen Gang herunterschalten, wenn die Drehzahl unter 2.500 U/Min. absinkt und einen größeren Gang wählen, sobald die Nadel des Drehzahlmessers 5.500 U/Min. erreicht.

In der Praxis präsentieren sich jedoch erschreckend viele Autofahrer als ausgesprochen schaltfaul und glauben, besonders ökonomisch zu fahren, wenn sie ihr Auto im fünften Gang mit Tempo 40 km/h durch die Stadt quälen oder vor einer roten Ampel den vierten Gang bis zum Stillstand herunterwürgen. Der gute Autofahrer schaltet mehr als doppelt so häufig wie der

Präzises Schalten, bei dem der Schalthebel exakt und zügig über die Kulisse geführt wird, zählt du den Grundzügen perfekter Fahrzeugbedienung (Foto: BMW).

durchschnittliche und er hält dabei den Motor immer in einem Drehzahlbereich, der für jede denkbare Situation genügend Kraftreserven bietet. Die Fahrer starker Sportwagen, die die Motorleistung voll ausnutzen möchten, werden ihr Auto im Bereich zwischen 4.000 U/Min. und der Höchstdrehzahl, z.B. 7.500 U/Min. bewegen. Professionelle Renn- und Rallyeautos werden sogar zwischen 6.000 und 10.000 U/Min. geschaltet, um »voll bei der Musik« zu sein.

Um den Drehzahl-Unterschied zu einem niedrigeren Gang möglichst weich zu überbrücken, schaltet der Könner mit Zwischengas zurück: Es wird ausgekuppelt, sogleich tritt der rechte Fuß kurz aufs Gaspedal, der Motor dreht kurz hoch und nahezu zeitgleich wird rasch und präzise zurückgeschaltet. Geübte Sportfahrer beherrschen diese Technik übrigens auch, wenn sie gleichzeitig eine Kurve anbremsen müssen: Dann betätigt der rechte Fuß nach der »Hacke-Spitze-Methode« Brems- und Gaspedal gleichzeitig.

Es wird hoffentlich keinen Leser geben, dem alles in diesem Kapitel zur Fahrzeugbedienung neu ist. Wir wären zufriedener, hier nur Bekanntes wiederholt und in Erinnerung gerufen zu haben. Unsere Erfahrungen aus unseren Sport-Fahrerlehrgängen zeigen uns allerdings, dass insbesondere die im Motorsport obligatorische Sitzposition oder die Lenkradhaltung »10 vor 2« für überraschend viele Teilnehmer »Neuland« sind.

Rennkäfer auf der Suche nach dem Limit der Längsachse, hoch das Bein (Foto: VW).

2. Fahrphysik

Den ersten bleibenden Eindruck von Fahrphysik hatte ich mit siebzehn als Beifahrer im Mini-Cooper eines um zwei Jahre älteren Clubkameraden. Wir fuhren eine jene »wilden« Orientierungsfahrten, bei denen es bei extremer Karten-Franzerei immer nur volles Rohr ging.

Der Mini war in einer »10 Minuten-Etappe« unterwegs und wir hatten es eilig, weil ich für eine besonders listig postierte Kontrolle ewig Zeit gebraucht hatte. Bodo, mein Fahrer, heizte auf einer gut ausgebauten Landstraße in Richtung Herchen und ich war (schon aus Selbsterhaltungstrieb) bemüht, ihm die Kurven aus der 50.000er Karte rechtzeitig anzusagen.

Auch jene sehr scharfe und unendlich lange Rechts am Ortseingang. Es mag daran gelegen haben, dass die Kurven vorher alle weit harmloser waren. Jedenfalls war Bodo viel zu schnell als uns urplötzlich ein unendlich breiter Touristen-Daimler halb auf unserer Seite entgegen kam. Rechts war ein steiler Hang, den Rest der Straße benutzte der Daimler. Bodo tat, was er tun musste und machte so bei Tempo 90 mitten in der Kurve eine Vollbremsung. Völlig ansatzlos flog der Mini nach links von der Straße, segelte seitwärts über eine Böschung, machte einen Holzzaun nieder und landete mit einem satten Geräusch mitten in einem liebevoll angelegten

Gemüsegarten. Wie durch ein Wunder waren wir nirgendwo angeeckt und hatten uns auch nicht überschlagen. Der Mini stand auf den Rädern und steckte bis zum Bodenblech im Mutterboden, mitten zwischen Salatköpfen, Mohrrüben und Stachelbeersträuchern. Erst viel später realisierte ich, dass wir ein unglaubliches Glück gehabt hatten: In neun von zehn Fällen endet eine solche Situation mit schlimmen Folgen.

Ein Jahr später war ich stolzer Besitzer eines aufgemotzten NSU TT und heizte mit einem Freund auf dem Beifahrersitz zum Nürburgring. Mein Kumpel war sechs Jahre älter als ich und hatte bereits hervorragende Erfolge als Rennfahrer vorzuweisen. Ich war jedenfalls ganz heiß darauf, ihm zu zeigen, wo der Bartl den Most holt. Solche Touren »zum Ring« waren damals an der Tagesordnung: Eben mal nachschauen, ob noch alle Kurven da sind. Wir hatten gerade die Autobahn verlassen und heizten oberhalb von Niederzissen über eine kurvige Eifelstraße, als vor uns eine Kolonne von Touristen auftauchte, die offenbar sehr viel Zeit hatten. Ich trat den TT ins Kreuz und überholte den Konvoi auf einer kurzen Geraden die leider so kurz war, dass die anschließende Rechtskurve viel zu schnell kam und ich kaum Zeit zum Bremsen hatte und am Einlenkpunkt noch »kritisch schnell« war. Ich setzte vorsichtshalber ein Vorderrad ganz rechts auf die Grasnarbe und ging ganz vom Gas, worauf der TT hinten plötzlich sehr leicht wurde und von vorn Gegenverkehr kam. Das TT-Heck mit der offenen Motor-Klappe schwenkte schon in Richtung Mittelstreifen aus, als mein Beifahrer brüllte: »Gas!!!«. Vermutlich hat uns beiden dieser Angstschrei das Leben gerettet, denn erst als ich wieder beherzt Stoff gab, stabilisierte sich das Auto und wir kamen heil am Nürburgring an. Meine Darbietung unter den Augen »eines Meisters« war mir so peinlich, dass ich mir vornahm, mich von Stund an intensiv mit den fahrphysikalischen Gesetzen und Fahrtechniken zu beschäftigen. Und weil ich einen Monat später begann, Rallyes zu fahren, mitunter zwanzig pro Jahr, konnte ich alles, was ich mir anlas, sogleich ausprobieren und umsetzen. Es gibt kein besseren Training als den Wettbewerb.

Wie interessant und unterhaltsam das Studium der Fahrphysik sein kann, mag eine andere Geschichte belegen: Mit Clubkameraden fuhren wir im Sommer immer wieder einmal »unter der Woche« zum Nürburgring, um am Adenauer Forst unsere Zelte aufzuschlagen und die Campingkocher aufzubauen. Besonders beliebt waren die rennfreien Wochen und in diesen die Zeit zwischen Donnerstag und Samstag. Dann waren die Touristen auf der Nordschleife unterwegs. Autos, Geländewagen, Motorräder und Busse heizten durch die grüne Hölle, als gäbe es kein Morgen. Der Adenauer Forst bietet sich für Studien deshalb an, weil es sich um eine Hundekurve nach links handelt, eine gemeine Macht-zu-Kurve, in der man unendlich lange rechts außen bleiben muss, bis man den Scheitelpunkt sieht und einlenkt. Leider wissen das die meisten Touristen nicht. Weil gleich nach der Links eine Rechtskurve folgt, konnte man daher mit schöner Regelmäßigkeit das folgende Spiel beobachten: Zu schnell gefahrenes und völlig falsch gelenktes Auto taucht rodelnd auf, schleudert nach außen von der Fahrbahn, fliegt über die Curbs und rutscht über den Seitenstreifen (der dort ein recht breiter »Platz« ist) auf eine Hecke zu. Die Darbietung endete dann stets kurz und trocken: Hecke auf, Auto weg, Hecke zu. Die Hitliste führt übrigens ein voll besetzter Reisebus an. Die Nürburgring GmbH hat die Hecke längst entfernt. Dennoch zählt der Adenauer Forst noch immer zu den spektakulären Stellen der Nordschleife und man kann hier an Wochentagen gratis hervorragenden Nachhilfeunterricht in Fahrphysik nehmen.

Während Bildungslücken zu diesem Thema im Rennsport durch Kiesbetten und Auslaufzonen und beim Rallyefahren durch Sicherheitspaket und Überrollkäfig abgefangen werden, haben sie für Otto Normalverbraucher im öffentlichen Straßenverkehr zumeist fatale Folgen . Es gibt jedenfalls jede Menge Gründe, die folgenden Seiten besonders intensiv zu lesen.

2.1 Achsen, um die sich's dreht

Physikalisch verfügt jedes Auto über eine Längs-, eine Quer- und eine Hochachse. Jede dieser drei Achsen verläuft durch den Schwerpunkt, der je nach Motorlage und Gewichtsverteilung zufällig genau in der Mitte, eher aber weiter vorne und gelegentlich auch weiter hinten liegen wird. Jede Bewegung, die ein Auto vollzieht, verläuft um eine dieser Achsen (siehe Abbildung 3):

Quer- (Q), Hoch- (H) und Längsachse (L)

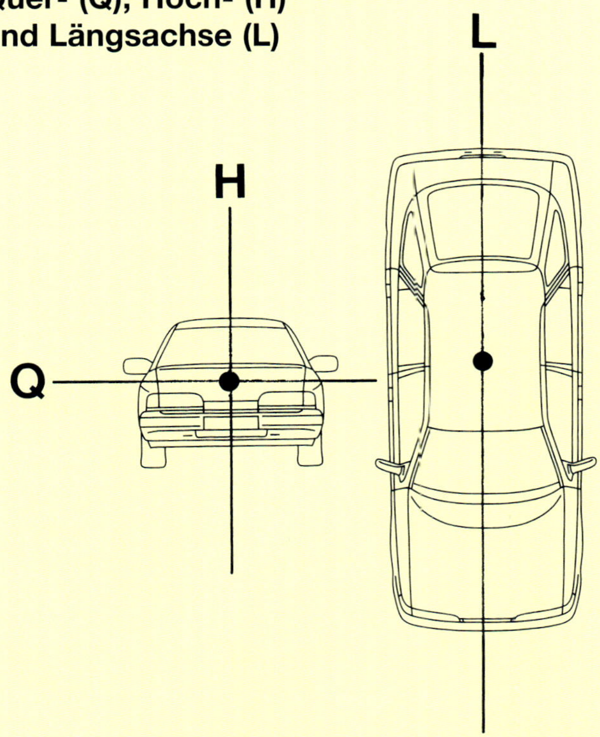

Die Achsen, um die sich alles dreht.

Abbildung 3

Längsache (waagerecht in Längsrichtung)

Bewegungen um die Längsachse sind dem Autofahrer vertraut, sie erscheinen ihm selbstverständlich. Sie treten in jeder Kurve auf, wenn das Auto auf der Kurveninnenseite stärker aus- und auf der Außenseite stärker einfedert. Durch die Fliehkraft tritt eine Gewichtsverlagerung auf, die den Wagen in eine seitliche Neigung bringt. Technisch ausgedrückt »rollt« das Auto. Einmal abgesehen von den Bedingungen in einem Formel 1, wo in den Kurven Fliehkräfte mit einem Mehrfachen des Körpergewichts wirken können, akzeptiert der Autofahrer die Rollbewegung um die Längsachse als gegeben und natürlich. Nur wer es mit der Kurvengeschwindigkeit extrem übertreibt und zudem vielleicht noch auf eine Bodenwelle oder in ein unvorhersehbares Schlagloch gerät, wird vom fahrphysikalischen »rollen« ansatzlos in die durchaus reale »Rolle seitwärts« übergehen! Um auch diese Gefahr noch zu minimieren, haben intelligente Techniker übrigens schon spezielle Hydraulik-Stoßdämpfer-Systeme entwickelt, die, elektronisch gesteuert, die jeweils kurvenäußere Fahrzeugseite automatisch anheben. So ausgestattete Autos fahren selbst in schärferen Kurven ohne sonderlich sichtbare seitliche Neigung. Doch diese Ausstattung ist, betrachtet man alle Autos am Markt, noch eher eine Seltenheit und

Ausnahme. Im Sport, wenn es auf einer Rundstrecke z.B. bedeutend mehr Rechts- als Linkskurven gibt, wird jedoch ein vergleichbarer Effekt erzielt, indem man für die »belastete« Fahrzeugseite Stoßdämpfer mit härteren Zug- und Druckwerten einbaut und möglicherweise zusätzlich entsprechende, unterschiedliche Federn für jede Fahrzeugseite auswählt (das machen allerdings nur wenige Profis und auf nur wenigen, extremen Strecken wie z.B. in Indianapolis). Bewegungen um die Längsachse zeigt unsere Abbildung 4, oben.

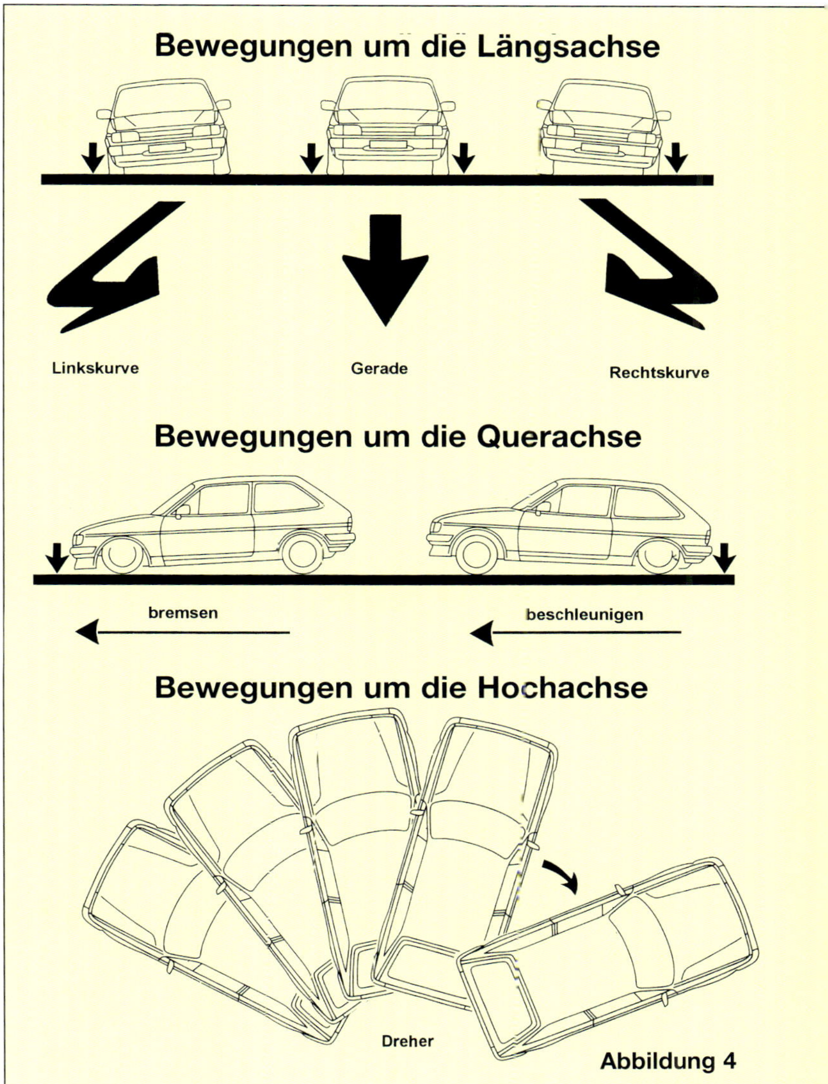

Abbildung 4

Querachse (waagerecht in Querrichtung)

Ebenso vertraut sind dem Autofahrer die Bewegungen um die Querachse: Beim Bremsen taucht das Auto vorne ab, die Techniker sprechen vom »Brems-Nicken«. Beschleunigt man kräftig aus dem Stand, so kommt es zu einer zweiten, vertrauten Bewegung um die Querachse: Die Fronthaube hebt sich, während sich das Heck satt in die Federn setzt. Die extremste Form der Rotation um die Querachse tritt selbst bei den Schotterartisten nur recht selten und nur dann auf, wenn nach einem extremen Sprung etwas gründlich schief geht und das Auto anstatt mit den Rädern mit der »Schnauze« aufkommt. Dann folgt gelegentlich eine ansatzlos eingesprungene Hochkant-Rolle, wie ich sie bei der »1000 Seen-Rallye« des öfteren gesehen habe (für die Fahrer ist solch ein »Salto vorwärts« übrigens keineswegs lustig!). Beim Serienauto ist der »Diving- oder Tauch-Effekt« um die Querachse übrigens davon abhängig, wie progressiv der Wagen gedämpft und gefedert ist. Bei modernen Sportwagen wird dieser Effekt durch ausgefuchste Systeme weitgehend neutralisiert (Querachsen-Bewegungen: Abbildung 4, Mitte).

Dynamische Lastwechsel beim Bremsen und Beschleunigen

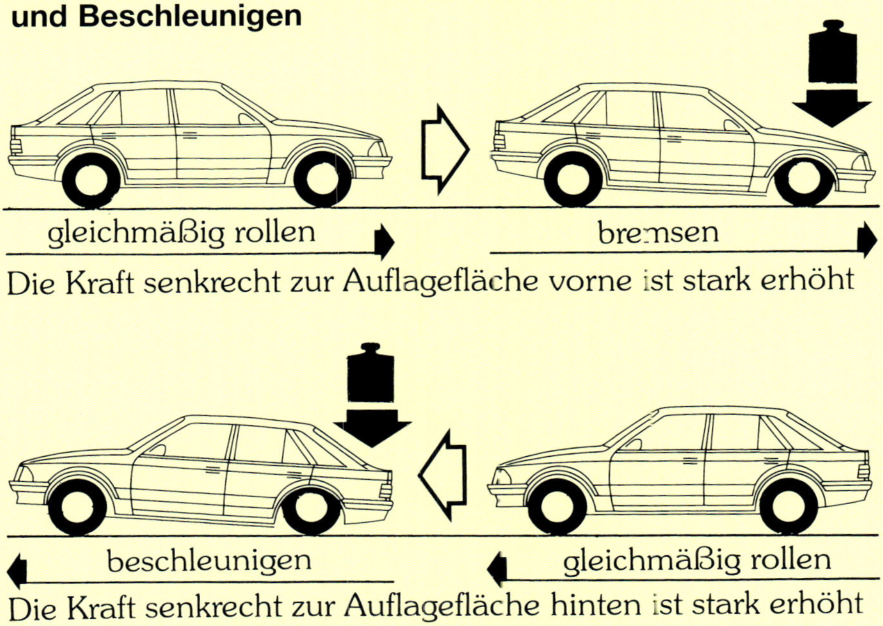

Der Renn- oder Rallyefahrer kennt die dynamischen Lastwechsel und nutzt sie für seine Fahrtechnik: Beim Bremsen konzentriert sich das Gewicht vorne, das Heck "wird leicht". Der Pilot kann das Heck in dieser Situation durch spezielle Maßnahmen "gewollt" zum Ausschwingen bringen oder sich "bewußt" in eine Kurve hineinbremsen. Beim Beschleunigen "wandert" das Gewicht nach hinten: Dieses Wissen nutzt der Sportfahrer z.B. um die Hinterachse zu stabilsieren oder um Über- oder Untersteuern zu neutralisieren.

Abbildung 5

Hochachse (senkrecht mittig im Schwerpunkt)

Kommen wir nun zur Fahrzeug-Hochachse, die – wie ein Speer, den man ins Dach gerammt hat – senkrecht mitten durch den Schwerpunkt bis zur Fahrbahn führt (siehe Abbildung 3, links, »H«). Zu Bewegungen um die Hochachse kommt es, wenn das Auto in extremer Kurvenfahrt zu rutschen beginnt. Die stärkste Bewegung um die Hochachse wären ein Dreher oder – aus hoher Geschwindigkeit - mehrere Kreisel. Aber auch beim Über- oder Untersteuern, beim Ausgleiten des Hecks oder Geradeausschieben der »Vorderhand«, tritt Rotation um die Hochachse auf, wenn auch dezent und beherrschbar. Nun sind diese labilen Fahrzustände den meisten Autofahrern suspekt und äußerst unangenehm. Sie treffen die meisten Autofahrer daher auch völlig unvorbereitet!

Da Auto fahren aber eine durchaus dynamische Angelegenheit ist, muss jeder Fahrer wissen, dass beim Bremsen, Beschleunigen und Kurvenfahren sogenannte »dynamische Achslastwechsel« stattfinden. Dabei »kreiseln« die vielen Kilos Ihres Autos stets um eine der beschriebenen Achsen. Die Masse wird hin und her gerissen, sie wandert von hinten nach vorne, von vorne nach hinten und von der einen zur anderen Seite (vergleichen Sie bitte mit den Abbildungen 4 und 5).

Weil durch diese Gewichtswanderung jedoch stets ein Paar der vier Räder stärker be- und das andere Paar stärker entlastet wird, haben diese Radlastveränderungen natürlich Folgen. Die belasteten Reifen haften besser, die entlasteten Pneus verlieren plötzlich den gewohnt zuverlässigen Griff »in« die Asphaltdecke.

Der erfahrene Sportfahrer kennt jede einzelne Reaktion seines Autos auf Radlastwechsel. Er ist in der Lage, unliebsame Folgen dieser plötzlichen Gewichtskonzentration zu eliminieren oder eine Gewichtsverlagerung im Sinne einer besonderen Fahrtechnik bewusst herbeizuführen. Der Normalverbraucher muss soweit nicht kommen. Er sollte jedoch die elementaren Grundzüge der Fahrphysik fundiert kennen und in der Lage sein, auf die extremsten Reaktionen seines Autos mit den richtigen Maßnahmen zu reagieren.

Dieser Audi wurde bei einer Bewegung um die Querachse eingefroren, das Bild zeigt deutlich, wie das Auto beim Bremsen vorne eintaucht und hinten ausfedert (Foto: Audi).

Im normalen Straßenverkehr sehr selten, im Rallyesport an der Tagesordnung: Bewegungen um die Hochachse. Subaru-Werksfahrer Petter Solberg schleudert kontrolliert durch eine Kehre der Rallye Catalunya (Foto: Subaru).

Gefährlich: Um die Querachse kippender Hyundai bei der Australien-Rallye, ein solcher Nasenstüber endet gelegentlich mit einer Rolle (Foto: Hyundai).

2.2 Schwarzes Gold: Von Reifen und Kräften

Mancher Autofahrer weiß nur: Sie sind rund, schwarz und reichen bis zum Boden! Und bei der Autowäsche kann man mit den Reifen etwas nachlässiger umgehen, als mit Chrom und Lack. Und der richtige Luftdruck steht auf einem kleinen Aufkleber im Rahmen der Fahrertür.

Dabei sind die Reifen eigentlich das wichtigste Zubehör am Auto: Sie müssen alle Kräfte absorbieren, gleich ob unser Auto nun in der Garage steht, durch ein Dorf rollt, auf einer Landstraße fährt, stundenlang über die Autobahn prescht oder auf Schnee und Eis zu rutschen und schleudern droht. Für Herrn Jedermann wie auch für den aktiven Sportfahrer sind die Reifen jenes wundervolle Instrument, das den Kontakt zur Straße herstellt und verhindert, dass auch das schönste Auto wie ein UFO dahin fliegt. Schwarzes Gold und Lebensversicherung in einem !

Fahrphysikalisch kennen wir zwei Arten von Reifenkräften, die Roll- oder Längskraft und die Seitenführungskraft.

Reifen-Roll- oder Längskraft

Die Reifen-Rollkraft wirkt längs zur Fahrtrichtung (in Rollrichtung). Reifen-Rollkräfte treten auf beim Bremsen und Beschleunigen. Dass dabei selbst modernsten Reifen physikalische Grenzen gesetzt sind, zeigt das Durchdrehen der Antriebs-Pneus bei einem mit viel Gas und schnalzender Kupplung vollführten Kavaliersstart oder das gelegentliche Rutschen aller vier Reifen, wenn sie bei zügiger Fahrt durch eine Vollbremsung blockiert wurden. Rollkräfte können also nur bis zu jener Grenze aufgebaut werden, an der Ihr Auto zu rutschen beginnt! Herr Jedermann kann mit diesem Umstand recht gut umgehen, denn entweder rutscht sein Auto nie, weil er nur sonntags und nur bei Sonnenschein ausfährt oder es rutscht sofort, wenn er sich mit Sommer-Pneus aufs Eis wagt.

Seitenführungskraft

Die Seitenführungskraft wirkt quer zur Rollrichtung. Die Seitenführungskräfte moderner Reifen sind im Normalfall so gut, dass das Auto, salopp gesagt, »toll in der Kurve liegt« und »die Reifen hervorragend haften«. Dass es sich hier in Wahrheit um eine »GmbH«, eine »Gerätschaft mit beschränkter Haftung« handelt, mag selbst der Laie ahnen, wenn sein Auto auf Schnee plötzlich eigene Wege einschlägt oder in einer zu schnell gefahrenen, regennassen Kurve zu rutschen beginnt. Doch auch auf völlig trockener Fahrbahn hat die Seitenführungskraft ihre Grenzen, die von der Qualität und dem Zustand der Reifen, von der Geschwindigkeit, der momentanen, fahrphysikalischen Situation und vom Gewicht des Autos abhängig sind.

Die Reibwerte eines Reifens

Inzwischen hängen die Reifenkräfte ganz erheblich von der Konstruktion und der

Gummimischung moderner Reifen ab. Sehr vereinfacht kann man sagen, dass theoretisch ein profilloser Slick-Reifen, wie er im Rennsport erlaubt ist, auf einer trockenen Asphaltbahn am besten haftet und Querkräfte am besten absorbiert. »Theoretisch« allerdings deshalb, weil ein solcher Slick-Reifen im öffentlichen Straßenverkehr nicht zulässig ist. Dort bietet ein bereits angefahrener, gut-gebrauchter Reifen auf

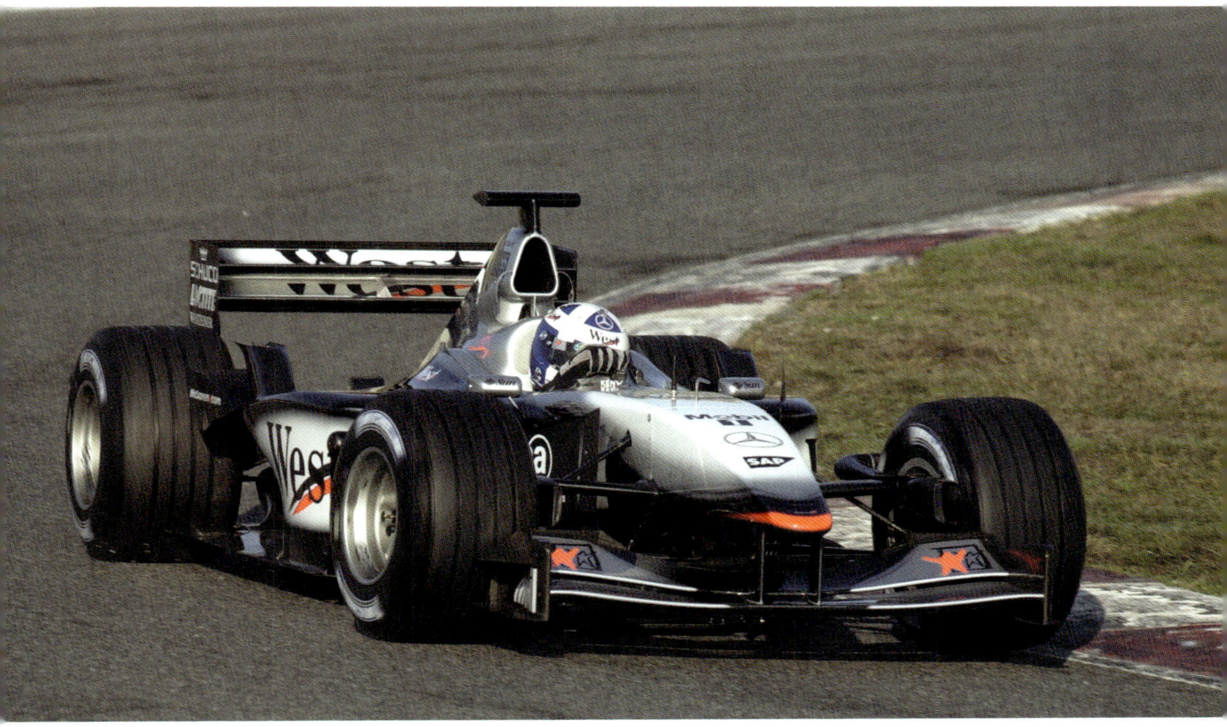

McLaren-Mercedes: Die extremen Kurvengeschwindigkeiten in der Formel 1 sind nur Dank der breiten Rennreifen möglich, die optimale Seitenführungskräfte aufbauen (Foto: Daimler-Chrysler).

trockener Fahrbahn bessere Reibwerte als ein nagelneuer. Bei starkem Regen hingegen sind Reifen mit hohem Profil, ausgetüftelter Drainage und weicher Gummimischung der Idealfall. Ist die Fahrbahn durchgängig mit Schnee bedeckt, bilden Reifen mit speziellen Schnee-Stollen oder -Lamellen und einer noch weicheren Gummimischung die beste Vorsorge gegen Rutschen und Schleudern. Und bei Glatteis gibt es zu den (in Deutschland verbotenen) Spike-Reifen eigentlich keine Alternative!

Da allerdings kaum jemand sich für jeden nur denkbaren Fahrbahnzustand einen geeigneten Satz Reifen in die Garage legt, stellen moderne Autoreifen den bestmöglichen Kompromiss aus den zuvor genannten Anforderungen sicher. Dabei ergeben sich allerdings höchst unterschiedliche Reibwerte (Wirkungsgrade) (siehe Tabelle unten).

Wer weiß, dass die Haftung eines abgenutzten Reifens schon bei 50 km/h und lediglich feuchter Fahrbahn um bis zu 50 % zurück geht, wird seine Fahrweise ganz bestimmt entsprechend anpassen. Doch welchem Normalverbraucher am Volant sind diese Zahlen schon geläufig ?

Schwarzes Gold: Michelin präsentiert die Grundausstattung der Formel 1, Intermediate-, Trocken- und Regenreifen (Foto: Michelin).

Um die Zusammenhänge zwischen physikalischen Gesetzmäßigkeiten und der Wirkungs-

Reifen-Reibwerte-Tabelle

Geschwindigkeit	Reifenzustand	Straßenzustand trocken	feucht Wasserhöhe etwa 0,2 mm	Regen Wasserhöhe etwa 1 mm	starker Regen Wasserhöhe etwa 2 mm	Eis
		ergibt Reibwerte von:				
50 km/h	neu	0,85	0,65	0,55	0,50	0,10
	abgenutzt	1,00	0,50	0,40	0,25	0,00
90 km/h	neu	0,80	0,60	0,30	0,05	—
	abgenutzt	0,95	0,20	0,10	—	—
130 km/h	neu	0,75	0,55	0,20	—	—
	abgenutzt	0,90	0,20	0,10-0,00 !	—	—

weise von Autoreifen nochmals aufzuzeigen, möchten wir »die zehn Gebote« der Reifen-Physik« bemühen (siehe Kasten).

Sportreifen

Nahezu alle prominenten Reifenhersteller bieten heute Großserienreifen an, die bei nahezu allen Fahrbahnzuständen beste Resultate erzielen. Ihre Erfahrungen für die Großserie haben diese Hersteller im Automobilsport gesammelt. Während in großstädtischen Regionen in aller Regel ein einziger Reifentyp für alle Jahreszeiten genügt, benötigt der Pilot eines Rennwagens unterschiedlichste Spezialreifen: So stehen profillose Slicks in harten, mittleren und weichen Mischungen zur Verfügung, um perfekt auf die Distanz des Rennens und die Besonderheiten der Rennstrecke reagieren zu können. Für unsi-

Die zehn Gebote der Reifen-Physik

1. **Ein stabiler Fahrzustand besteht, so lange die Querkräfte kleiner sind als die Längskräfte. Das Auto bewegt sich auf seinen Pneus in guter Rollreibung (die Reifen haften!).**
2. **Ein labiler Fahrzustand tritt ein, wenn durch über den Reifen-Haftwert hinaus erhöhte Fliehkräfte zwischen Reifen und Fahrbahn nur noch Gleitreibung herrscht.[1]**
3. **Reifenkräfte, die zu absorbieren sind, steigen proportional mit dem Gewicht des Autos und – natürlich – auch proportional zum Kurvenradius und zur Geschwindigkeit. Reifen befinden sich somit in einem permanenten »Kampf« mit der natürlichen Fliehkraft.**
4. **Die Reifenkräfte nehmen bei Nässe, Schnee oder Eis dramatisch ab. Der Haftungsreibwert neuer (!) Reifen geht bei starkem Regen schon bei 50 km/h auf 0,25 zurück.**
5. **Rollkraft und Seitenführungskraft verändern sich abhängig voneinander.**
6. **Wird die Rollkraft plötzlich überfordert, z.B. bei einer Vollbremsung, so geht die Seitenführungskraft gegen Null zurück. Je stärker ein Reifen gebremst wird, um so schlechter ist seine Seitenführungskraft – das blockiert gebremste Auto wird unlenkbar und rutscht nahezu unabhängig vom Lenkradeinschlag immer geradeaus.**
7. **Anders herum: Ein Auto, das am Limit der Seitenführungskraft mit hoher Geschwindigkeit durch eine Kurve gefahren wird, kann keine wirksamen Rollkräfte aufbauen und wird bei einer plötzlichen Vollbremsung von der Straße rutschen.**
8. **Als »Grenzbereich« bezeichnet man jenen Fahrzustand, in dem die Reifen durch erhöhte Querkraft an ihre Haftgrenze stoßen: Die Kraft der Masse (Fliehkraft) ist dabei gleich groß wie die Reibungskraft (Haftung) der Reifen. Sobald jedoch die Fliehkraft größer als die Reifen-Haftung wird, geraten die Reifen mehr und mehr in Gleitreibung und das Auto drängt zur Kurvenaußenseite.**
9. **Der Übergang vom »Grenzbereich« zur Gleitreibung (bis hin zum »Abflug«) ist von Reifentyp zu Reifentyp höchst unterschiedlich und kann (z.B. bei einigen Slick-Reifen) sehr abrupt und gefährlich sein.**
10. **Dieses physikalische Grundwissen um die Reifenkräfte bestimmt die Fahrtechnik, die gewählte Geschwindigkeit, die Linie, die Art und den Zeitpunkt des Bremsens und die Strategie des versierten Fahrers ganz entscheidend.**

Und noch ein wenig »Reifenkunde«

Der Weg bis zum Halt

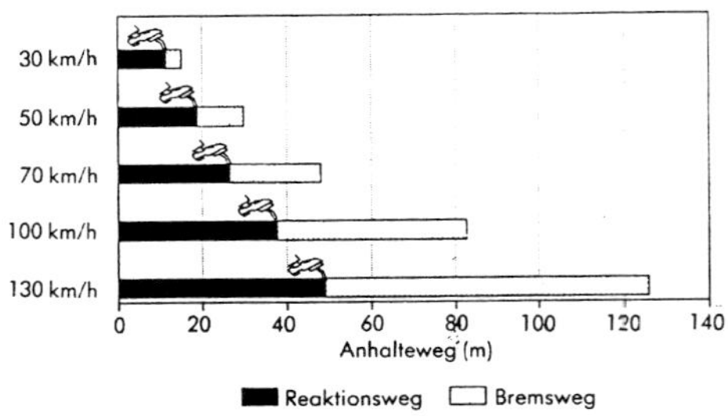

Selbst bei normal schneller Reaktion (ungefähr 1 Sekunde) legt das Mobil ungebremst teils immer noch erhebliche Distanzen zurück. Noch bei 70 km/h ist auf trockener Straße der Reaktionsweg länger als der Bremsweg.

Reibwert und Geschwindigkeit

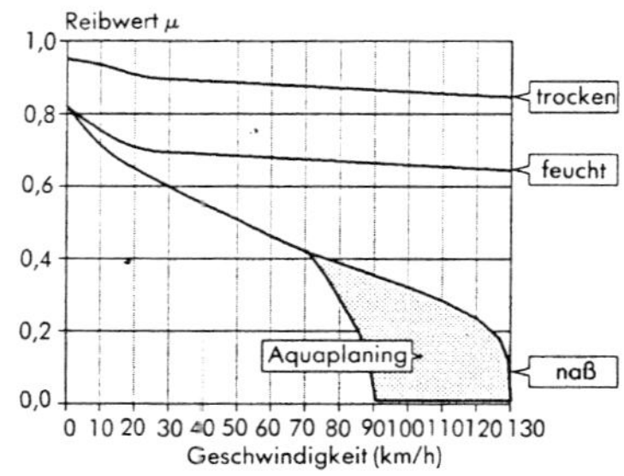

In der Praxis zeigen die Reibwerte je nach Fahrbahnzustand ein stark tempoabhängiges Verhalten.

Reibwert und Schlupf

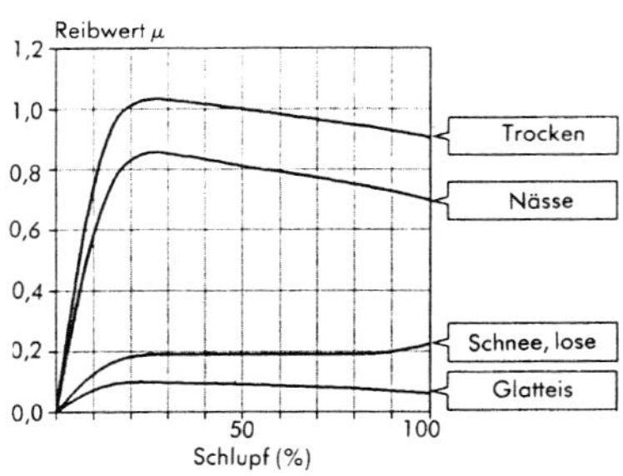

Der Schlupf errechnet sich aus der Relativbewegung zwischen Rad und Fahrbahn. Durchdrehende Räder haben 100 % Schlupf.

Der Schräglaufwinkel

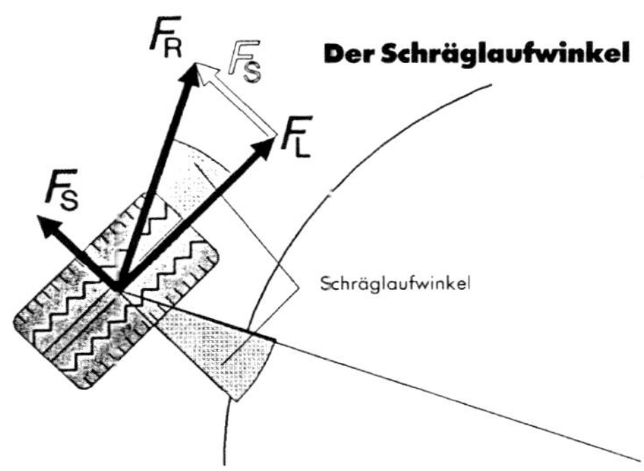

Damit die Räder bei Kurvenfahrt überhaupt Seitenkräfte aufbauen können, müssen sie über die Fahrtrichtung hinaus eingelenkt werden. Dabei addieren sich Längs- und Seitenkräfte zur resultierenden F_R.

Seitenkraft und Schräglauf

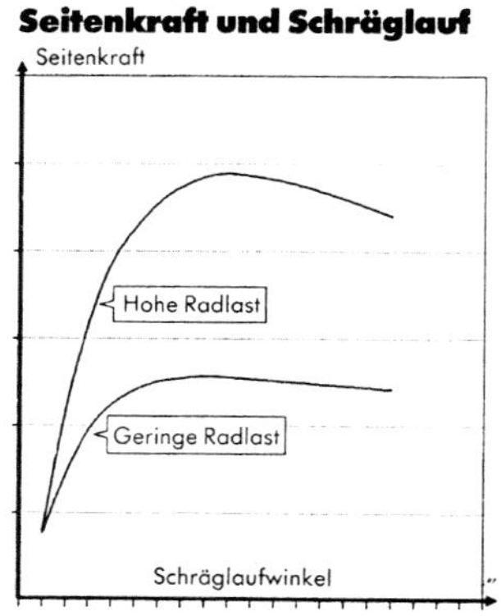

Nimmt die Radlast zu, können auch höhere Seitenkräfte übertragen werden, beim Einlenken spürbar.

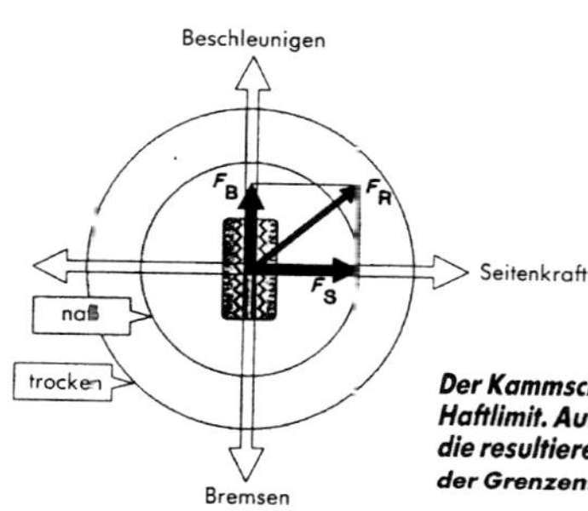

Der Kammsche Kreis verdeutlicht das Haftlimit. Auf trockener Bahn liegt die resultierende F_R noch innerhalb der Grenzen. Naß bedeutet Abflug.

Abbildung 6

Quelle: ARAL "Räder und Reifen"

cheres Wetter gibt es Intermediate-Reifen, die »charakterlich« noch den Slicks ähneln, jedoch über ein maschinell gepresstes oder von Hand geschnittenes (!) Profil verfügen. Und wenn der Himmel seine Schleusen so richtig öffnet, greifen die Hersteller in ein besonderes Regal, in denen Regenreifen mit ausgetüftelten Drainage-Profilen und weichsten Mischungen lagern. Die Profis können sich aus diesem Sortiment nach Lust und Laune bedienen.

Der Sport-Einsteiger, der nur in Grenzen investieren kann, sollte nur eines beherzigen: Ehe er für die letzte und aberwitzig teure Tuningstufe zahlt, sollten neben den auf der Rennstrecke obligatorischen Slicks immer auch solide Regenreifen zum Equipment zählen.

Schotter-Reifenlager von Subaru: Die PS-gewaltigen Allrad-Autos der Rallye-WM sind wahre Reifen-Fresser. Zumeist gibt es alle drei Wertungsprüfungen einen Satz neue Reifen (Foto: Subaru).

Spezialität der Schweden-Rallye: Mit diesen super-schmalen, sehr weichen und mit Spikes übersähten Spezialreifen kann man auf Schnee und Eis wie auf Asphalt fahren (Foto: Michelin).

Michelin-Einsatz bei der Rallye Monte Carlo. Die Reifen-Köche haben neben den Profis auch die Tuner-Teams und Amateure zu versorgen. Bei Bedarf wird das Profis von Hand nachgeschnitten (Foto: Michelin).

2.3 Eigenlenkverhalten

Im Grenzbereich hat jedes Auto prägnante Fahrverhaltensweisen, die fahrphysikalisch als Eigenlenkverhalten bezeichnet werden. Ein nahe am Limit bewegtes Auto »lenkt«, ohne dass der Fahrer am Lenkrad dreht.

Abhängig ist das Eigenlenkverhalten von der technischen Grundkonzeption (Heck-, Front- oder Allradantrieb), der Position von Motor und Nebenaggregaten (und vor allem der daraus resultierenden Gewichtsverteilung). Aber auch die Fahrwerksgeometrie (alt-ehrwürdige Starrachse oder hochmoderne Raumlenkerachse), die Stoßdämpfer, Federn und Stabilisatoren, die Räder und Reifen, der Reifenzustand und der Luftdruck beeinflussen das Eigenlenkverhalten. Es ist um so geringer, je günstiger diese Komponenten technisch beschaffen und angeordnet und je besser sie aufeinander abgestimmt sind. Abhängig ist das Eigenlenkverhalten natürlich auch von der momentanen Fahr-Situation: Wie stark sind die Fliehkräfte? Wie gut ist die Reifenhaftung? Wird das Auto gerade extrem beschleunigt? Oder wird es stark verzögert, d.h. gebremst? Und vom Fahrzeuggewicht: Ist das Auto nur mit dem Fahrer oder mit drei zusätzlichen Passagieren besetzt, befindet sich Gepäck im Kofferraum, ist der Tank voll?

Drei ganz typische, jedoch höchst unterschiedliche Eigenlenkverhalten kennzeichnen die heutigen Autos; sie

- übersteuern
- untersteuern oder
- verhalten sich neutral.

In besonders gefährlichen, unfallträchtigen Kurven, kann man an den Reifenspuren erkennen, ob Über- oder Untersteuern zu einem Abflug geführt hat, je nachdem, wie die schwarzen Streifen verlaufen und wo (im Graben oder an der Leitplanke) sie enden. Unsere Abbildung 7 zeigt den Verlauf der Tagentialrichtung, die neutrale Linie und die Spuren von unter- bzw. übersteuernden Crash-Fahrzeugen.

Die Fahr-Physik orientiert sich am Schräglaufwinkel der Reifen, um ein Auto einer dieser drei Gruppen zuzuordnen (Abbildung 8): Als Schräglaufwinkel bezeichnet man jene Abweichung (in Winkelgraden), die sich aus der Differenz der

- theoretischen Rollrichtung des Reifens zur
- durch den Lenkradeinschlag bestimmten, tatsächlichen Reifenstellung

Tangentialrichtung (1), Untersteuern (2), neutrales Fahrverhalten (3) und Übersteuern (4) am Beispiel »typischer Reifenspuren«

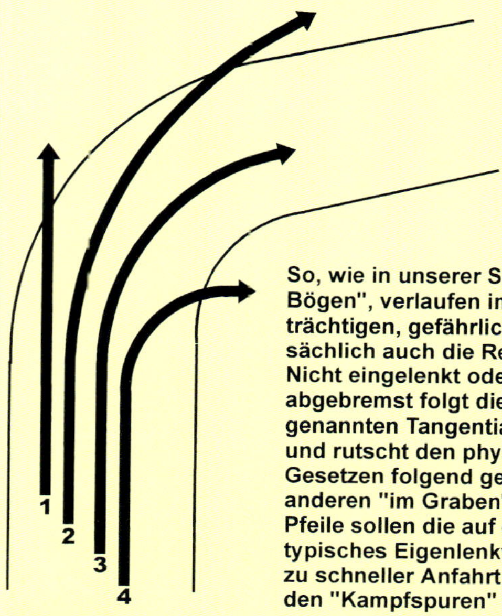

So, wie in unserer Skizze die "fett Bögen", verlaufen in vielen unfallträchtigen, gefährlichen Kurven ta sächlich auch die Reifenspuren: Nicht eingelenkt oder blockiert-abgebremst folgt die Masse der so genannten Tangentialrichtung (1) und rutscht den physikalischen Gesetzen folgend geradeaus. Die anderen "im Graben" endenden Pfeile sollen die auf ein fahrzeugtypisches Eigenlenkverhalten nach zu schneller Anfahrt zurückzuführ den "Kampfspuren" verdeutlichen

Abbildung 7

Schräglaufwinkel

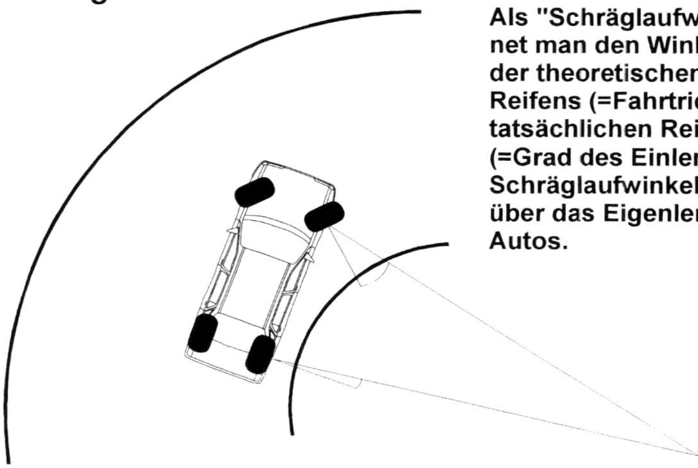

Als "Schräglaufwinkel" bezeichnet man den Winkel, der sich aus der theoretischen Rollrichtung des Reifens (=Fahrtrichtung) und der tatsächlichen Reifenstellung (=Grad des Einlenkens) ergibt. Der Schräglaufwinkel gibt Aufschluß über das Eigenlenkverhalten eines Autos.

Untersteuern (größerer Schräglaufwinkel an der Vorderachse):
Dieses Auto muß im Grenzbereich stärker eingelenkt werden, als dies der Kurvenradius eigentlich verlangt. Dabei drängt die Frontpartie des Autos zum Kurvenaußenrand. Fahrphysikalisch: Ist der Schränglaufwinkel an der Vorderachse größer als an der Hinterachse, untersteuert ein Fahrzeug !

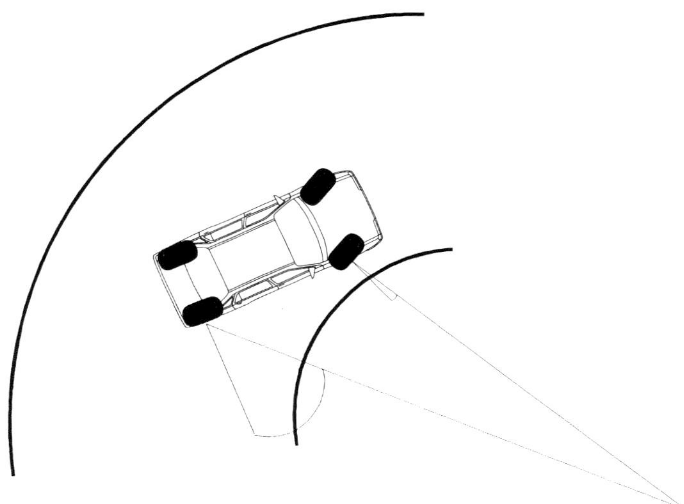

Abbildung 8

Übersteuern (größerer Schräglaufwinkel an der Hinterachse):
Dieses Auto drängt im Grenzbereich mit dem Heck nach außen, es lenkt also stärker ein, als der Kurvenverlauf dies eigentlich verlangt. Der Fahrer muß gegenlenken. Fahrphysikalisch: Ist der Schräglaufwinkel an der Hinterachse größer als an der Vorderachse, übersteuert ein Auto.

Untersteuernder BMW beim Fahrertraining: Das Auto fährt eine Rechtskurve und schiebt über die Vorderräder, der Schräglaufwinkel ist vorne erheblich größer als hinten (Foto: BMW).

während der Fortbewegung ergibt. Sobald die Lenkung z.B. stärker als der Kurvenradius dies eigentlich verlangt eingeschlagen werden muss, entsteht ein Schräglaufwinkel der vorderen Reifen.

Bricht hingegen das Heck weiter aus, als dies vom Kurvenradius her notwendig wäre, so entsteht ein Schräglaufwinkel an den Rädern der Hinterachse. Daraus lassen sich fahrphysikalisch drei eigentlich simple Feststellungen ableiten:

1. Ist der Schräglaufwinkel an der Hinterachse größer, als an der Vorderachse, so handelt es sich um ein übersteuerndes Auto (Abbildung 9, oben).
2. Ist es jedoch der Schräglaufwinkel an der Vorderachse größer als der an den Rädern der Hinterachse, so untersteuert ein Fahrzeug (Abbildung 9, Mitte).
3. Sind schließlich die Schräglaufwinkel an beiden Achsen exakt gleich, so bezeichnet man das Fahrverhalten als neutral (Abbildung 9, unten).

Jedes Fahrzeug lässt sich unter Alltagsbedingungen, bei mittlerer Geschwindigkeit, im Zustand geringer Gleitreibung und normal beladen, sicher ganz genau einer dieser drei Gruppen zuordnen. In Extremsituationen, beladen mit vier Passagieren, Gepäck und vollem Tank, bei extremer Beschleunigung oder starker Verzögerung kann sich das vermeintlich »typische« Eigenlenkverhalten jedoch völlig verändern. Daher sind »Vorsicht!« und das Bestreben angebracht, das Fahrverhalten seines Autos auch unter sich ändernden (und vielleicht sogar unter extremen) Bedingungen genau zu kennen.

Recht irritierend ist nämlich, dass hochmoderne Sportwagen wie etwa der BMW M 3 oder die neuesten Porsche-Typen bis in den oberen Teil des mittleren Geschwindigkeitsbereiches hinein, völlig »neutral« auf der Straße liegen bzw. eher zum Untersteuern neigen. Die Fahrwerksingenieure haben ganz bewusst eine entsprechende Abstimmung gewählt: Beide hier stellvertretend für einige andere Sportwagen genannten Autos sind extrem stark motorisiert.

Schräglaufwinkel und Fahrverhalten

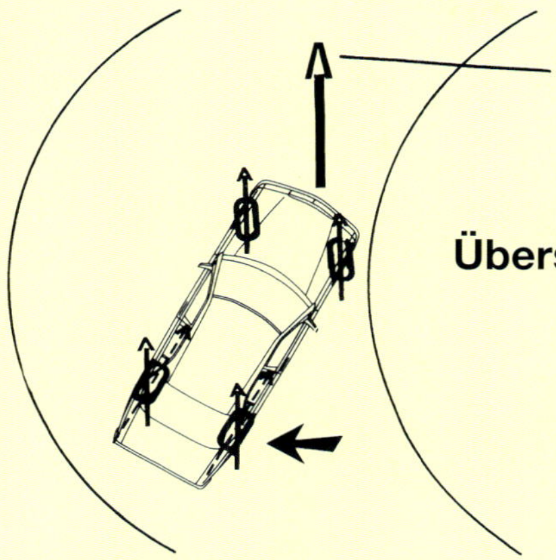

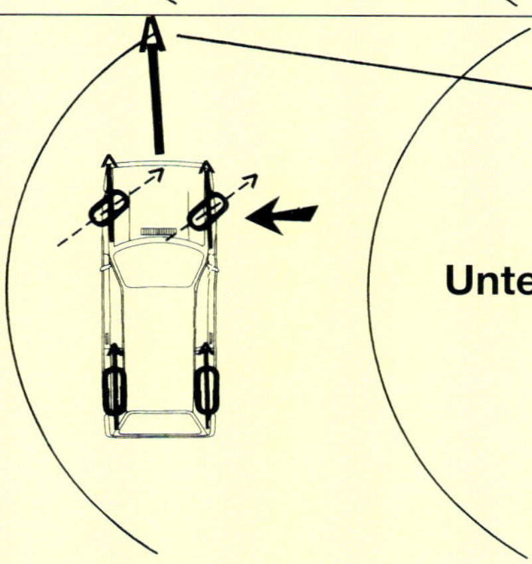

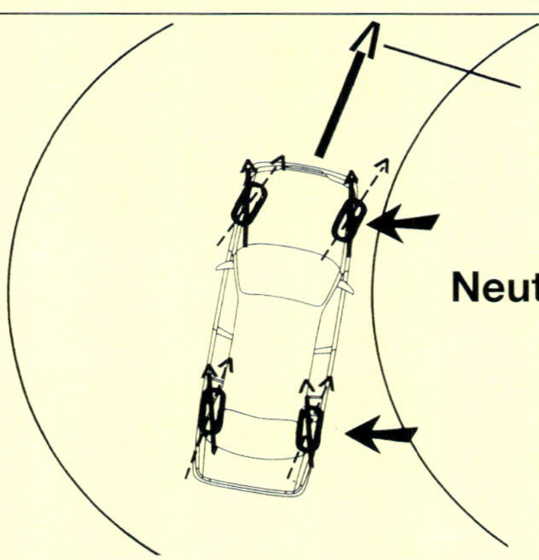

Abbildung 9

Nun wissen weder BMW noch Porsche, wer mit welchem Fahrkönnen das nötige Kleingeld für solch ein Auto hat. Sie müssen damit rechnen, dass jemand, der mit so einem schnellen Wagen gar nicht richtig umzugehen weiß, sich hinter das Steuer klemmt. Daher werden die Fahrwerkstechniker das Auto so auslegen, dass es in einer ersten Phase der Gleitreibung UNTERSTEUERT. Die Gründe liegen auf der Hand: Ganz unbewusst reagiert auch Herr Nobody in unserem Beispiel richtig: Er nimmt Gas weg und lenkt stärker ein – und schon hat er den Sportwagen wieder unter Kontrolle, der ohne die Kunst der Fahrwerks-Ingenieure eine waffenscheinpflichtige Heckschleuder gewesen wäre. Ihr wahres Gesicht offenbaren solche Autos dann erst wieder in Fahrbereichen, die außerhalb der Möglichkeiten öffentlicher Straßen und außerhalb der fahrerischen Kompetenz der meisten Besitzer liegen: So entpuppen sich z.B. im Porsche-Cup als »friedvolle Schieber« eingestufte Flunder im Grenzbereich als ÜBERSTEURER, was uns zu der folgenden, für manches Ohr gewagten These verleitet:

Ein heckangetriebenes Auto kann sich bis in den Grenzbereich hinein noch so neutral (oder untersteuernd) verhalten, am Limit wird es dennoch ü b e r s t e u e r n !

Ein an den Vorderrädern angetriebenes Auto mag bis in den Grenzbereich hinein neutral laufen, am Limit wird es u n t e r s t e u e r n !

Wie kann man das Eigenlenkverhalten seines Autos denn nun »erfahren« und kennen lernen ? Ideal ist ein Fahrsicherheitsgelände, das über eine Kreisbahn verfügt, einen breiten Asphaltring oder einen großen, kreisrunden Platz mit einem Durchmesser von wenigstens 30 Metern und breiten, ebenen Sicherheitszonen außerhalb der Kreisbahn. Der »Fahrschüler« befährt mit seinem Auto diese Kreisbahn und steigert dabei behutsam aber steig das Tempo. Er wird sich bald wie in einer Zentrifuge vorkommen!

Um einer Notsituation gewachsen zu sein, müsste jeder Autofahrer das Fahrverhalten seines Autos genau kennen. Er müsste wissen, bei welchen Straßenverhältnissen und in welchen Geschwindigkeitsbereichen sein Auto zu welchem Fahrverhalten neigt. Denn wie gesagt: Das Konstruktions-typische Eigenlenkverhalten in modernen Autos ist heute so »kaschiert«, dass fast jeder Wagen bis zum Grenzbereich

Stark übersteuernder Audi bei der »Driving Experience«: Das Heck schwingt aus, der Fahrer muss gegenlenken, der Schräglaufwinkel an der Hinterachse ist größer als vorne (Foto: Audi).

Das Eigenlenkverhalten

1. **Übersteuert ein Auto, so wandert mit zunehmender Geschwindigkeit das Heck mehr und mehr nach außen und der Lenkradeinschlag muss sukzessive zurück genommen werden. Irgendwann muss der Fahrer sogar gegenlenken.**
2. **Untersteuert das Fahrzeug, so verlangt größere Geschwindigkeit einen immer stärkeren Lenkradeinschlag in Kurvenrichtung. Mit zunehmender Geschwindigkeit muss die Lenkung also zunehmend stärker als der Kurvenradius eingeschlagen werden, irgendwann bis zum Anschlag. Dann ist jedoch der Punkt erreicht, wo das Auto bei voll eingeschlagenen Rädern über die Vorderreifen nach außen schiebt.**
3. **Drückt das Auto hingegen bei zunehmenden Tempo völlig gleichmäßig über alle vier Räder rutschend nach außen, wobei sich der gefahrene Radius stetig vergrößert, so ist das Fahrverhalten neutral.**
4. **Durch pfiffige Gewichtsverteilung und intelligente Fahrwerke sind die meisten Autos heute so gebaut, dass ihr Fahrverhalten bis in den Grenzbereich hinein neutral bis eher untersteuernd ist. Überschreitet man allerdings ein bestimmtes Limit, so offenbaren auch die modernsten Autos ihr ureigenes Eigenlenkverhalten, das von der technischen Grundkonzeption und der Gewichtsverteilung abhängig ist. Dabei ist ein extrem untersteuerndes Fahrverhalten die wohl unangenehmste Erscheinungsform, weil sie nur der geschulte, überdurchschnittlich gute Fahrer mit verschiedenen Tricks völlig beherrschen kann.**

mehrere, völlig unterschiedliche Phasen durchläuft: neutral, untersteuernd und - plötzlich doch - übersteuernd. Der Rennfahrer erfährt dieses Wissen in Training und Wettbewerb. Unarten kann er durch Eingriffe ins Fahrwerk abstellen. Er weiß, wann die eine in die völlig andere Reaktion übergeht und kann seine Fahrweise darauf einstellen. Doch auch der Normalverbraucher müsste die »Verhaltensweisen« seines Autos genau kennen, um in extremen Verkehrssituation richtig reagieren und Unfälle vermeiden zu können. Bleibt das ein »frommer Wunsch« ?

Wir raten jedenfalls jedem Autofahrer, im Winter, wenn reichlich Schnee gefallen ist, einmal (nachts) auf die Piste zu gehen und ein kleines Strafmandat zu riskieren, wenn er auf dem schneebedeckten Parkplatz eines verwaisten Supermarkts einige enge Runden dreht. Nirgendwo besser als auf Schnee und dort, wo genug Platz ist, kann man das Fahrverhalten seines Autos besser kennen lernen und die Gegenmaßnahmen besser trainieren als hier !

2.4 Grundzüge der Fahrphysik in der Kreisbahn

Bis hierher wollten wir vermitteln, dass um die Fahrzeug-Längs-, -Quer- und -Hochachse sogenannte Achslastverschiebungen oder Lastwechsel stattfinden (wir haben dieses Phänomen auch »Gewichtswanderung« genannt). Wir wissen, dass diese Gewichtsverlagerungen den Grip der Reifen und somit das Fahrverhalten beeinflussen. Positiv oder negativ! Wir wollten aufzeigen, dass die Reifenhaftung die wichtigste Größe für sicheres Autofahren ist. Dass sichere Haftung davon abhängt, wie solide und zuverlässig sich die Auflageflächen der Reifen, von denen jede nicht viel größer als die Sohle eines Herrenschuhs ist, in den Belag »krallen«. Weil auf diesen Laufflächen jedoch viele hundert Kilo Gewicht lasten, haben wir erörtert, dass ein permanenter »Kampf« zwischen Reifenhaftung und Fliehkraft und mitunter ein stetiger Wechsel

Reifenspuren zeugen auch auf der Rennstrecke von über- und untersteuernden Autos (Foto: Daimler-Chrysler).

von Roll- und Gleitreibung und ein Hin und Her von stabilen und labilen Fahrzuständen eintreten wird. Wir haben zudem erkannt, dass jedes Auto ein ganz spezielles, individuelles Eigenlenkverhalten entwickelt, dessen Eigenarten davon abhängen, über welchen Antrieb das jeweilige Modell verfügt und wo das Gewicht konzentriert ist. Doch wie kann man diese vielen Informationen, dieses »Maximum« an fahrphysikalischer Theorie, nun mit einfachen Methoden in die Praxis umsetzen ? Wie kann man es anfangen, Fahr-Physik praktisch zu »erfahren« ?

Wie immer, wenn wir in diesem Buch »Fahrversuche« beschreiben, ziehen wir hinaus auf einen einsamen, abseits gelegenen, privaten Parkplatz – und natürlich besitzen wir die Erlaubnis des Eigentümers!

Schon auf einer recht kleinen Fläche lässt sich eine Kreisbahn abstecken, deren Spur etwa sechs bis acht Meter breit sein sollte. Mit Pylonen kann man die innere und äußere Begrenzung markieren, wobei man beide Kreise zuvor (wie einst die Pfadfinder) mit einem Nagel im Mittelpunkt, einem Stück Schnur und Kreide vorgezeichnet hat. Ist wenig Platz vorhanden, reicht schon ein Innen-Durchmesser von 20 Metern. Besser wären 30 bis 40 Meter. Wer ein Terrain mit losem Belag oder im Winter einen schneebedeckten Platz zur Verfügung hat, kann schon loslegen. Auf Asphaltplätzen sollte man hingegen einen Gartenschlauch und reichlich Wasser zur Verfügung haben oder schlicht einen Tag abwarten, an dem es regnet! Eine kräftig gewässerte Kreisbahn schont die Reifen und erleichtert »dem Auto« die Reaktionen, auf die wir ja so gespannt sind. Hilfreich ist auch, wenn man eigens für diese Übung alte, abgenutzte Sommerreifen verwendet, die man vorher kräftig (durchaus 1 bis 1,5 bar über Werksangabe) aufgepumpt hat. »Welch ein Aufstand!«, werden Sie denken, sollten allerdings bedenken, dass stark abgenutzte Reifen natürlich mehr

»Schlupf« haben und Reifen mit zu wenig Luft sich bei dieser Übung von der Felge walken würden und an den Schultern und möglicherweise auch an den Flanken beschädigt werden könnten.

Jeder Fahrer, der sein Auto nun mit zunehmender Geschwindigkeit (von Runde zu Runde schneller werdend) in dieser Kreisbahn bewegt, wird die besonderen Eigenarten seines Mobils sehr schnell kennen lernen. Es wird zu verschiedenen Formen des Rutschens kommen, die – ob nun durch Fliehkraft, Gewicht oder nachlassenden Grip (oder alle drei Faktoren) ausgelöst – darauf zurückzuführen sind, dass die Räder ihre Bodenhaftung mehr oder weniger stark verloren haben. Dabei reagieren heck-, front- oder allradangetriebene Fahrzeuge (überraschenderweise ?) völlig unterschiedlich: Bei dem einen Konzept beginnt das Heck nach außen zu rutschen. Der Fahrer wird (hoffentlich!) instinktiv richtig reagieren und gegenlenken. Bei einem anderen Auto erfordert progressiv schnellere Fahrt in der Kreisbahn einen immer stärkeren Lenkradeinschlag: Der Wagen drängt über die Vorderräder stetig zum Außenrand des Kreisels und wird irgendwann einige der äußeren Pylonen umwerfen. Und wer ein allradangetriebenes Auto, das zufällig eine gleichmäßige Kraftverteilung zwischen Vorder- und Hinterachse besitzt, um den Kreis treibt, wird möglicherweise enttäuscht sein, dass dieses Auto im Gegensatz zu den beiden »konventionell« angetriebenen Aspiranten mit zunehmendem Tempo nur gleichmäßig über alle vier Räder nach außen schiebt.

Sicher im doppelten Sinne, frei von Gefahr und »mit Erfolgsgarantie«, kann man in der Kreisbahn das Eigenlenkverhalten seines Autos »erfahren«. Das macht Spaß und bei vielen Sicherheitstrainings konnten wir beobachten, dass einige Teilnehmer ganz von selbst versuchen, auf eintretende Reaktionen des Autos mit (richtigen oder manchmal auch falschen) »Gegenmaßnahmen« zu reagieren. Hier bieten sich eine ganze Reihe von Mitteln und Methoden an, die wir auf den folgenden Seiten genau erläutern werden. Methoden, mit denen man einen hinten »wild ausbrechenden« Hecktriebler wieder einfangen oder einen störrisch untersteuernden Fronttriebler zur Räson bringen kann. Die Beherrschung dieser Methoden ist keine »Spielerei«, sondern kann im Alltagsverkehr Leben retten und Unfälle vermeiden! Und die ebenso einfache wie effektive »Trainingsanlage« Kreisbahn ist für das Erlernen dieser Kunst das ideale Übungsfeld. Wir haben diesen »Circle«, der ganz selbstverständlich zu jedem Fahrsicherheitstraining gehört und in jede permanente Trainingsanlage eingebaut wird, ganz bewusst besonders herausgestellt und zeigen Aufbau, Methode und Wirkung in unserer Abbildung 10. Der ehrgeizige, ambitionierte Pilot wird in seinem Autofahrerleben immer wieder auf die Kreisbahn zurückkehren, um ein paar zusätzliche Trainingseinheiten zu nehmen.

Genial: Rauno Aaltonen, den sie »Rallye-Professor« nennen, erläutert beim BMW-Fahrertraining mit einfachen Mitteln die verschiedenen Eigenlenkverhalten in der Kreisbahn (Foto: BMW).

Optimal: Gigantische BMW-Kreisbahn auf einem zugefrorenen See im Norden Finnlands. Hier kann man mit Geschwindigkeiten jenseits von 100 km/h das Eigenlenkverhalten eines PS-strotzenden M3 kennen und das Driften beherrschen lernen. Leider ist diese Strecke den hauseigenen Testfahrern und den privilegierten Teilnehmern des Winter-Trainings vorbehalten (Foto: BMW).

Mini in der Kreisbahn: Wie es sich für einen zünftigen Fronttriebler gehört, sieht man das pfiffige Auto beim Untersteuern (Foto: BMW).

Fahrphysik in der Kreisbahn

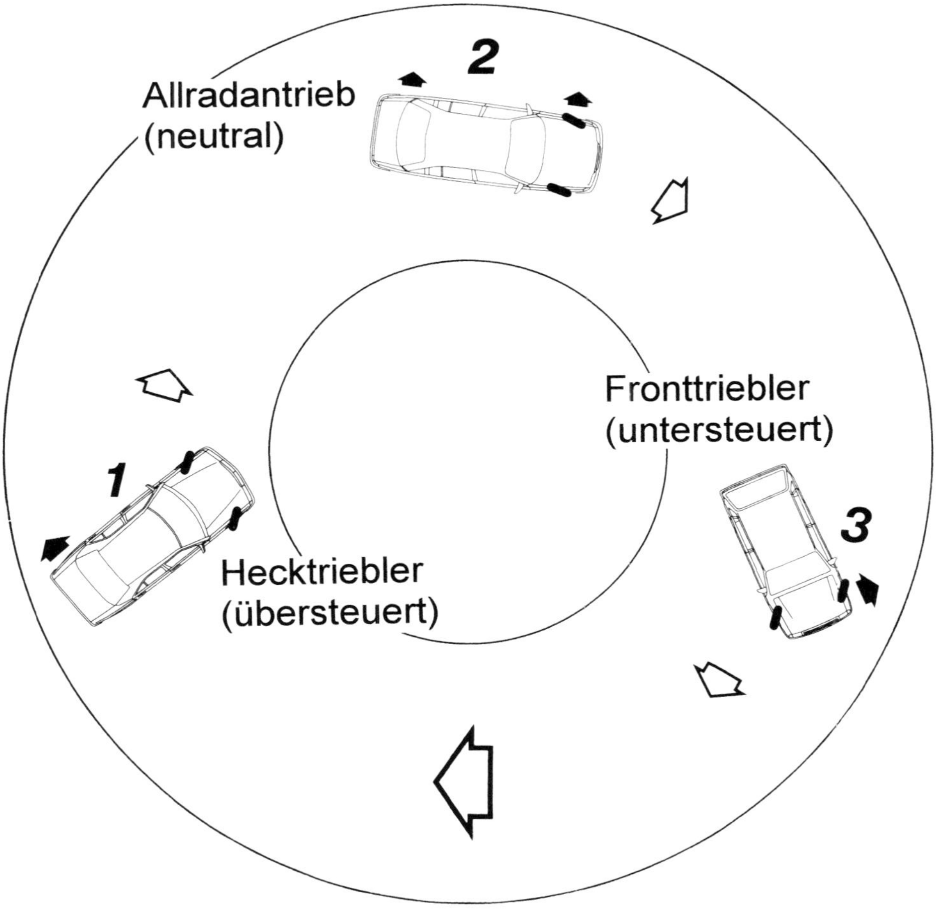

Die Kreisbahn ...
... ist die ideale „Versuchsanlage", um das Eigenlenkverkahlten eines Autos kennenzulernen und die Methoden zu erlernen, darauf zu reagieren. Bei zunehmend schnellerer Fahrt in dieser „Zentrifuge" kommt es zum Ausbrechen des Hecks (Übersteuern, 1), zum Schieben über die Vorderräder (Untersteuern, 3) und manchmal auch zu einem neutralen Fahrverhalten (2).

Abbildung 10

Während das Fahren in der Kreisbahn bei einem Sicherheitstraining im Mittelpunkt steht, zählt es bei einem Sport-Fahrerlehrgang nur zu den Basis-Übungen, die für eine halbe Stunde am Anfang der Praxis stehen. Angehende Rennfahrer haben höhere Ansprüche und wir unterstellen ihnen (nicht immer zu Recht), dass sie ihr Auto schon recht gut kennen und beherrschen.

2.5 Übersteuern

Die guten alten Heckschleudern sind heute fast ausgestorben. Der Hinterachsantrieb war technisch immer ein wenig zu aufwendig, so dass die Industrie schon aus Kostengründen gern zum Frontantrieb überging. Dass sich ein Fronttriebler unter normalen Bedingungen auch leichter fahren lässt, begünstigte diesen Trend. Nur wenige Hersteller, darunter allerdings die edelster Sportwagen, sind dem Heckantrieb bis heute treu geblieben.

Die Techniker konzipieren an den Hinterrädern angetriebene Autos zumeist in »Trans-Axle-Bauweise«: Motor und Getriebe sind vorne über und hinter der Vorderachse angebracht. Über eine Kardanwelle gelangt der Schub zum Differential der Hinterachse und von dort aus über Steckachsen oder Antriebswellen zu den hinteren Rädern.

Bei den meisten nach diesem Prinzip gebauten Hecktrieblern hat diese Anordnung eine Gewichtskonzentration an der Vorderachse zur Folge: Motor, Getriebe und die vorn sitzenden Passagiere verlagern den Schwerpunkt auf den vorderen Fahrzeugbereich und belasten die Vorderräder. Kommt es nun zu starken Lastwechseln, beispielsweise wegen einer beherzten Bremsung, ist die Entlastung der Hinterräder extrem. Hinzu kommt, dass dort neben der Zentrifugalkraft auch das Drehmoment des Motors ansetzt, was ein weiterer Grund sein kann, die hinteren Reifen in Gleitreibung zu versetzen. Ob Entlastung oder Drehmoment-Kraft – das Heck schwingt nach außen, das Auto »steuert« in der Kurve stärker, als dies der Kurvenradius eigentlich verlangt – es »übersteuert«.

Durch bessere Gewichtsverteilung und ausgetüftelte Fahrwerke wird diese »typische« Eigenschaft eines Hecktrieblers heute soweit kaschiert, dass sie im Normalbetrieb niemandem auffällt. Die Kunst der Fahrwerks-Entwickler geht sogar so weit, dass das eigentlich charakteristische Fahrverhalten eines »Übersteurers« durch Federn, Dämpfer, Stabilisatoren, Sturz und Spur »umgekehrt« wird und ein »Untersteurer« entsteht, damit auch ein imposant motorisierter Wagen von jedem Anfänger gefahren werden kann. Und wenn das Heck, z.

Tolle Fotomontage aus »Audi – Driving Experience«: Alle Phasen des Übersteuerns (Foto: Audi).

B. beim heftigen Anbremsen einer Kurve, doch einmal ein wenig ausbricht, kann der Fahrer dies in der Regel schnell regulieren, indem er gegenlenkt, vielleicht noch die Bremse kurz los lässt und wieder dosiert Gas gibt: Das Gewicht »wandert« wieder nach hinten, drückt auf die hinteren Reifen, die dadurch wieder besser haften und führen.

Wenn die hinteren Reifen allerdings völlig auf Gleitreibung (quer zur Fahrtrichtung) »geschaltet« haben, verstärkt Gasgeben nur das Übersteuerungsverhalten: Das Drehmoment greift und bringt die ohnehin schon rutschenden Reifen zum Durchdrehen, so dass noch mehr Seitenführungskraft verloren geht. Das Heck bricht zur Kurvenaußenseite hin noch stärker aus. Erst wenn man das Gas zurücknimmt und gleichzeitig dosiert gegenlenkt, neutralisiert sich diese Tendenz schnell wieder.

Rallyefahrer nutzen übrigens die Eigenheiten des Hecktrieblers und münzen sie zu ihrem Vorteil um: Vor der Kurve wird das Autos beherzt »zusammengebremst«. Spätestens beim Einlenken bricht das Heck aus (weil das Gewicht nach vorne »gewandert« ist und die Hinterräder extrem entlastet sind). Das Auto steht bereits am Kurveneingang leicht quer. Jetzt wird leicht gegengelenkt. Die Vorderräder sind gegen den Kurvenradius eingeschlagen. Der Fahrer steigt nun mutig aufs Gas und driftet durch die Kurve. Dabei »lenkt« er das Auto mit dem Gaspedal: Durch stärkeres Gasgeben bricht das Heck stärker aus und das Auto lenkt stärker ein. Nimmt der Pilot das Gaspedal kurz zurück, verringert sich augenblicklich der Winkel zur Straße, das Auto steht weniger quer. Drift oder Powerslide nennt man diese Technik, mit der ein Auto durch stetige Gasstöße (Vollgas – Gas weg) durch eine Kurve getrieben wird. Die Vorderräder bleiben in dieser Phase nahezu unverändert gegen den Kurvenradius eingeschlagen und erst am Kurvenausgang nimmt

Klassische Heckschleuder mit Drift-Akrobat am Lenkrad: Ford Escort und Ari Vatanen bei der Rallye Akropolis 1981 (Foto: Klaus Buhlmann).

der geübte Sportfahrer den Lenkeinschlag dosiert auf »Geradeausfahrt« zurück.

Dass die Rallyepiloten bei diesem Fahrstil stets durch die Seitenscheibe nach vorn auf die Fahrbahn schauen, steht fest. Dass jedoch die Türscheiben am Ende einer Rallye mit toten Fliegen übersät sind, ist eine kleine Übertreibung. Diese Technik gelingt übrigens nur mit einem PS-starken Motor und auf losem Untergrund. Wer mit 40 PS auf trockenem Asphalt driften will, wird sich vergeblich abmühen. Zudem ist an der Hinterachse ein Sperrdifferential mit hoher Sperrwirkung (ab 60 %) erforderlich, damit die Hinterräder völlig gleichmäßig vorantreiben und »lenken« können. Dass man heute, wo die Hecktriebler im internationalen Geschäft ausgestorben sind, auch die atemberaubenden Allradler der WM-Szene nach diesem »Rezept« fahren sieht, liegt schlicht daran, dass die Werke auch beim Fourwheeldrive einen erheblich größeren Anteil des Schubs zur Hinterachse leiten.

Erwähnt wird das Driften hier nur, um die Eigenarten und die Möglichkeiten eines Hecktrieblers aufzuzeigen. Im öffentlichen Straßenverkehr hat derlei Akrobatik nichts zu suchen – Versuche dieser Art wären für die übrigen Verkehrsteilnehmer eine böse Gefährdung und sind als unzeitgemäßes Rowdytum völlig abzulehnen.

Dennoch sollten Besitzer heckgetriebener Autos die Technik des Gegenlenkens besonders gut herrschen, sie müssen in der Lage sein, rechtzeitig und dosiert mit der Lenkung gegen das ausschwingende Heck gegensteuern, wobei das Auto nach einem kurzen »Gasweg« wieder mit mäßigem Gas zu stabilisieren ist.

Eine schematisierte Darstellung des Übersteuerns zeigt unsere Abbildung 11.

Hecktriebler – Übersteuern?

**Das Heck bricht aus und drängt nach außen.
Es muß immer stärker eingelenkt werden.
Mehr Gas vergrößert den Winkel quer zur Fahrbahn.**

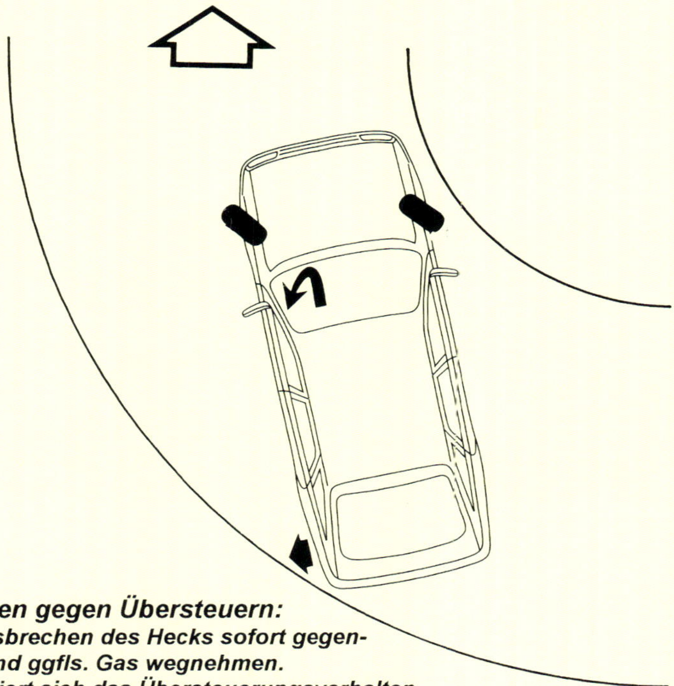

Maßnahmen gegen Übersteuern:

1. ***Beim Ausbrechen des Hecks sofort gegenlenken und ggfls. Gas wegnehmen.***
2. ***Neutralisiert sich das Übersteuerungsverhalten, muß die Lenkung zurückgenommen und das Auto mit dem Gas stabilisiert werden.***

Im Wettbewerb:

3. ***Das Ausbrechen des Hecks kann durch mutiges „In-eine-Kurve-Hineinbremsen" bewußt ausgelöst werden.***
4. ***Auch hier wird sogleich gegengelenkt. Stärkeres Gasgeben vergrößert den Winkel quer zur Fahrbahn. Gas-Wegnehmen läßt das Heck weich zurückschwingen. Ein permanenter Lastwechsel ist eine „Lenkmethode mit dem Gaspedal".***

In Notsituationen:

5. ***Tritt Übersteuern durch einen Fahrfehler so plötzlich und so extrem auf, daß ein Unfall unvermeidbar erscheint, empfiehlt es sich, die Kupplung zu treten und durch eine Vollbremsung alle vier Räder zu blockieren. Das Auto wird sich „einkreiseln" und eher auf der Fahrbahn bleiben.***

Abbildung 11

Die typischen Eigenschaften eines Hecktrieblers:

1. Durch die hohe Gewichtskonzentration vorn werden insbesondere beim Anbremsen die Hinterräder so stark entlastet, dass sie in Gleitreibung geraten (Haftung verlieren) und das Heck ausschwingt.
2. Stärkeres Gasgeben bringt zudem Drehmoment zur Hinterachse, die ohnehin »entlasteten« Hinterräder drehen durch, verlieren noch mehr Seitenführungskraft, das Auto übersteuert stärker.
3. Gas wegnehmen oder leichtes Bremsen bei gleichzeitigen Gegenlenken neutralisiert in der Regel das Übersteuerungsverhalten.
4. Heckgetriebene Autos gelten als gutmütig und leicht beherrschbar, im Sport und auf der Rennstrecke bewegen sie sich zumeist eleganter als mit gleichem Tempo bewegte Fronttriebler.

Perfekte Demonstration des Driftens: Werks-Opel Ascona 400, Akropolis-Rallye 1982 (Foto: Klaus Buhlmann).

Unten l. und r.: Hilfsmittel, ohne das kein Drift funktionieren würde: Modernes Sperrdifferential eines BMW M3…

… die Anordnung der stabilen Kegelräder sorgt für ordentlich Schub an beiden Hinterrädern (Fotos: BMW).

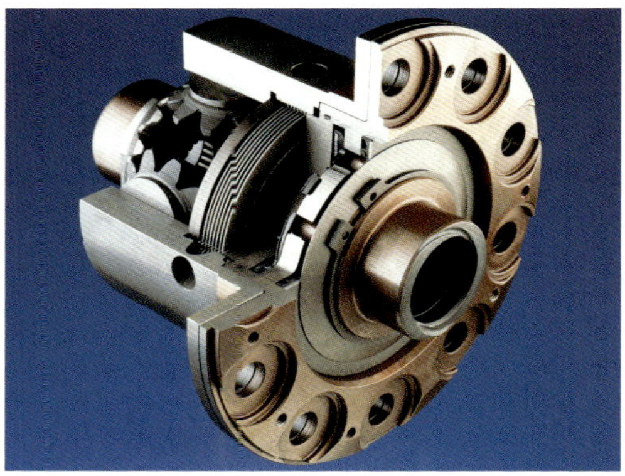

Einer der letzten Vertreter der Heckschleuder-Generation im Rallye-Zirkus: Im Lancia 037 Rally düpierte Walter Röhrl 1983 noch die Allrad-Konkurrenz (Foto: Klaus Buhlmann).

Lustvoller Fahrversuch am Polarkreis: M3 beim Winter-Training (Foto: BMW).

2.6 Untersteuern

Beim Fronttriebler liegen Motor, Getriebe und Nebenaggregate vorne über oder hinter der Vorderachse. »Auf kurzem Weg« gelangt der Schub über Antriebswellen zu den Vorderrädern. Das Gewicht ist vorn konzentriert.

Dadurch werden die Vorderräder stärker als die Hinterräder belastet, was im Normalbetrieb für eine gute Reifen-Haftung sorgt. Diese Konzeption besitzt Vorteile im Winterbetrieb auf Schnee und Eis.

Treten jedoch (z.B. bei zügiger Kurvenfahrt) Fliehkräfte auf, so wirken diese natürlich da am stärksten, wo das Gewicht am größten ist. Wird die Zentrifugalkraft stärker als die Haftung der Reifen, schiebt das Auto über die Vorderräder zur Kurven-Außenseite – das Fahrzeug »untersteuert«.

»Untersteuern« heißt schlicht, dass das Auto weit weniger stark einlenkt, als der Fahrer dies durch den Lenkradeinschlag vorsieht. Der Pilot muss bei entsprechendem Tempo die Räder stets erheblich stärker einschlagen, als der Kurvenradius dies eigentlich verlangt. Tut er dies nicht, »schiebt« das Auto über die Vorderräder zur Kurvenaußenseite.

Ein ungeübter Fahrer, nennen wir ihn Herr Jedermann, so er diese Grenzsituation überhaupt erreicht, schafft schon dadurch schnell Abhilfe, dass er weniger Gas gibt oder leicht bremst: Die Fliehkräfte werden ab- und die Haftung an den Vorderrädern wird aufgebaut, das Auto folgt wieder der Lenkung. Gas wegnehmen oder bremsen bedeutet aber auch, dass man langsamer fährt, was der Sportfahrer im Wettbewerb tunlichst vermeiden möchte. Im Sport eingesetzte Fronttriebler besitzen daher ausgetüftelte Fahrwerke: Spezielle Stoßdämpfer, Federn und Stabilisatoren, breitere Räder und tolle Reifen neutralisieren das Untersteuerungsverhalten weitgehend und erlauben extreme Kurvengeschwindigkeiten bei neutralem Fahrverhalten.

Auf losem Untergrund, wie er regelmäßig bei Rallyes anzutreffen ist oder auf nassem Asphalt, treten jedoch auch für den Sportfahrer die »alten Beschwerden« wieder auf: Ist unter diesen Bedingungen ein bestimmtes Limit erreicht, schiebt das Auto über die Vorderräder zur

Eine »Zeitlupe« des Untersteuerns: Der Audi-TT lenkt ein und muss mit zunehmender Fliehkraft im Verlauf des Kurvenradius immer stärker eingelenkt werden. Das Auto drängt »über die Vorderräder« zur Kurven-Außenseite (Foto: Audi).

Kurvenaußenseite. Abhilfe schafft hier nur noch der recht brutale Einsatz von Fuß- oder Handbremse: So besteht eine gängige Technik im Sport darin, jede Kurve ein wenig »zu schnell« anzufahren und das Auto im letzten Augenblick scharf abzubremsen. Dadurch werden die Hinterräder plötzlich so stark entlastet (Sie erinnern sich: das Gewicht »wandert« beim Bremsen nach vorne, das Auto wird hinten »leicht«), dass sie ihre Haftung für kurze Zeit verlieren und das Heck nach außen hin drängt. Das zuvor über die »Vorderhand« schiebende Auto wird durch diesen Kunstgriff mit Hilfe von Gewichtswanderung und Fliehkraft »zurechtgerückt«. Es steht plötzlich ein wenig quer zur Kurve, aber »in« Kurvenrichtung und kann sogleich (untersteuernd) wieder voll beschleunigt werden.

Will der versierte Sportfahrer das Untersteuerungsverhalten seines Fronttrieblers während der Kurvenfahrt wiederholt beeinflussen, so wendet er (so er's denn kann) die Technik des »Linksbremsens« an: Untersteuert das Auto zu stark, tippt der Fahrer kurz aber kräftig mit dem linken Fuß aufs Bremspedal während der rechte Fuß beherzt am Gas bleibt. Das Heck »wird leicht«, schwingt ein wenig nach außen und das Auto lenkt wieder stärker ein. Vorsicht!: Das hört sich einfach an, ist aber schon deshalb ungemein schwierig, weil die meisten Menschen im linken Fuß »kein Gefühl« haben. Außerdem funktioniert die Technik des Linksbremsens nur dann perfekt, wenn das Auto mit einer speziellen Bremsanlage ausgerüstet ist. So verfügen die meisten im Motorsport eingesetzten Autos (Heck- und Fronttriebler) über sogenannte Waagebalken-Anlagen: Für die vorderen und die hinteren Bremsen gibt es separate Bremskreise. Jeder Kreis wird von einem eigenen Hydraulik-Zylinder versorgt. Mit Hilfe eines Waagebalkens kann der Wirkungspunkt (d.h. die Stärke) der Bremspedalkraft zwischen dem für vorne und hinten zuständigen Zylinder stufenlos verstellt werden. Die Hydraulik-Flüssigkeit überträgt die Kraft im »angewählten« Verhältnis auf die Bremsen. Der Fahrer kann damit immer wieder neu entscheiden, ob die Pedalkraft stärker auf die vorderen oder auf die hinteren Bremsen wirken soll. Dafür gibt's ein Einstellrad und eine Skala am Armaturenbrett. Wer so ausgerüstet ist, begegnet der Untersteuerungstendenz seines Fronttrieblers mit einem Stepptanz auf den Pedalen, wobei der rechte Fuß permanent und nach Bedarf fürs Gasgeben zuständig ist, während der linke Schuh immer dann aufs Bremspedal tritt, wenn das Auto stärker als gewünscht über die Vorderräder rutscht.

Eine ausgezeichnete Lenkhilfe bietet, auch beim Fronttriebler, die Handbremse: Ist die Lenkung eingeschlagen, so bewirkt ein kurzer, kräftiger Zug am Handbremsgriff, dass die Hinterräder für einen Moment blockieren und ihre Haftung verlieren, worauf das Heck zum Kurvenaußenrand hin ausbricht. Mit dieser Technik kann man ein vorderradgetriebenes Auto entweder bereits vor der Kurve in Kurvenrichtung »anstellen« oder mit dosierten »Zügen« während der Kurvenfahrt das Untersteuerungsverhalten korrigieren.

Vorsicht!: Bei den meisten Autos ist die Arretierung der Handbremse so ausgelegt, dass der Feststellhebel automatisch »Zahn um Zahn« einrastet und der Knopf am Ende des Hebels gedrückt werden muss, um die Bremse zu lösen. Das bedeutet natürlich, dass man dieses Knöpfchen gedrückt halten muss, wenn man – wie beschrieben – mit der Handbremse zu lenken beginnt.

In einem Rallyeauto ist das System daher stets so verändert, dass die Handbremse immer frei beweglich ist und der Knopf zum Feststellen bewusst gedrückt werden muss (Fly-Off-System).

Es gibt böse Zungen, die behaupten, ein Fronttriebler sei für den Motorsport absolut ungeeignet. Fest steht, dass sich diese Antriebsart im Rallyegeschäft, wo die Werke von Heck- auf Allradantrieb umgestiegen sind, nicht durchsetzen konnte. Schon zu Zeiten, als die von der Motorleistung her hoffnungslos unterlegenen Saab 96 bis Saab 900 Tubo unter Fahrern wie Erik Carlsson und Stig Blomqvist gegen die leistungsmäßig haushoch überlegene Konkurrenz glanzvolle Sensationssiege herausfuhren, stieß der Frontantrieb im Sport an seine Grenzen: Damals waren es die Antriebswellen.

Im Rennsportgeschäft unserer Tage bedarf jeder Fronttriebler einer ungleich höheren Zuwendung durch Ingenieure und Techniker als ein ebenbürtiger Hecktriebler: Im zumeist kleinen Motorraum drängen sich vom Aggregat über das Getriebe, der Kupplung, dem Antrieb bis hin zu allen Nebenaggregaten einige hundert Teile. Das Gewicht ist »vorn« konzentriert. Und wenn es keine »ganz gewöhnlichen« Probleme gibt, gibt es mit Sicherheit irgendwann das Problem von Luftzufuhr und Kühlung, die ein hochgezüchteter Rennmotor so dringend braucht wie der Fisch das Wasser.

Typisches Untersteuer-Bild: Dieser Audi TT drängt in der Kreisbahn über die Vorderräder zur Kurvenaußenseite (Foto: Audi).

Untersteuern ?

1. **Beginnt das Auto über die Vorderräder nach außen zu schieben, ist die Fliehkraft höher als der Reibwert der Reifen. Leichtes bremsen vermindert zwar das Tempo, bringt jedoch schlagartig mehr Gewicht und mehr Haftung zur Vorderachse. Die Reifen bekommen wieder griffigen Kontakt zur Fahrbahn und das Auto lenkt ein.**
2. **Wer in einem untersteuernden Auto zu schnell in eine Kurve hineinfährt, wird durch stärkeren Lenkradeinschlag wenig (oder nichts) erreichen ! Das Auto schiebt über die eingeschlagenen Vorderräder unbeirrt geradeaus, der Crash ist programmiert. In einer solchen Notsituation hilft nur ein »Stufenprogramm«: Zunächst sollte man Gas wegnehmen und die Lenkung weiter öffnen. Hilft dies nicht, so könnte ein kurzes, mutiges und kräftiges Bremsen, notfalls mit einem kurzen, kräftigen Zug an der Handbremse (!) das Auto noch retten. Jedoch Vorsicht!: Man muss auf das dann plötzlich ausbrechende Heck sogleich durch Gegenlenken reagieren und – danach – den Wagen durch angemessenes Gasgeben und Zurücknehmen der Lenkung wieder stabilisieren.**
3. **Danach folgt jene Art von »viel-zu-schnell-in-der-Kurve«, bei der ein Untersteurer nicht mehr zu retten ist: Die Vorderräder sind (voll eingeschlagen) so extrem in Gleitreibung, dass alle vier Räder augenblicklich jede Haftung verlieren werden, würde man in dieser Situation durch Bremsen noch weiteren Reifengrip abbauen. Der Abflug ist dann unvermeidlich und erfolgt zumeist plötzlich, blitzartig und vehement. In dieser aussichtslosen Situation wird der nervenstarke Pilot eher die Lenkung öffnen und innerhalb von Sekundenbruchteilen versuchen, aus der unvermeidlichen Notlandung noch das Beste zu machen.**
4. **Sofern sich ein Serienauto, das von heute auf morgen ohne technische Veränderungen vom Stadtverkehr auf die Rundstrecke gebracht wird, dort »unfahrbar untersteuernd« verhält, sollte man sich nicht allzu lange mit Experimenten aufhalten. Hier hilft in der Regel nur der erfahrene Tuner oder der versierte Fahrwerks-Spezialist, der von Stoßdämpfern über Federn bis hin zu Stabilisatoren alles umkrempelt und so richtet, dass aus dem »störrischen Esel« ein brauchbares Rennauto wird.**

Fest steht aber auch, dass man auf der Rundstrecke im Breitensport inzwischen mehr Fronttriebler als anders angetriebene Autos antrifft, was jedoch schlicht daran liegt, dass der Markt fast nur noch solche Autos anbietet. Und fest steht drittens, dass ein Fronttriebler, am Limit bewegt, nur schwer und mit »Hacke und Spitze« zu fahren ist und auf der Rallyestrecke – auch von Meisterhand bewegt – immer ein wenig »ungelenk« ausschaut. Wer jedoch ein solches Auto besitzt und die Absicht hat, damit schnell und dennoch sicher zu fahren, sollte sich besonders gut mit den Gesetzen der Fahr-Physik auskennen und die zuvor beschriebenen Techniken auf gesperrter Strecke, besonders fleißig üben! Hier ist neuerlich der Tipp angebracht, den eigenen Fronttriebler auf einem mit Schnee bedeckten Platz zu testen und kennen zu lernen: Wer hier mit zunächst mäßigem und dann steigendem Tempo Kreise fährt, wird rasch bemerken, ab wann das Auto über die Vorderräder schiebt und was passiert, wenn man »ins Gas hinein« einmal kurz die Bremse tritt.

Unsere Abbildung 12 erklärt das Phänomen des Untersteuerns.

Fronttriebler – Untersteuern?

Die Fahrzeug-Front drängt zum Kurvenaußenrand, die Räder müssen stärker als der Kurvenradius eingeschlagen werden!

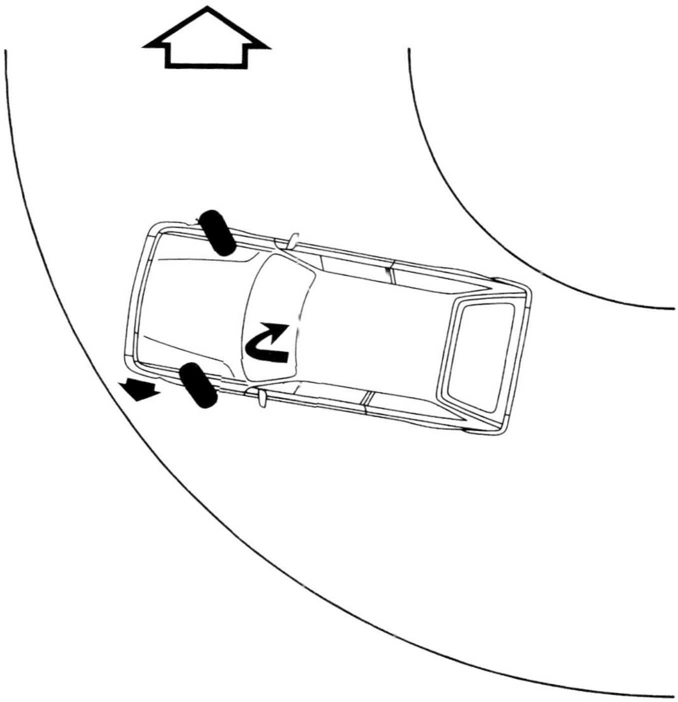

Maßnahmen gegen Untersteuern:

1. Bei geringem Tempo genügt oft stärkeres Einlenken.
2. Bei zu hoher Geschwidigkeit: Gas wegnehmen und Lenkung öffnen.
3. Alternativ: Leicht bremsen, um Gewicht (und Grip) nach vorne zu bringen.
Im Wettbewerb:
4. Kurve bewußt zu schnell anfahren, Auto „überbremsen“, damit das Heck ausschwingt.
5. In bestimmten Situationen Einsatz der Handbremse.
6. Bei entsprechendem Können und den technischen Voraussetzungen: Ins Gas hinein mit dem linken Fuß bremsen = „Linksbremsen“.

Abbildung 12

Ball paradox: Heckgetriebener BMW untersteuert beim Schneetanz und schiebt deutlich nach außen, eigentlich gehörte das linke Vorderrad ganz dicht an die inneren Pylone (Foto: BMW).

Spielten viele Jahre lang den David und verprügelten im Rallyesport immer mal wieder den Goliath: Der frontgetriebene Saab, hier mit Stig Blomqvist, bei der Schweden-Rallye (Foto: Klaus Buhlmann).

Erwin Weber im VW-Golf, Akropolis-Rallye: Das Großserienauto aus Wolfsburg konnte sich unter den Hecktrieblern an der WM-Spitze nie wirklich durchsetzen und als die Konkurrenz auf Allradbetrieb umstellte, waren die Deutschen zu zögerlich. Handikap Nr. 1 waren - wie unser Foto zeigt - Frontantrieb und Untersteuern (Foto: Klaus Buhlmann).

Der Golf bleibt jedoch eines der beliebtesten Sport-Autos für Semi-Profis und Privatfahrer, hier Alister McRae zu seiner VW-Zeit (Foto: VW).

SONY
3
A. McRae
D. Senior
SONY
RSAC
SCOTTISH
3
océ Copiers
TNT
PIRELLI
N7 SBG
Silkolene

Phänomen Allradantrieb wie es in der Rallye-WM zu beobachten ist: Auf Asphalt reißt der Fourwheeldrive den Asphalt von Straße, Mitsubishi-Lancer ...

... bei fast identischer Motorleistung liegt das Geheimnis darin, die Kraft am besten auf die Straße zu bringen, Subaru-Legacy ...

2.7 Neutrales Fahrverhalten

Auch das Fahrverhalten eines Autos, bei dem alle vier Räder angetrieben werden, lässt sich nicht zwangsläufig als neutral bezeichnen. Der Allradantrieb, 1980 von Audi im Ur-Quattro für den Rallyesport wieder entdeckt, hat in erster Linie den Vorteil der besseren Traktion und des – insbesondere auf losem Untergrund – besseren Vortriebs. Beflügelt durch die großen Erfolge, die Audi von 1981 bis 1987 in der Rallye-Weltmeisterschaft erringen konnte, gab es sehr bald Nachahmer, zunächst im Sport und wenig später auch in der Serie. Und heute gibt es kaum noch einen Hersteller auf der Welt, der nicht aus Prestigegründen wenigstens ein Allrad-Modell in seiner Palette anbietet.

Dabei sind die heute erhältlichen Allrad-Konzepte technisch höchst unterschiedlich und reichen von simpel bis genial, von unfahrbar bis »sicher wie auf Schienen«.

Die Urformen des Allradantriebs basierten auf der Formel der paritätischen Kraftverteilung zwischen Vorder- und Hinterachse: Je 50 % des Drehmoments gingen über Differentiale und Antriebswellen zu den vorderen und zu den hinteren Rädern. Weil in der Kurve die äußeren Räder mit einem anderen Radius abrollen, als die inneren, die den »kürzen Weg« haben, mussten schon bei den ersten Allradversionen Differentiale diesen fahrphysikalisch lästigen Umstand ausgleichen. Dennoch blieben erhebliche Spannungen im Antrieb, die letztlich nur vom Reifenschlupf »gelöst« werden konnten. Die ersten Allradler neigten – besonders wenn Motor (und Gewicht) vorne konzentriert waren – zum Untersteuern, d.h. sie schoben über die Vorderräder zum Kurvenaußenrand und sie waren, am Limit bewegt, schwer zu fahren. So hatten die Audi-Werksfahrer der ersten Generation, die Französin Michèle Mouton, der Finne Hannu Mikkola und der Österreicher Franz Wittmann ihre liebe Not mit den frühen Quattros. Auch noch vier Jahre später, als Walter Röhrl zum Team stieß und mit dem kurzen Sport-Quattro eine deutliche Evolutionsstufe auf den Rädern stand, bezeichnete der Regensburger das Auto beim Korsika-Debüt als »würfelförmig und unfahrbar«.

Mit Torsen-Differential und Lamellen-Sperre brachten die mittleren achtziger Jahre intelligentere Lösungen. Peugeot spielte hier (noch unter Leitung des heutigen Ferrari-Rennleiters Jean Todt) den Vorreiter und löste Audi an der Spitze der Rallye-WM ab. Später gab es zudem pfiffige Visco-Kupplungen, die den Kraftfluss zu jedem einzelnen Rad intelligent regeln und beim Bremsen uneingeschränkten Freilauf garantieren. Die gigantischsten und technisch perfektesten Lösungen präsentierte die späte Gruppe B-Ära mit Autos wie dem Lancia Delta S 4 oder dem Ford RS 200.

Heute haben die meisten Hersteller längst aus diesem Intermezzo gelernt und sind von

... auf Schnee unschlagbar und mit fast neutralem Fahrverhalten, Peugeot 206 WRC, zwischen 2000 und 2002 dreimal in Folge Markenweltmeister ...

... so neutral, dass sich mitunter eher ein Bein hebt, als dass das Heck ausbricht, Ford Focus WRC (Fotos: Werksarchive).

der paritätischen Kraftverteilung abgegangen: Ein Planetengetriebe, zumeist als Mittel-Differential angeordnet, leitet die Kraft in einem vom Hersteller gewählten, unterschiedlichen Verhältnis zur Vorder- und zur Hinterachse. In welchem Verhältnis dies geschieht, ist oft abhängig davon, von welchem Grundmodell die Allradversion abstammt, welcher Antriebs-Philosophie der Hersteller nahe steht und welches der Einsatzzweck des Autos ist: Für einen Ex-Hecktriebler bot der ursprüngliche FF-Allradantrieb z.B. eine Verteilung von 37 % vorn zu 63 % hinten. Wird der Allradler hingegen von einem Fronttriebler abgeleitet, so kann es auch gerade umgekehrt sein. Sehr weitgehend vereinfacht kann man sagen, dass die aktuellen Allradler, soweit sie als Serienautos von jedermann im Straßenverkehr eingesetzt werden, eher mehr Schub zur Vorderachse geben, so dass sich fahrphysikalisch ein Verhalten ergibt, dass eher dem Fronttriebler nahe kommt:

Diese Autos neigen zum Untersteuern und sind daher auch von Oma und Opa leicht zu fahren. Anders verhält es sich im Rallyesport, wo sowohl in den nationalen Championaten als auch (erst recht) in der WM von allen Herstellern Autos eingesetzt werden, die mehr Schub auf der Hinterachse haben (und deshalb so wunderschön driften).

Man kann daher das Fahrverhalten vierradangetriebener Autos nicht pauschal beschreiben, sondern muss nach der Auslegung des Allradantriebs differenzieren: Die von den Werken in der Rallye-Weltmeisterschaft eingesetzten Autos verfügen zudem über Visco- und/oder Lamellen-Kupplungen und Verteiler-Getriebe, die keinerlei Verspannungen mehr auftreten lassen, beim Bremsen den gewünschten Freilauf garantieren und die Funktion der Handbremse aufrecht erhalten und zudem den Schub steuerbar und intelligent zwischen vorne und hinten verteilen. Schon die erwähnten, kontrollierten Driftwinkel, in denen diese Autos zumeist bewegt werden, zeigen, dass sich diese Spezialfahrzeuge praktisch wie Hecktriebler (nur viel effektiver!) fahren lassen.

Hersteller von Großserienautos mit Vierradantrieb setzen die Prioritäten möglicherweise ganz anders und geben im Sinne eines möglichst hohen Fahrkomforts mehr Drehmoment auf die Vorderräder. Dann neigt dieser Allradler zum Untersteuern und fährt sich wie ein Fronttriebler.

Wer ein Allrad-Auto im Motorsport einsetzen möchte, sollte sich daher vor allem über das Verhältnis der Kraftverteilung informieren und möglicherweise das Konzept wählen, das seinem zuvor gefahrenen, konventionell angetriebenen Auto am ehesten entspricht. Die Techniken, das Über- oder Untersteuern zu beeinflussen, entsprechen dann weitgehend den Praktiken, wie wir sie für die Grundkonzepte zuvor beschrieben haben.

Entwicklungsstufen des Allradantriebs

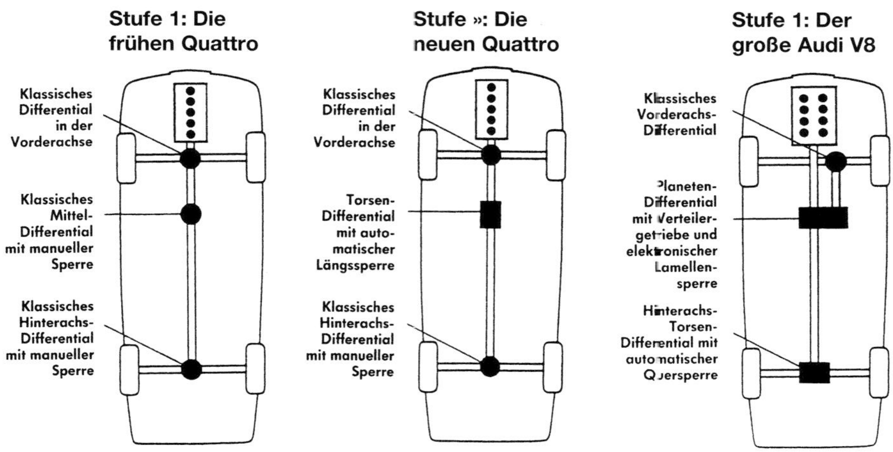

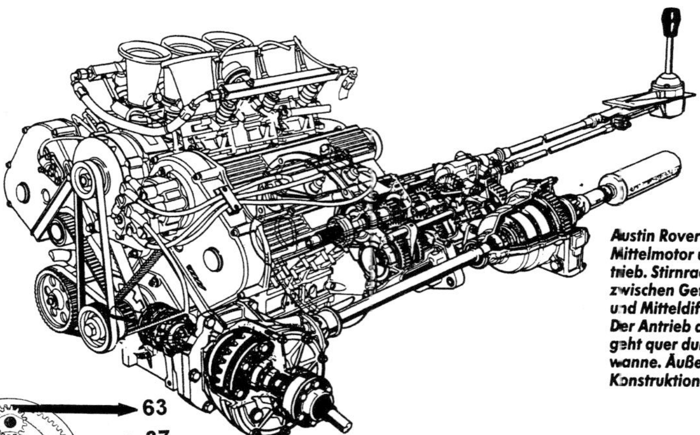

Austin Rover Metro R 4: Mittelmotor und Vierradantrieb. Stirnradantrieb zwischen Getriebeausgang und Mitteldifferential. Der Antrieb der Hinterräder geht quer durch die Ölwanne. Äußerst aufwendige Konstruktion.

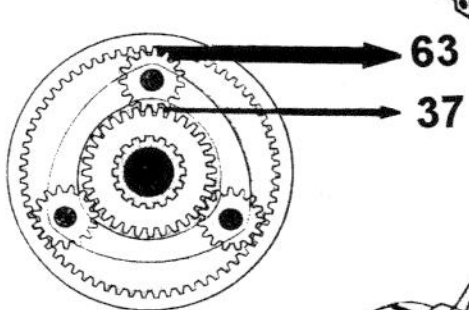

Das Planetengetriebe im BMW verteilt das Antriebsmoment. 37 Prozent gehen zu den Vorderrädern, 63 Prozent zu den Hinterrädern.

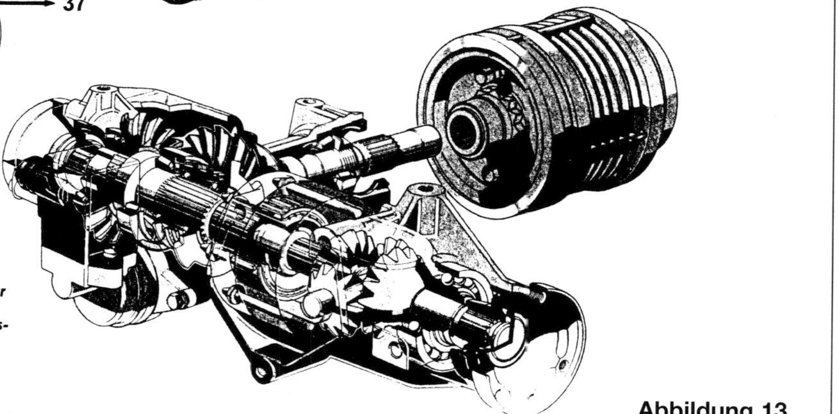

Beim Syncro-Prinzip sitzt vor dem hinteren Achsdifferential die Viscokupplung, die nur bei Schlupf an den Vorderrädern Antriebsmoment überträgt. Ein Freilauf sorgt für uneingeschränkte ABS-Tauglichkeit.

Quelle: ARAL"Antrieb und Getriebe"

Abbildung 13

Angesichts völlig unterschiedlicher Antriebs-Technologien und Kraftverteilungen lässt sich das Fahrverhalten von Allrad-Autos nicht einheitlich beurteilen. Fest steht, dass sich ein völlig neutrales Fahrverhalten mit der Allrad-Technologie theoretisch am besten verwirklichen ließe: Der Idealfall wäre ein Mittelmotor-Wagen, dessen Gewicht zu je exakt 50 % auf der Vorder- und auf der Hinterachse ruht. Bei paritätischer Kraftverteilung zwischen Vorder- und Hinterachse würde sich ein solches Auto in der Kreisbahn völlig neutral verhalten, es würde bei mäßigem Tempo wie auf Schienen rollen. Steigerte man jedoch den Speed würde dieser Allradler gleichmäßig über alle vier Räder nach außen drängen und »die Kreise« würden zwangsläufig immer größer werden. Für den Alltagsverkehr könnte dies bedeuten, dass sich ein solches Auto bei gewisser Fahrbahnbeschaffenheit, z.B. auf Schnee, gar nicht so einfach fahren ließe. Es würde recht unwillig einlenken und der »Schiebebetrieb über alle vier Räder« hätte für manchen Normalverbraucher mehr Gefahren als Vorteile. Dass sich dieses Konzept auch im Sport nicht durchgesetzt hat, spricht eigentlich für sich.

Audi revolutionierte den Rallyesport durch Allradantrieb. Das Foto zeigt einen mit Linksbremsen in den Drift gezwungenen, langen Quattro bei der Schweden-Rallye (Foto: Michelin).

Unter der Regie von Jean Todt schaffte es Peugeot ab 1985, Audi von der WM-Spitze zu verdrängen. Die Franzosen verwendeten den intelligenteren Allradantrieb (Foto: Michelin).

Mitsubishi beherrschte mit dem Lancer und dem finnischen Fahrer Tommi Mäkinen die neunziger Jahre. Der Lancer durchlief sieben (!) Evolutionsstufen.

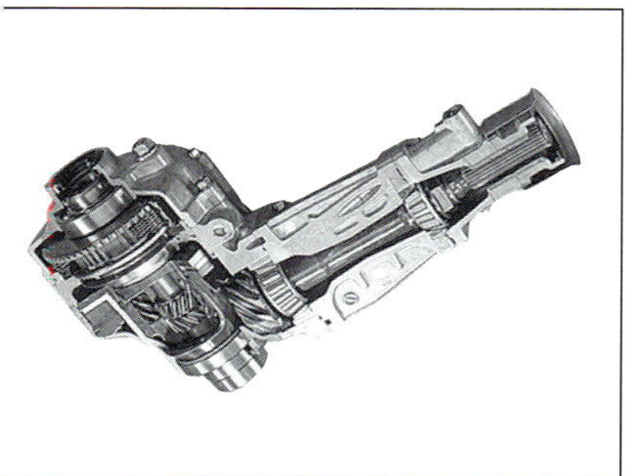

Das Erfolgsgeheimnis eines modernen Allradantriebs liegt im Verteilergetriebe und …

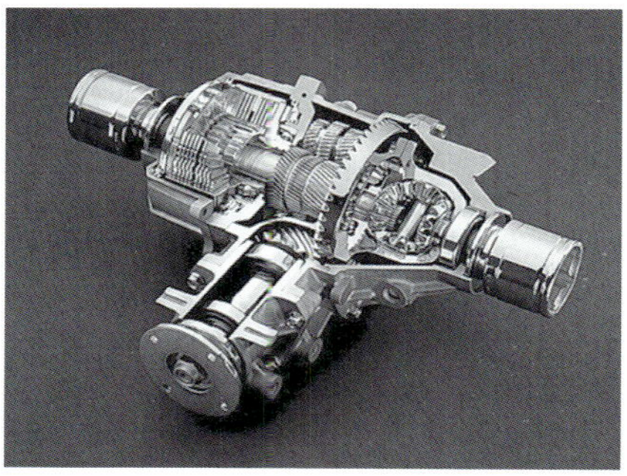

… in den steuerbaren Differentialen, hier das Hinterachs-Diff, die in der Wettbewerbs-Version stufenlos geregelt werden können und …

… sogar beim Serienauto den Kraftfluss vom Armaturenbrett aus bestimmbar machen.

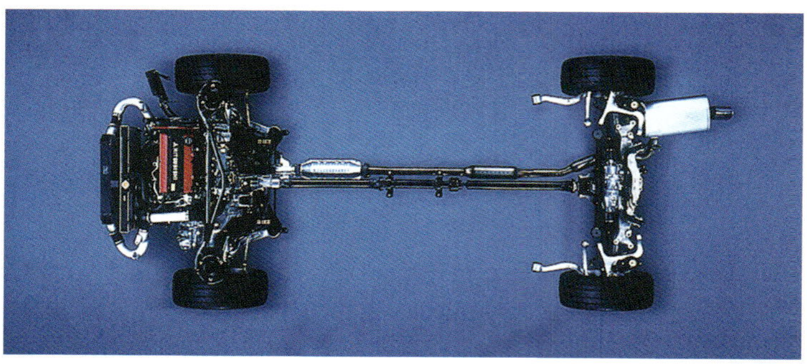

Der Schub wird zunächst aus dem quer eingebauten Motor in die Längsrichtung umgeleitet und vom Verteilergetriebe auf Vorder- und Hinterachse verteilt (Fotos: Mitsubishi).

Leider warten im Alltagsverkehr zahlreiche Fallstricke und Gefahren auf die Autofahrer. Neben dem grundsätzlichen Rat, vorausschauend und rücksichtsvoll zu fahren, gibt es noch eine Reihe nützlicher Tipps (Foto: DVR).

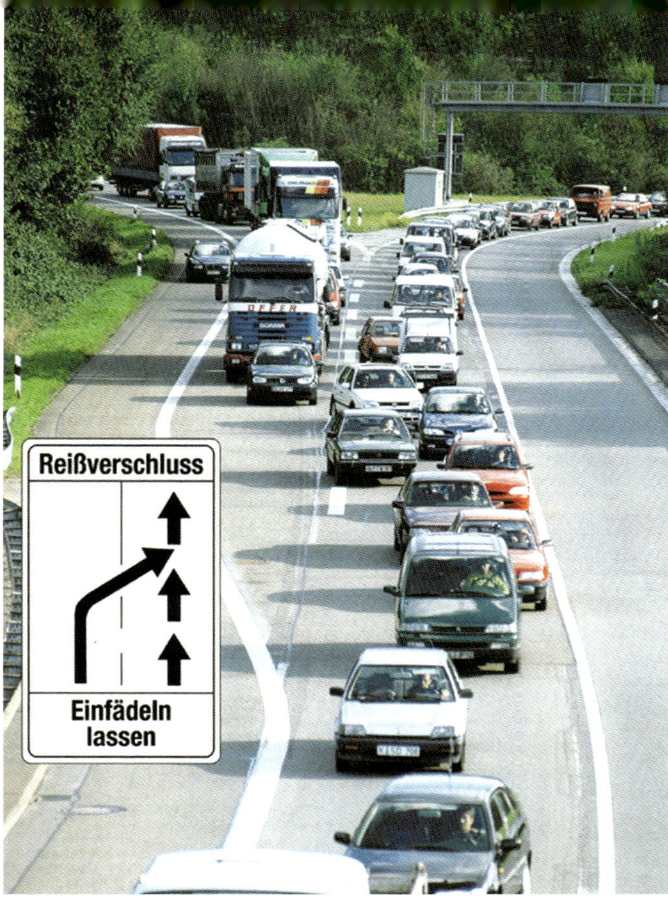

3. Praxis-Tipps für den Alltag

Plötzlich einsetzender Regen führt auf den Autobahnen mit frappierender Regelmäßigkeit zu schlimmen Unfällen. Die Mehrzahl der Autofahrer weiß offenbar nicht, dass der Reibwert der Reifen unter solchen Bedingungen um mehr als die Hälfte zurück geht. Viele, die nicht zum einfachsten Mittel greifen und auf Schleichfahrt schalten, enden an den Leitplanken und reißen noch Unschuldige mit ins Verderben. Doch auch bei Sonnenschein befinden sich immer einige auf dem Kriegspfad, weil sie mit viel zu geringem Sicherheitsabstand auf der Überholspur dem Vordermann hinterher jagen. Ihre »Geschosse« legen dabei schon mit Tempo 100 km/h sagenhafte 28 Meter in der Sekunde zurück, wo sie einschlagen, wächst kein Gras mehr.

Junge Autofahrer verunglücken auf unseren Landstraßen, weil sie Abstand und Geschwindigkeit des Gegenverkehrs nicht einschätzen können. Jeder Überholvorgang wird zu einem bitter bösen Glücksspiel. In der Stadt passieren Unfälle, weil niemand mehr für den anderen mit denkt. Vorausschauendes Fahren ist aus der Mode gekommen, seit uns Anwälte über unsere Rechte belehrt haben. Wer von rechts kommt hat Vorfahrt, auch wenn er sich dabei die Knochen bricht.

Richtig Freude kommt erst auf, wenn plötzlich Schnee und Eis die Straßen bedecken. Chaos macht sich breit. Blitzeis führte im Winter 2002/2003 einmal dazu, dass in Aachen innerhalb von 40 Minuten über 100 Unfälle bei der Polizei gemeldet wurden. Merkwürdig, dass niemand auf die Idee kommt, auf einem Seil die Schlucht zwischen zwei Wolkenkratzern zu überqueren, weil er den Seiltanz nie gelernt hat und andererseits Tausende von Autofahrern bei solchen Bedingungen mit vollem Bewusstsein ins Unglück fahren. Über ihre Reifen wissen die meisten Autofahrer nur, dass sie rund und schwarz sind.

Bei Nebel bräuchte man Aladins-Wunderlampen am Auto und weil diese noch nicht erfunden wurden, sollte man rechts raus auf den nächsten Parkplatz fahren. Statt dessen kommt es mit übler Regelmäßigkeit zu Tragödien, in die viel zu oft LKW's und Busse involviert sind, die mit ihren Tonnagen alles zermalmen, was ihnen am Stauende in die Quere kommt. Gebildet haben sich die Staus jedoch meistens, weil irgend ein wahnsinniger Autofahrer viel zu schnell durch den undurchdringlichen Nebel gerast ist, bis er die Nerven verlor.

Bei einem Fahrsicherheitstraining kann man die Gesetze der Fahr-Physik lehren und Tipps und Tricks für eine gekonnte Fahrtechnik vermitteln. Die Fortschritte, die dabei erzielt werden, sind gewaltig. Was man nicht oder nur bedingt kann, ist den Verstand zu schärfen.

Dennoch werden Institutionen wie der Deutsche Verkehrs-Rat, der ADAC oder Generationen von Instruktoren nicht müde, gerade das zu versuchen. Unter diesem Motto stehen auch die nachfolgenden Alltags-Tipps.

3.1 Autobahn, Landstraße und Stadtverkehr

Der gute Autofahrer fährt vorausschauend und denkt für andere mit. Das hört sich einfach an. In der täglichen Praxis gibt es jedoch Hunderte von brenzligen Situationen und Gefahren und leider sind die wenigsten Autofahrer darauf vorbereitet, wenn sich das Geschehen einmal extrem zuspitzt. Es ist daher vielleicht nützlich, wenn man über die Tipps aus der Sportfahrer-Praxis hinaus auch einige Hinweise für den Alltagsverkehr vermittelt:

Blickrichtung

Die meisten Autofahren fixieren mit ihrem Blick das Heck des Vordermanns oder schauen – wenn die Straße frei ist – nur wenige zehn Meter vor dem eigenen Auto auf der Straße. Das ist falsch!

Das Autofahren wird um so sicherer, je weiter man den Blick nach vorn verlagert. Testen Sie es selbst einmal: Es fällt Ihnen leichter, exakt die Spur zu halten, je weiter Sie nach vorn blikken.

Auch Gefahren erkennt man vorausschauend erheblich früher: Denken Sie einmal an die alltägliche Situation, dass ein anderer Autofahrer rechts an der Einmündung einer untergeordneten Straße wartet, um nach links auf die Bundesstraße einzubiegen. Er muss die Lücke im Verkehr beider Fahrbahnen und Fahrtrichtungen finden. Schaut dieser oft bedauernswerte Zeitgenosse, während ich mich dieser Einmündung nähere, nun gerade nach rechts (also entgegen der Richtung, aus der ich komme), so gehe ich als vorausschauender Fahrer vom schlimmsten Fall aus, nämlich davon, dass der »Kollege« nicht neuerlich nach links blickt, ehe er losfährt. Der schlechte Autofahrer erkennt diese Situation zumeist gar nicht – er hat ja Vorfahrt! Lesen Sie einmal den Lokalteil Ihrer Zeitung, er ist voll von Verkehrsunfällen, bei denen Vorfahrtsverletzungen die Ursache sind. In den meisten Fällen sind dann zwei schlechte Autofahrer im wahrsten Sinne des Wortes aufeinander getroffen: Schließlich hätten die meisten Unfälle nach diesem Strickmuster vermieden werden können, wenn wenigstens einer der

In einem sportlichen und schnellen Auto wie dem BMW M3 auf Autobahn oder Landstraße unterwegs zu sein, heißt eine besondere Verantwortung zu tragen (Foto: BMW).

Beteiligten vorausschauend gefahren wäre.

In Kurven sollte man soweit wie möglich in die Biegung »hineinschauen«. Für den Rallyefahrer gehört das ganz obligatorisch zur Fahrtechnik, denn er muss sofort reagieren, wenn die Kurve »zumacht« oder unverhofft der Belag wechselt. Im Alltagsverkehr geht es darum, einerseits die Spur zu halten und auf der eigenen Fahrbahn eine saubere, sichere Linie zu fahren und andererseits plötzlich auftretende Hindernisse, ein Stück verlorene Ladung, Geröll oder – vor allem – aus der Gegenrichtung kommende Zeitgenossen, die vielleicht die eigene Fahrbahn verlassen haben, zu erkennen und ihnen auszuweichen. Der Blick sollte daher möglichst weit nach vorn und – im Sinne einer sicheren Linie – zur Kurveninnenseite hin ausgerichtet sein.

Überall dort, wo schlechte Autofahrer dominieren, gehört das Thema »Spiegel« zu den dunkelsten Kapiteln. Für viele Fahrerinnen und Fahrer ist scheinbar der Kosmetikspiegel der wichtigste Spiegel am Auto. Wer ohne in den Rückspiegel zu blicken auf der Autobahn hinter einem LKW ausschert, ist – zumindest – ein potentieller Selbstmörder! Wenn's dabei bliebe, doch zumeist kommt auch der unschuldige Kontrahent böse zu Schaden. Auf der Landstraße schaut nur noch jeder zehnte Autofahrer überhaupt einmal in die Rückspiegel, weil der Zeitgeist dazu geführt hat, dass »man« im normal fließenden Verkehr dort nicht mehr überholt. Opfer sind mit erschreckender Regelmäßigkeit Motorradfahrer, die sich die »Unverschämtheit« herausnehmen, einen mit Tempo 50 auf der sonntäglich ruhigen Landstraße dahinzockelnden Autofahrer zu überholen, um dann Opfer eines anderen Vordermannes zu werden, der ausschert, ohne in die Spiegel geschaut zu haben. Nach gängiger Rechtsprechung hat der

Motorradfahrer die Schuld und der unterlassene Blick in den Spiegel gilt als Kavaliersdelikt. Und das sind diese Fälle, von denen in der Zeitung zu lesen steht: »... kam ein Motorradfahrer zu Tode, den ein vor ihm fahrender Autofahrer übersehen hatte«.

Auch der gute, alte Schulterblick, über dessen Wichtigkeit wir alle in der Fahrschule alles gelernt haben, ist weitgehend aus der Mode gekommen. Dabei sind Spiegel- und Schulterblick um so wichtiger, je langsamer ein Fahrer mit seinem Auto fährt, weil er um so häufiger überholt wird.

Leider nimmt dieses schlimme Phänomen der ausschließlichen Konzentration nach vorne zu, seit jeder etwas flottere Autofahrer als hirnloser Raser gilt. Doch nicht jeder notorische Langsamfahrer ist moralisch im Recht, und dessen Motto »Sollen die anderen doch aufpassen!« ist gleichermaßen ignorant wie lebensgefährlich. Behalten Sie Ihre Rückspiegel ständig im Auge, dann wissen Sie stets, was links, rechts und vor allem hinten angesagt ist.

Autobahn

Leider werden die ersten Fehler schon beim Auffahren auf die Autobahn gemacht. Nutzen Sie doch bitte die volle Länge der Einfädelspur, die man aus gutem Grunde »Beschleunigungsstreifen« nennt: Beschleunigen Sie Ihr Auto mutig und fädeln Sie flüssig in den fließenden Verkehr ein! Haben Sie keine übertriebene Angst vor Ihrem Hintermann, der wird im Zweifel immer eher auf die Bremse tippen, als Ihnen ins Heck zu fahren. Und im Notfall ist es besser, einen LKW, der auf der rechten Autobahnspur fährt, noch rechts zu überholen, als am Ende des Beschleunigungsstreifens sinnlos anzuhalten, damit der Brummi noch passieren kann. Nutzen Sie im Notfall ruhig noch ein Stück des auf die Beschleunigungsspur folgenden Parkstreifens, niemand wird Ihnen daraus einen Strick drehen, wenn es aus Gründen größerer Sicherheit geschieht.

Leider gibt es in vielen Regionen Deutschlands und in manchen europäischen Ländern noch zahlreiche Autobahn-Auffahrten, die eine viel zu kurze Beschleunigungsspur aufweisen. Hier sind vor allem jene Fahrer gefragt, die schon auf der Autobahn fahren. Ein vorausschauender Lenker erkennt diese Situation schon einige hundert Meter vorher, blinkt, schaut in den Rückspiegel und über die Schulter und ordnet sich flüssig nach links auf die Überholspur ein, um so die rechte Spur für den auffahrenden Partner freizugeben. Wer hier rechts bleibt und stur auf seiner Vorfahrt beharrt, provoziert möglicherweise schlimme Unfälle.

Ehe Sie auf der Autobahnen zum Überholen ansetzen, sollten Sie auf alles gefasst sein: Beobachten Sie die Kopfstellung des zu überholenden Vordermanns: Schaut er stur geradeaus oder blickt er vielleicht doch in den Rückspiegel? Beobachten Sie aus den Augenwinkeln die Vorderräder des langsameren Wagens vor Ihnen: Viele Fahrer lenken zum Ausscheren ein, bevor sie den Blinker setzen! Und wenn Sie schon auf der linken Spur sind und rechts vor Ihnen jemand den Blinker setzt, rechnen Sie bitte damit, dass er ohne Rücksicht auf die Situation sogleich ausschert! Vorausschauend und partnerschaftlich hingegen verhält sich, wer recht langsam auf der rechten Spur fahrend, den Blinker nach rechts setzt, um dem erheblich schnelleren Überholer anzuzeigen, dass er seinen Überholvorgang gefahrlos fortsetzen kann.

Fahren Sie auf der Autobahn bitte rechts! Dieser Rat kommt mir nur schwer aus der PC-Tastatur, denn immer wenn ich auf der Autobahn unterwegs bin, veranstalten die notorischen Linksfahrer das obligatorische Chaos:

Während auf der rechten Spur die üblichen LKW's und einige Wohnmobile ihre Bahn ziehen, ist diese Spur von Personenwagen nicht oder nur gering frequentiert. Links jedoch fährt jeder, dessen müde Mühle gerade mal fünf Stundenkilometer schneller als der schnellste LKW ist. Ein Überholvorgang dieser PKW-Fahrer dauert eine Ewigkeit und hinter ihnen

Was diesem Zeitgenossen fehlt ist Gelassenheit (Foto: DVR).

bilden sich lange Schlangen. In vielen Fällen ist es doch so, dass zwischen LKW und LKW, zwischen Wohnmobil und Trailer-Gespann, ausreichend große Lücken bestehen, in die man wieder hineinfahren kann, um den hinten aufgelaufenen, schnelleren Verkehr überholen zu lassen. Wer bei ausreichend großen Lücken auf der rechten Spur weiter und unbelehrbar die Überholspur blockiert, verstößt erstens gegen geltendes Recht und ist zweitens ein sturer Provokateur, der sich nicht wundern muss, wenn er rechts überholt wird. Doch das ist bekanntlich bei hohen Strafen verboten. Erwarten könnte man jedoch ein wenig Einsicht und Toleranz: Wenn sich ein erheblich schnelleres Auto von hinten innerhalb weniger Sekunden annähert (was man im Rückspiegel beobachten kann!), so dauert es doch noch wenigere Sekunden, bis er auch am eigenen Wagen vorbeigezogen ist. Dazu müsste man selbst nur kurz nach rechts ziehen, meistens muss dabei noch nicht einmal das Tempo reduziert werden. In der rauen Wirklichkeit jedoch liefert zur Not ein weit hinten am Horizont fahrender LKW das Alibi, doch links zu bleiben!

Wer heute auf der Autobahn mit einem kräftig motorisierten Wagen zügig unterwegs ist, muss permanent Toleranz für erheblich langsamere Fahrer aufbringen (ich spreche hier nicht vom Typ »Drängler«, sondern von einem durchaus besonnenen, intelligenten Menschen, der halt ein schnelles Auto fährt, von denen die Industrie ja Millionen pro Jahr produzieren darf). Wenn schon nicht Toleranz, so kann dieser Fahrer doch wenigstens geltendes Recht für sich in Anspruch nehmen und erwarten, dass er nicht bewusst blockiert wird, dann nämlich, wenn alle Möglichkeiten gegeben sind, ihn überholen zu lassen.

Landstraße

Auf Landstraßen passieren erheblich mehr Unfälle, als auf der Autobahn! Oft kommt es zu folgenschweren Kollisionen mit dem Gegenverkehr. Dabei ist die Aufgabe, die Spur zu halten und nur zu überholen, wenn die Straße wirklich frei ist, doch eigentlich eine leichte Übung.

Einem schlechten Autofahrer »erscheint« eine Landstraße oft frei (und er überholt), weil er den Verkehr aus untergeordneten Einmündungen nicht beachtet. Recht oft bleibt auch unerkannt, wenn der zum Überholen anstehende Partner plötzlich selbst ausweichen muss: einem Traktor, einem Radfahrer oder einem Fußgänger.

Der gute Autofahrer fährt auf der Landstraße besonders wachsam: Sein Blick ist relativ weit nach vorn gerichtet. Aus den Augenwinkeln beobachtet er stetig alle Einmündungen rechts und links. Was den Gegenverkehr betrifft, so registriert und beobachtet der geschulte Pilot nicht nur das gerade nächste Auto, sondern das Verhalten der gesamten Kolonne. Seine Aufmerksamkeit steigt, wenn hinter einem langsam fahrenden LKW Hektik aufkommt, denn nun muss er damit rechnen, dass irgendein »Künstler« sich selbst über- und die Geschwindigkeit des Gegenverkehrs unterschätzt. Der gute Autofahrer erkennt bei einer Fahrt auf der Landstraße stets die Gesamtsituation, wozu natürlich auch zählt, dass er durch regelmäßigen Blick in die Spiegel genau weiß, was hinter ihm gerade passiert.

Wichtig fürs Überholen ist die Fähigkeit, die Geschwindigkeit eines entgegen kommenden Autos richtig einzuschätzen. Hier sind die Führerscheinneulinge besonders gefährdet, weil diese Fähigkeit nur durch Erfahrung perfektioniert werden kann.

Fahren Sie immer nur mit der Geschwindigkeit, die der Straßenführung, der Fahrbahnbeschaffenheit, der Verkehrsdichte und Ihrem eigenen Fahrvermögen angemessen ist.

Junge Fahrer, die erst seit kurzer Zeit den Führerschein haben, neigen zur Selbstüberschätzung, weil sie vielleicht glauben, ihr Auto genau so im Griff« zu haben, wie ihren Computer und die Spiele in einer virtuellen Welt. Besonders gefährlich dabei ist, dass manche dieser jungen Leute schon als Erstwagen ein PS-starkes Auto vom Gebrauchtwagenmarkt herauspicken. Bei diesen Autos ist es nicht selten so, dass zwar der Motor noch vollen Schub produziert, jedoch Kupplung, Getriebe und vor allem die Bremsen schon schlaff und müde sind. So ein GTI kann zwar in weniger als 10 Sekunden von Null auf 100 km/h beschleunigen, muss aber auch entsprechend gelenkt und gebremst werden. Und der junge Fahrer müsste wissen, wie ein Fronttriebler reagiert, mit dem man am Scheitelpunkt einer viel zu schnell angefahrenen Kurve eine Notbremsung versucht. Solche Übungen enden allerdings mit erschreckender Treffsicherheit an einem Baum. Und die jungen Leute müssten sich mit Reifen, Luftdruck und Reibwertveränderungen beschäftigt haben, um zu wissen, dass schon mäßig abgefahrene Pneus bei nasser Fahrbahn keinen Grip mehr aufbauen. Es gibt eine lange Liste von Informationen, die der erfahrene Autofahrer längst gespeichert hat und die er, ob bewusst oder unbewusst, umsetzt. Der Neuling hingegen tappt zumeist in die erste Falle: In diesem Zusammenhang erinnere ich an die überwiegend haarsträubenden Berichte unter der Rubrik »Disko-Unfälle«, die im Lokalteil fast jeder Zeitung samstags und montags einen traurigfesten Platz haben.

Rechnen Sie besonders abends und nachts mit Wildwechsel und beherzigen Sie die alte Rallyefahrer-Weisheit, nach der ein Reh selten allein kommt. Und noch eins: Ihre Tierliebe mag noch so groß sein – vermeiden Sie es um Himmels willen, bei zügiger Fahrt durch eine scharfe Kurve wegen eines Kaninchens eine Vollbremsung zu versuchen !

Investieren Sie für die Wintermonate in eine Außentemperatur-Anzeige, die erfreulicherweise mehr und mehr zur Serienausstattung zählt. Fahren Sie extrem vorsichtig, sobald die Außentemperatur bei nasser oder feuchter Straße unter 5 Grad plus sinkt ! Reifglätte auf vermeintlich trockenen Straßen erkennt man nachts daran, dass die Eiskristalle im Scheinwerferlicht glitzern. Eis auf der Straße ist der sprichwörtliche GAU. Nichts setzt alle fahrphysikalischen Gesetze mit größerer Leichtigkeit außer Kraft und degradiert auch Könner zu Stümpern als Eis !

Beachten Sie Motorradfahrer, die Sie am Scheinwerferlicht früh erkennen können und akzeptieren Sie, dass diese schneller sind. Der ADAC bewirbt sein »Sicherheitstraining für Autofahrer« mit den Schlagworten »Gefahren erkennen, richtig entscheiden, Fehler vermeiden!«. Treffender kann man nicht zusammenfassen, wie die Einstellung des Fahrers und sein Fahrverhalten auf Autobahnen, Landstraßen und im Stadtverkehr sein sollten. Damit wären wir bei nächsten Stichwort:

Stadtverkehr

In unseren Städten und Dörfern ist die Höchstgeschwindigkeit streng limitiert und man könnte glauben, dass bei 30 oder 50 km/h nicht all zu viel passieren kann. Doch einerseits gibt es Zeitgenossen, die es mit den Geschwindigkeitsbegrenzungen nicht so genau nehmen und andererseits gibt es viele innerstädtische Straßen, die so großzügig ausgebaut sind, dass sie insbesondere nachts zu erheblich schnellerer Fahrt einladen. Ganz abgesehen davon ist ein Frontal-Crash bei Tempo 50 auch schon so, als liefe man im Jogging-Tempo gegen eine Betonmauer.

Auch in der Stadt fährt der routinierte Lenker vorausschauend. Auch hier heißt es, »für den anderen mitdenken!«. Stets muss man mit plötzlichen Spurwechslern rechnen, mit Zeitgenossen, die weder Vorfahrt achten noch Stop-Schilder ernst nehmen oder sich aus dem ruhenden Verkehr, ohne den Blinker zu setzen, in den fließenden Verkehr einreihen.

Unser Rat, alle Einmündungen, Kreuzungen und Seitenstraßen frühzeitig »per Kontrollblick« zu prüfen, hat in der Stadt besondere Bedeutung. Linksabbieger werden oft durch die dahinter fahrenden Autos verdeckt: Vorsicht beim

... in Wohngebieten und Dörfern mit spielenden Kindern rechnen.

Bei Glätte kann man von den Rallye-Profis eine Menge lernen, die fahren auf Schnee und Eis wie auf Schienen (Fotos: DVR und Peugeot).

Überholen! Vorsicht auch beim Rechtsabbiegen: Die Wahrscheinlichkeit, dass bei »Grüner Ampel-Pfeil nach rechts« von hinten ein Radfahrer mit Tour de France-Speed angeschossen kommt, ist groß. Auch das Selbstbewusstsein, mit dem manche Fußgänger in einer solchen Situation die Straße überqueren, ist in der Tat erstaunlich.

Und auch eine »alte Leier« kann nicht oft genug gedreht werden: In reinen Wohngebieten muss man mit Fußgängern und spielenden Kindern rechnen, die oft völlig gedankenlos (und von rechts parkenden Autos verdeckt) auf die Fahrbahn laufen. Und noch ein »alter Hut«: Besonders vorsichtig und langsam ist dort zu fahren, wo Schilder auf Schulen, Kindergärten oder Spielstraßen hinweisen. Und der Routinier geht vorsorglich auch dann bis zum Schritttempo vom Gas, wenn er ältere Menschen am Straßenrand sieht, denn unsere Senioren reagieren mitunter verängstigt und unberechenbar.

Vorsicht ist auch angezeigt, wo öffentliche Verkehrsmittel wie Busse oder Straßenbahnen an den Haltestellen stehen: Verspätete Fahrgäste stürzen sich allzu oft todesmutig auf die Fahrbahn !

Kopfsteinpflaster, Straßenbahnschienen und breite Fahrbahnmarkierungen werden bei Regen zu gefährlichen Rutschbahnen. Zudem bildet der Regen auf der Windschutzscheibe nachts in Verbindung mit reflektierenden Lichtern des Gegenverkehrs gefährliche Spiegelungen und mindert das objektive Wahrnehmungsvermögen erheblich. Eine regelmäßig innen wie außen gereinigte Windschutzscheibe und gute Wischerblätter verhindern hier zwar »völlige Blindheit« – dennoch fährt der verantwortungsbewusste Fahrer auch unter solchen Bedingungen defensiv und vorsichtig.

3.2 Regen, Schnee und Eis: Sicher fahren bei Glätte

Die Faszination des Rallyesports liegt nicht nur in den abenteuerlichen Autos oder dem akrobatischen Können der Fahrer. Jede Rallye gleicht einem Abenteuer, das schwer kalkulierbar ist. Die Strecken sind lang, hart und unberechenbar und die Kunst besteht darin, mit den sich stetig ändernden Fahrbahnbelägen zurechtzukommen. Bei einer Rallye Monte-Carlo zum Beispiel wechselt der Fahrbahnbelag oft schneller, als es in der Wüste Nacht wird. Eben preschte man noch mit Slicks über in herrlichem Sonnenschein liegende, trockene Asphaltstraßen, um hinter der nächsten, dem Mittelmeer abgewandten Ecke, auf Schmelzwasser, Schneereste und Eis zu treffen. Und der Rallyefahrer hat dabei, im Gegensatz zu seinem Rundstrecken-Kollegen, nicht die Chance, die Box anzufahren, um mal eben einen passenden Reifen aufziehen zu lassen. Auch was Nässe und Glätte betrifft, kann man getrost dem Rallyefahrer über die Schulter und auf die Pedalerie schauen, um eine Menge Nützliches für den Alltagsverkehr daraus zu lernen:

Regen und Wasserglätte

Bei Nässe oder Glätte gehen die Reibwerte an den Reifen dramatisch zurück. Im Sommer, wenn sich während einer Schönwetterphase Schmutz, Staub, Pollen und Reifenabrieb auf der Fahrbahn abgelagert haben, reicht schon ein leichter Nieselregen, um die Straße in eine gefährliche Rutschbahn zu verwandeln. Die Gefahr, übel auszurutschen, ist in den ersten Minuten eines leichten Regens am größten, denn dann hat der Regen den Schmutz noch nicht weggespült. Mit der Zeit aber wäscht der Regen die Straße sauber, so dass sie wieder Grip bietet. Schon eher bekannt sind die Gefahren des Herbstes, denn jedes Kind weiß vom Fahrradfahren, dass Straßen und Wege gefährlich glatt werden, wenn die Blätter der Bäume die regennasse Fahrbahn bedecken.

Doch auch saubere Asphaltstraßen werden durch zu viel Wasser gefährlich: Wenn es sehr stark regnet und das Wasser nicht schnell genug abfließen kann, bildet sich nämlich ein Wasserfilm zwischen Fahrbahn und Reifen. Jetzt muss der Fahrer wissen, dass die Bremswege länger und die Seitenführungskräfte in den Kurven geringer werden.

Geht ein Wolkenbruch nieder, so können die Wassermassen auch auf der neusten Autobahn mit der besten Drainage nicht sogleich ablaufen. Wie ein flacher See steht das Wasser auf der Fahrbahn. Jetzt droht dem Autofahrer die wohl gefährlichste Form der Wasserglätte, das Aquaplaning: Selbst modernste Reifen mit den ausgetüftelsten Drainage-Rillen schaffen es nicht mehr, den Wasserteppich so zu zerteilen, dass die Pneus auf dem Asphalt Haftung finden. Die Reifen schwimmen auf und gleiten als Wasserski unlenkbar dahin. Ganz besonders anfällig sind dabei die inzwischen an fast allen Autos gängigen Breitreifen: Je breiter der »Wasserski« ist, um so besser gleitet er!

Auf Straßen mit Spurrillen tritt Aquaplaning auch schon bei mäßigem Regen auf. In aller Welt sind die rechten Spuren der Autobahnen regelrechte Aquaplaning-Fallen: Hier haben viele Millionen LKW-Tonnagen (oft mit jahrzehntelanger Penetranz) ihre Doppelspur gezogen. Wie in Kanälen steht hier das Wasser und wehe dem Autofahrer, der auf einem solchen »Canale Grande« zu einer Notbremsung oder einem Ausweichmanöver gezwungen wird.

Der zwischen Reifen und Fahrbahn liegende Wasserfilm setzt wichtige Funktionen außer Kraft: Beim Bremsen blockieren augenblicklich die Räder (oder das ABS beginnt verwirrt zu stottern). Das Auto rutscht geradeaus weiter, wie ein Luftkissenboot. Auch Lenkbewegungen werden nicht oder nur völlig unzureichend übertragen: Auch hier reagiert das Auto möglicherweise mit sturem Geradeausgleiten oder mit einem plötzlichen Wedeln, wenn nämlich der Wasserfilm an einer Stelle einmal

Bei starkem Regen kommt es regelmäßig zu Unfällen. Schlechte Reifen und Aquaplaning sind häufig die Ursache (Foto: DVR, Grafik: Continental).

kurz abreißt und die eingelenkten Vorderräder für einen Moment Grip finden. Selbst bei eigentlich schwachbrüstigen Motoren gelingt es bei Aquaplaning mühelos, durch Gasgeben die Antriebsräder zum Durchdrehen zu bringen.

Auf gerader Strecke, ohne Gegenverkehr und mit genügend Sicherheitsabstand zum Vordermann ist Aquaplaning zwar unangenehm, aber nicht sonderlich gefährlich: Weil das Auto in der Kraft- bzw. Fahrbahnrichtung geradeaus weitergeleitet, hat das kurzzeitige »Schweben« in der Regel keine Folgen, wenn der Fahrer nur die Nerven behält, weder bremst noch beschleunigt und die Lenkung konzentriert hält und in der Normalstellung geradeaus fährt. Der Ratschlag Nummer eins kann daher nur lauten: Bei Aquaplaning nicht oder nur ganz behutsam bremsen und nur lenken, wenn unbedingt notwendig. Dabei muss man wissen, dass es gegen in Kurven plötzlich auftretendes Aquaplaning nicht ein einziges, wirksames Mittel gibt!

Der Ratschlag Nummer zwei ist daher der richtigere: Jeder erfahrene, verantwortungsbewusste Pilot wird bei drohender Aquaplaning-Gefahr seine Geschwindigkeit sehr stark reduzieren. Schleichfahrt ist angesagt! Abhängig von der Beschaffenheit und Konstruktion der Reifen lässt sich für neuwertige bis mittelmäßig abgenutzte Pneus die Faustregel aufstellen, dass bei Aquaplaning nur noch 10 bis 25 % der auf trockener Fahrbahn möglichen, mittleren Geschwindigkeit ein noch vertretbar sicheres Fahren gewährleisten. Noch viel vernünftiger handelt jedoch, wer bei Einsetzen eines Wolkenbruchs, der die Fahrbahn zum See werden lässt, in aller Eile den nächsten Parkplatz ansteuert und den Guss in aller Ruhe abwartet !

Eis und Schnee

Im Herbst eines jeden Jahres beginnen in meinem Freundeskreis leidenschaftliche Diskussionen darüber, ob man neue Winterreifen anschaffen soll, ob die alten noch gut genug sind, ob sich die Investition wohl lohnen oder es auch in diesem Winter wieder einmal nicht schneien wird. Wer für M+S-Reifen ist, diskutiert, wann er die Reifen wechseln soll: Vor oder nach dem ersten Schnee ?

Obwohl meine Freunde aus der Tiefe des Bauches und recht ahnungslos diskutieren, haben sie ja teilweise Recht: Die Winter sind milder geworden und – bis auf regionale Ausnahmen – treten Räum-, Streu- und Salzkommandos sogleich auf den Plan wenn nur die ersten weißen Flocken fallen. Doch gerade weil streng-winterliche Fahrbahnbedingungen in unseren Breiten so selten geworden sind, zeigen sich 95 % der Autofahrer völlig überfordert, wenn es doch mal zur Sache geht. Die Folgen:

Schnee und Eis stellen die höchsten Anforderungen an den Autofahrer. Es ist schwer, das eigene Fahrkönnen »per Selbststudium« zu verbessern. Einige Hersteller bieten Winter-Trainings an (Foto: Audi).

Winter-Auswahl am Mitsubishi-Service, Reifen für jede Schneeart (Foto: Mitsubishi).

Hilflos rutschende Autos, Blechschäden en masse und Verkehrschaos pur !

Wer clever ist, trägt diesen Bedingungen Rechnung, indem er sein Auto an diesen wenigen Tagen in der Garage lässt und öffentliche Verkehrsmittel benutzt. Wer jedoch beruflich (oder weil es sein Ehrgeiz nicht anders zulässt), seinen Wagen benutzen muss oder will, der sollte sich bei Schnee und Eis nur mit den allerbesten Winterreifen auf die Straße wagen. Die Kunst, sicher auf Schnee zu fahren, beginnt und endet mit der »Reifenkunde«:

Selbst die modebewussteste Frau käme nicht auf die Idee, einen Winterspaziergang in Pumps anzutreten. Auch ein Auto braucht das richtige Schuhwerk, insbesondere wenn man es bei jedem Wetter sicher und perfekt beherrschen will. Für die Rallye-Werksfahrer werden bei einer Winterrallye nicht selten vier bis sechs gänzlich unterschiedliche Schnee- und Eisreifen bereit gehalten. Die im Rallyesport engagierten Werke wie Michelin oder Pirelli haben spezielle Pneus für Tiefschnee, fest gefahrenen Schnee, Schnee- und Eiswechsel, Asphalt- und Eiswechsel oder dominierende Eispassagen entwickelt. Und jeder dieser Reifen schaut anders aus, ist anders konstruiert, verfügt über mehr oder weniger Profil, eine härtere oder weichere Gummimischung und – sofern noch erlaubt – über eine geringere oder größere Anzahl von Spikes.

In Schweden und Finnland, wo im Winter – im Gegensatz zu den französischen Seealpen – eher mit einer geschlossenen Schneedecke zu rechnen ist, haben kleine, einheimische Firmen sogar größere Erfahrungen als die Reifen-Giganten und bauen überlegene »Winter-Wunderreifen«: Der Hersteller Kumi-Helenius entwickelte schon vor Jahrzehnten mit dem legendären »Hakkapellita« einen schmalen, reich mit Spikes versehenen Reifen, der bei Rallyeeinsätzen wie der Schweden- oder Arctic-Rallye bis heute selbst von manchen Werkteams bevorzugt wird, die eigentlich via Vertrag an einen der großen Hersteller gebunden sind. Die ausgebufftesten Profis kaufen ihre »Hakkapellitas« schon ein Jahr vor der Rallye, um sie mit in die Sauna zu nehmen, wo sie während einiger Dutzend Sitzungen die optimale Elastizität und Griffigkeit annehmen. Wer einmal einen solchen Reifen fahren durfte, versteht schon viel besser,

Für die Rallye-Profis schaffen fleißige Heinzelmännchen stets die richtigen Reifen herbei. Wir Normalverbraucher sind zumeist auf uns allein und die Reifen-Tests der Fachpresse gestellt (Foto: Michelin).

dass die Weltklassefahrer auf Schnee kaum langsamer als auf gutem Schotter daher driften: Diese Reifen haben dank Mischung, Profil und der Menge von Spikes so viel Grip, dass die Lenkradartistik der Rallyeprofis zwar immer noch bewundernswert ist, jedoch irgendwie begreiflicher wird.

Was man bei diesem Ausflug in den Rallyesport lernen kann? Die Straßenverhältnisse können im Winter so unterschiedlich sein, dass es den viel gepriesenen Allround-Winterreifen nicht geben kann. So ist z.B. der einzige bei Glatteis noch halbwegs taugliche Pneu der – verbotene – Spike-Reifen. Moderne Lamellen-Reifen, die sich scharfkantig ins Eis krallen, sind nicht mehr als eine Ersatzlösung. So viel ist sicher: Keiner der im Handel erhältlichen Reifen ist einer völlig vereister Fahrbahn gewachsen, da hilft nur Vorsicht!.

Für den Einsatz auf Schnee haben moderne Lamellen-Reifen die früher üblichen, groben Stollenreifen inzwischen abgelöst. Die sich zumeist selbst nachschleifenden und nur in einer Laufrichtung zu montierenden Lamellen krallen sich wie Widerhaken in den Schnee und ermöglichen ein gutes Fortkommen, jedoch (natürlich!) keine sicheren Tempo-Fahrten.

Von Übel ist auch, dass manche Fahrzeughersteller heute zu bequem sind, für den Winter einen geeigneten Alternativreifen in die Fahrzeugpapiere eintragen zu lassen. Das gilt leider in besonderer Weise für die Hersteller starker, sportlicher Wagen: Weil solche Autos in der Serie normalerweise Breitreifen besitzen, müssen oft auch die Winterreifen diese Dimension aufweisen. Das ist schon allein deshalb völlig unsinnig, weil – siehe Ski-Langlauf – auf Schnee ein schmalerer Reifen erheblich besser wäre. Unsinnig auch, weil diese breiten Winterreifen erheblich teurer sind. Wie schon beim Thema »Wasserglätte« erwähnt, stellt sich bei extrem breiten Winterreifen der Effekt des »Aufgleitens« ein: Aus dem »Wasserski« wird auf winterlichen Straßen ein »Snowboard« !

Daher gilt: Auf Schnee sollte ein erheblich schmalerer Reifen aufgezogen werden als für

Schmale, spike-übersähte »Schubkarren-Reifen« sind die beste Waffe auf Schnee und Eis, wie Marcus Grönholm im Peugeot 206 WRC hier bei der Schweden-Rallye demonstriert (Foto: Peugeot).

»sonnige« Asphaltstraßen: Statt eines Sommerreifens der Dimension 210 ist ein Winterreifen der Größe 185, vielleicht sogar 175 ideal. Auch extreme Niederquerschnitte sind im Winterbetrieb nicht mehr vorteilhaft: Winterreifen sind recht schmal und recht hochflankig. Eigentlich ist das völlig logisch, denn jeder kann nachvollziehen, dass ein schmaler Gegenstand leichter in eine Masse eindringen und sie zerteilen kann, als ein breiter. Das wahre Geheimnis eines guten Winterreifens liegt jedoch in der Gummimischung: Je weicher diese Mischung ist, um so besser haften die Reifen auf Schnee. Die Werkspiloten unter den Rallyefahrern können diese Erkenntnis ungeniert nutzen, weil ihnen genug Reifenmaterial zur Verfügung steht. Für den Privatmann muss jedoch eine Synthese aus Nutzen, Haltbarkeit und Preis gefunden werden. Wer im Winter auf sein Auto angewiesen ist und sogar weitere Fahrten nicht umgehen kann, sollte dies schon mit Rücksicht auf sein teures Auto nur mit allerfeinsten Winterreifen tun.

Und – lassen Sie mich zum Abschluss dieses technischen Exkurs noch mit einem Märchen aufräumen: Die Geschichte vom

Ganzjahresreifen ist sicher ein wirksamer Werbegag, jedoch viel mehr nicht. Es mag sein, dass Ganzjahresreifen für Schleichfahrten akzeptable Wintereigenschaften aufweisen und auch auf sommerlichem Asphalt noch mit vertretbarem Komfort (Abrollgeräusch!) dahinrollen. Den für einen bestimmten Einsatzzweck und Straßenbelag konstruierten Reifen können sie jedoch nicht ersetzen. Es ist mit den Reifen wie mit der Kleidung: Es gibt kein schlechtes Wetter, sondern nur falsche Kleidung – respektive Reifen. Wer diese These schon aus Kostengründen verwirft, sollte, wie gesagt, an den wenigen streng-winterlichen Tagen, die es in unseren Breiten noch gibt, sein Auto in der Garage lassen und mit Bus oder Bahn reisen.

Montieren sollte man Winterreifen, sobald die Tagestemperaturen nicht mehr über 10 Grad plus ansteigen. Die Sommerreifen bestehen nämlich aus einer anderen, weicheren Mischung, deren Vorzüge sich in diesem Niedrigtemperaturbereich in Nachteile umwandeln.

Wer sich bei Schnee und Eis hinaus wagt, sollte – wie die Eisspione bei der Rallye Monte-Carlo – den Blick gen Himmel richten und die Nase in den Wind halten: Ein klarer Himmel verspricht Frost, Wolken hingegen können auf Schnee (oder aber auf milderes Wetter) hindeuten. Außentemperaturanzeige und Verkehrsnachrichten sollten ständig Informationen liefern. Und man sollte sich in Erinnerung rufen, was schon unsere Großväter übers Autofahren im Winter gesagt haben: Glatteis droht, wo die Landstraße in einem Wald hineinführt. Besonders früh vereisen Brücken, besonders wenn darunter liegende Flüsse bei niedrigen Temperaturen Feuchtigkeit kondensieren. Aber auch ohne Fluss gilt: Während Straßen auf natürlichem Grund recht langsam auskühlen, sinkt die Temperatur auf der Brücke viel schneller. Straßen sind daher oft nur nass, Brücken hingegen schon vereist! Ähnliche Gefahren drohen in Senken und Unterführungen. Vorsicht ist auch angesagt, wenn im Winter Nebel aufzieht, der sich absetzt und zu tückischem Raureif führt.

Besonders gefragt ist im Winter eine den Straßenverhältnissen angepasste Fahrweise und ein perfekte Fahrzeugbeherrschung: Das Eigenlenkverhalten tritt auf glatten Fahrbahnen besonders abrupt und extrem in Erscheinung. Der Wagen über- oder untersteuert ohne große Ankündigung, so dass man auf glatter Straße unnötige Lastwechsel, d.h. plötzliches Gasgeben oder übertriebenes Bremsen, möglichst vermeiden sollte. Das Bremsen ist mit der heutigen ABS-Generation erheblich leichter und ungefährlicher geworden: Früher musste man auf Schnee und Eis das Bremspedal wie ein rohes Ei behandeln, sonst blockierten sofort die Vorderräder und das Auto wurde unlenkbar. Der Grundsatz, auf winterlichen Straßen möglichst gefühlvoll zu bremsen und zu beschleunigen, gilt jedoch unverändert. Schon ein Fehler beim Zurückschalten, wenn man den kleineren Gang zu früh und mit zu wenig Gefühl einlegt, führt wegen des zu großen Drehzahlsprungs zu einem Ruck, der das Auto ins Schleudern bringen kann.

Gelegenheitsfahrer sind richtig beraten, wenn sie auf gerader Strecke in einem mittleren Gang mit gleichbleibend geringem Gas langsam dahinrollen. Kritisch sind Talfahrten, weil bergab die Fliehkräfte durch ungewollte oder unüberlegte Lastwechsel noch erhöht werden und die lästigen Eigenlenkbewegungen verschlimmern. Man muss daher vor der Talfahrt in einen kleinen Gang herunterschalten und die Bremswirkung des Motors optimal ausnutzen. Bei Bergaufpassagen sollte man dagegen schon weit vor Beginn der Steigung ordentlich Schwung nehmen, da man sonst am Berg unweigerlich »verhungert«. Und wer schon beim Anfahren Schwierigkeiten hat, sollte sich nicht mit Vollgas immer tiefer in den Schnee hineinwühlen, sondern es mit der Technik des »Stotter-Gas'« versuchen: Man kuppelt ganz weich ein und gibt nur soviel Gas, dass der Wagen spürbar nach vorne zieht, nimmt wieder Gas weg, wenn die Reifen durchzudrehen beginnen, um sich so allmählich freizuschaukeln. Im tiefen Schnee muss man sich möglicherweise erst »freischaufeln«, was man durch zentimeterweises Vor- und Rückwärtsfahren erreicht: So entsteht mit der Zeit eine kurze Spur, die jedoch vielleicht lang genug ist, um genügend Anlauf zu bekommen.

Sicheres Fahren auf Schnee und Eis erfordert die wohl perfekteste Fahrzeugbeherrschung: Man muss alle Formen des Eigenlenkverhaltens sogleich erkennen und augenblicklich richtig darauf reagieren. Das schafft man nur mit entsprechender Übung – womit wir erneut die Bedeutung eines Sicherheitstrainings oder besser noch eines Sport-Fahrerlehrgangs unterstreichen möchten: Ein Fahrer, der diese Schule durchlaufen hat, ist in der Lage, sein Auto auf winterlichen Straßen »per Handbremse« ums Eck zu zwingen oder – ebenfalls mit der Handbremse – einen Ausrutscher zu korrigieren, der normalerweise im Straßengraben oder an der Leitplanke geendet hätte. Und vielleicht bringen es die Besten so weit, einen störrisch untersteuernden Fronttriebler durch Linksbremsen gefügig zu machen. Da man all das jedoch in einem normalen Autofahrerleben nie lernt, ist erneut der Hinweis angebracht, dass nur der »darf«, der auch wirklich »kann«.

3.3 Nacht und Nebel

Insbesondere bei Regen, wenn sich die Lichter der entgegenkommenden Autos in den Tropfen und Rinnsalen der Windschutzscheibe hundertfach widerspiegeln, kann eine Nachtfahrt zu einem äußerst unangenehmen Abenteuer werden. Besonders abscheulich sind dabei Landstraßen mit schlechten, längst verblassten Seiten- und Mittel-Markierungen. Doch es geht noch schlimmer – wenn etwa Nebel zäh und undurchdringlich auf der Fahrbahn liegt: Da stochert man dann plötzlich orientierungslos herum, wie der Taucher in der Spargelcremesuppe. Selbst dem Sport-Profi gefallen solche Bedingungen nicht sonderlich und weniger routinierte Fahrer sind unter solchen Umständen verständlicherweise in kürzester Zeit fix und fertig.

Prädestiniertes Unfall-Wetter: Bei Nebel-Unfällen ist zumeist unangepasste Geschwindigkeit die Ursache (Foto: DVR).

Bei Dunkelheit

Leider sind es bei den meisten Autofahrern die schlechte Ausrüstung, unzureichende Fahrzeugpflege, die falsche Blickrichtung und ein übersteigertes Angstgefühl, die in der Summe Fahrten bei Dunkelheit (und Regen) zur Gefahr werden lassen.

Das beginnt bei den Wischerblättern der Scheibenwischer. Sind die erst einmal alt und abgenutzt, so hinterlassen sie nur noch Schlieren, die (besonders bei Gegenlicht) den Durchblick völlig verschleiern und die Fahrt zum Blindflug machen. Wischerblätter gehören in regelmäßigen Abständen erneuert!

Ein Problem ist auch die Innenseite der Windschutzscheibe: Besonders bei Autofahrern, die zur Fahrzeugpflege immer die Waschanlage aufsuchen, ist die Innenseite des Glases häufig stark verschmutzt. In »Raucher-Autos« haben sich mitunter die Nikotin- und Teerrückstände von Monaten auf der Innenseite der Scheibe abgelagert. Wer hier regelmäßig mit einer Spülmittellauge oder einem Scheibenreiniger zu Werke geht, sieht selbst bei nächtlichem Sauwetter plötzlich doppelt so gut.

Je schlechter die Sicht ist, um so mehr kommt es auf die Scheinwerfer an: Kurzes Auf- und Abblenden zeigt Ihnen sofort, ob Sie bei den herrschenden Verhältnissen mit dem Fern- oder mit dem Abblendlicht die bessere Sicht haben. Reihen Sie sich aber nicht in die beiden Gruppen von Autofahrern ein, die entweder das Fernlicht kaum benutzen, weil sie das ständige Auf- und Abblenden scheuen oder in die Schar jener, die rücksichtslos das Fernlicht eingeschaltet lassen, auch wenn ihnen Fahrzeuge entgegenkommen. Ein guter Fahrer blendet das Scheinwerferlicht etwa doppelt so oft wie der ungeübte Fahrer auf und ab. Im Winter, wenn die übliche Salz-Schmutz-Suppe auf den Straßen liegt, müssen natürlich auch die Scheinwerfergläser in regelmäßigen Abständen gereinigt werden.

Vermeiden Sie bitte die in den letzten Jahren stetig zunehmende Unart, schon bei leichtem Regen (aber klarer Luft) Ihre Nebelschlussleuchte und Ihre Nebelscheinwerfer einzuschalten! Ihnen selbst bringt das gar nichts, die Autofahrer um Sie herum hingegen werden durch diese Festbeleuchtung extrem behindert.

Bei Dunkelheit tendiert man fast zwangsläufig dazu, die Rücklichter vorausfahrender Autos zu fixieren, um so den Straßenverlauf besser einschätzen zu können. Diese Methode ist unzulänglich und wird regelrecht gefährlich, wenn der »Vorausfahrer« sehr weit entfernt ist. Wer einmal in Nordfrankreich unterwegs war,

Gutes Licht ist auch am Serienauto wichtig. Zusatzscheinwerfer gehören zum sinnvollen Zubehör, Nebelscheinwerfer sind heute zumeist in der Serienausstattung enthalten (Foto: Hella).

Für Rallye-Profis bei Nachtfahrten ein MUSS: Aufgesteckter Lampenbaum an einem Werks-Skoda (Foto: Skoda).

kennt jene endlosen, schlecht markierten Buckelpisten, auf denen man meilenweit nach vorn schauen kann: Scheinbar führt die Straße schnurgerade über die wellenartigen Hügel. Doch ab und zu liegen im Schatten einer solchen Kuppe ein paar kernige Kurven, die einem Bauernhof oder ein paar einsamen Häusern ausweichen. Hinter der »Rechts-Links-Rechts« geht die Strecke dann wie mit dem Lineal gezogen weiter. Wer sich in einer solchen Situation an den Heckleuchten eines zwei Kilometer vor ihm fahrenden Autos orientiert hat, tappt mit einiger Sicherheit in die Falle.

Ein recht häufig zu beobachtender Fehler ist auch, dass viele Autofahrer nachts wie gebannt in die Scheinwerfer des Gegenverkehrs starren. Vermutlich geschieht dies aus einer Unsicherheit und Angst heraus, dass der andere einem »zu nahe kommen« oder einen Schlenker machen könnte. Schauen Sie beim Autofahren bitte nie direkt in eine Lichtquelle! Richten Sie Ihren Blick ganz bewusst weiter nach rechts und orientieren Sie sich am rechten Fahrbahnrand, im Bereich zwischen dem Straßenrand rechts und dem Mittelstreifen und schauen Sie weit genug nach vorne. Diese Technik erleichtert es Ihnen, das eigene Auto sicher in der Spur zu halten und Gefahren am Straßenrand rechtzeitig zu erkennen.

Bei Nebel

Immer wieder kommt es zu schrecklichen Nebel-Unfällen, die fast ausnahmslos auf eine unangepasste, viel zu hohe Geschwindigkeit zurückzuführen sind. Insbesondere auf der Autobahn unterschätzen viele LKW-, PKW- und

Busfahrer die Gefahr des Nebels maßlos, indem sie mit unverantwortlichem Tempo durch die »Suppe« dahinrasen, so dass es beim harmlosesten Hindernis zu Panikbremsungen und Massenkarambolagen kommt. Solche Unfälle gehen nie glimpflich aus: Es gibt Tote und Schwerverletzte, weil die LKW's wie eine Schrottpresse alles um sie herum zusammendrücken.

Der wichtigste Rat lautet daher: »Runter mit der Geschwindigkeit! Rauf mit dem Sicherheitsabstand!«. Man muss so langsam fahren, dass man sein Auto innerhalb der Hälfte der verfügbaren Sichtweite sicher zum Stillstand bringen kann, und das bedeutet bei starkem Nebel dann schlicht »Schleichfahrt«!. Dazu gibt es keine Alternativen, und da es viel zu viele unvernünftige Fahrer gibt, sind Sie vielleicht besser beraten, von der Autobahn abzufahren und sich ein Quartier zu suchen.

Wer im Nebel dennoch fahren muss, benötigt gutes Licht: Jetzt sind die Nebelscheinwerfer gefragt, die in den meisten Autos heute zur Serienausstattung zählen. Diese Breitstrahler sind in der Regel recht tief und weit außen angebracht, so dass sie den Nebel in der wirksamsten Position (weit, breit, tief) zu durchdringen vermögen. Nebel tritt jedoch so unterschiedlich auf, dass unter manchen Bedingungen eine andere Scheinwerfer-Kombination besser Resultate liefert. Der Rallyefahrer jedenfalls probiert seine gesamte Scheinwerfer-Batterie aus, vom Fern- bis hin zum Standlicht, je nachdem, ob nur leichte Nebelschwaden, ein feiner Nebel oder undurchdringliche »Watte« auf der Straße liegt. Das muss man von Fall zu Fall austesten.

Denken Sie bitte daran, dass Ihre Augen im Nebel viel schneller ermüden und dass Sie im Nebel Größen und Entfernungen möglicherweise völlig falsch einschätzen. Sie werden selbst schon die Erfahrung gemacht haben, dass Ihnen vorausfahrende Autos um so näher (und gefährlicher) vorkommen, je heller ihre Rücklichter (oder die Nebelschlussleuchte) sind. Das bedeutet im Umkehrschluss natürlich, dass man alte und verblasste Rücklichter stets zu spät sieht.

Völlig falsch wäre es, wenn Sie wie die Schlange auf die Maus permanent nur nach vorn in den Nebel hineinstarren würden. Nutzen Sie statt dessen alle vorhandenen Orientierungshilfen!: Das beginnt bei Seiten- und Mittelstreifen, denn die weißen Markierungen sind im Nebel neben den Leuchtpfosten am Straßenrand das wichtigste Hilfsmittel, um auch nur einigermaßen die Spur zu halten. Aber auch Alleebäume, der Waldrand, Telefonmasten und Häuserreihen sind nützliche Orientierungshilfen. Und auch die in Deutschland ja zahlreich angebrachten Verkehrsschilder sind wegen ihrer reflektierenden Lackierung im Nebel willkommene Wegweiser.

Der erfahrene Pilot kann zudem auch bei ungünstigen Sichtverhältnissen Souveränität, Erfahrung und Intuition in die Waagschale werfen. Während der unsichere Autofahrer in solchen Situationen hyper-nervös und auf ängstliche Art »überkonzentriert« hinter dem Lenkrad sitzt, agiert der erfahrene Lenker mit mehr Selbstbewusstsein, weil er aus einer Vielzahl von Erfahrungen in der Lage ist, den Weg »zu erlesen« und weil er dabei nicht durch die Fahrzeugbedienung abgelenkt wird – die ist ihm in Fleisch und Blut übergegangen und läuft automatisch ab. Und gerade ein solcher »Profi-Autofahrer« wird bei schlechter Sicht und insbesondere bei Nebel eine angemessene, sehr verantwortungsbewusste Gangart einlegen und besonders konzentriert, langsam und vorausschauend fahren. Denn was sind schon einige Stunden Verspätung im Vergleich zu Wochen im Krankenhaus oder gar dauerhaften Behinderungen ?

Demonstration von Fahrtechnik in Perfektion, Rallyeteam bei der Arbeit (Foto: Subaru).

4. Fahrtechnik für Fortgeschrittene

Bei unseren Sport-Fahrerlehrgängen markieren wir in jeder Kurve die Ideallinie: Je eine Pylone steht am Einlenk-, Scheitel- und Auslenkpunkt. Den meisten Teilnehmern gelingt es mit diesen visuellen Hilfen sogleich recht gut, entlang der drei Punkte die Ideallinie zu fahren.

Andere fahren nicht wirklich, sondern steuern die Pylone an, als handele es sich um Wende-Bojen bei der Segel-Regatta. Und wenn wir nach vier oder fünf Übungsfahrten die Hütchen entfernen, beginnt bei einigen die Suche nach dem rechten Weg auf's Neue und sie gleicht manchmal einem Eiertanz. Dabei beginnt Fahrtechnik erst mit der Erkenntnis, dass die kürzeste Verbindung zwischen zwei Punkten eine Gerade ist.

Spaßig wird es oft auch bei den ersten Bremsübungen: Die meisten Autofahrer streicheln das Bremspedal nur oder benutzen es als Fußstütze. Das mag im normalen Straßenverkehr ausreichen, nicht aber im Sport und erst recht nicht in Notsituationen. Wer schnell fährt, muss auch kräftig bremsen können und sein Auto muss gute Bremsen haben. Dass es damit nicht weit her ist, beweisen uns immer wieder jene Teilnehmer, die am Mittag des ersten Tages nach einer Werkstatt für neue Bremsen fragen.

Wer erst einmal richtig lenken und bremsen kann, ist bereit, sich in die Fahrtechnik für Fortgeschrittne vorzuarbeiten: Etwa zu der Erkenntnis, dass Fuß- und Handbremse ganz hervorragende Lenkhilfen sind, dass man für einen Powerslide Power und ein Sperrdifferenzial braucht und dass auf jeden Schwung ein Gegenschwung folgt. Wer nun das richtige Gefährt und genug Mut hat, lernt bald, sein Auto mit dem Gaspedal zu lenken. Vorbild sind nun die Lenkradartisten aus dem Rallyesport, die bei ihren Ritten auf der Rasierklinge gelegentlich zum Seitenfenster hinaus nach vorn schauen.

Die Handbremswende bringt jedem sein ganz persönliches Erfolgserlebnis und wer dabei Blut geleckt hat, absolviert auch noch den Rest der Stuntman-Ausbildung, die Rückwärtswende und den 360-Grad-Turn.

Für manchen zart besaiteten Leser mag sich das alles sehr nach Show und Zirkus anhören, doch wir wissen es besser: Wer sein Auto mit Leichtigkeit und ein wenig Akrobatik beherrscht, ist auch im normalen Straßenverkehr den meisten Überraschungen und Gefahren gewappnet.

Denn da ist noch eines: Sportfahrer haben einen Ehrenkodex, sie fahren im öffentlichen Straßenverkehr stets vorschriftsmäßig, rücksichtsvoll, verhalten und vorausschauend. Und sie denken für die anderen Verkehrsteilnehmer mit. Sie sind wie Profi-Boxer, für die es eine Frage der Ehre ist, sich aus Kneipen-Keilereien heraus zu halten. Für den prädestinierten Motorsport-Einsteiger folgen jetzt die nach der Fahr-Physik wichtigsten Kapitel dieser Lektüre.

4.1 Vom Radius zur Ideallinie (Einlenk-, Scheitel- und Auslenkpunkt)

»Die kürzeste Verbindung zwischen zwei Punkten ist eine Gerade«, so haben wir's alle irgendwann einmal in der Schule gelernt. Beim Autofahren ist diese Erkenntnis jedoch nur so lange ganz einfach umzusetzen, wie es geradeaus geht und die (lösbare) Aufgabe nur darin besteht, das Auto auf der rechten Fahrbahn zu halten.

Komplizierter wird es mit den Linien, die ein Auto im Sinne höchst möglicher Sicherheit und mit dem Ziel der zügigsten Fortbewegung in Kurven fahren sollte: Begeben wir uns auf die Suche nach der Ideallinie!

Vorausschicken muss man, dass im normalen, öffentlichen Straßenverkehr dem Autofahrer stets nur die rechte Fahrbahn vom rechten Straßenrand bis zur weißen Mittellinie zur Verfügung steht! Diesen Bereich meinen wir, wenn wir im folgenden von »Fahrbahn« sprechen. Nur auf der permanenten Rennstrecke oder auf der für den Verkehr gesperrten Rallye-Sektion lässt sich die gesamte Straßenbreite ausnutzen. Der »Ritt auf der Kanonenkugel«, das Rasen und Kurvenschneiden, haben mit sicherem Autofahren im Sinne dieser Lektüre nichts zu tun!

Grundsätze zur idealen Linie

Jeder hat bereits einmal »erfahren«, dass die Kurvengeschwindigkeit und – während der Kurvenfahrt – die Richtungsstabilität eines Autos in erster Linie von der Zentrifugalkraft

Diese VW-Junioren haben's längst gelernt: Aus manchen Kurven kann man Geraden machen (Foto: Volkswagen).

abhängig sind. In einer leichten, kaum wahrnehmbaren Biegung tritt nur eine ganz geringe Zentrifugalkraft auf, so dass sich diese Kurve möglicherweise »voll« fahren lässt. Je schärfer eine Kurve ist, je enger der Kurvenradius verläuft, um so größer wird die Zentrifugalkraft, die das Auto nach außen zieht. Der Schwerpunkt des Autos strebt unbeeindruckt vom Kurvenradius geradeaus. Von der Zentrifugalkraft gezogen, folgt er einer Tangente zum Kurvenradius, der Tangentialrichtung. Jetzt greifen Lenkung und Reifenhaftung. Wie stark die Kurvenkräfte dennoch sein können, wissen wir, wenn die Fliehkraft seitlich am Körper spürbar wird und wir überzeugt sind: Jetzt landest du dort draußen an der Leitplanke. In einem Formel 1-Rennwagen sind die Kräfte gar so extrem, dass die Fahrer noch vor wenigen Jahren ihren Helm an der Karosserie anbinden mussten, damit ihr Kopf nicht zum Spielball der Gewalten wurde. Heute haben die F1-Stars bis zum Helm hochgezogene, ausgepolsterte Cockpits.

Um auch unter Einwirkung der Zentrifugalkraft stabil und sicher fahren zu können, müssen sich am Auto Gegenkräfte aufbauen: Die Fahrwerkskomponenten, der Straßenzustand, die Witterungsverhältnisse sowie Bauart und Zustand der Reifen entscheiden über die Reifen-Haftung, die der Zentrifugalkraft als entscheidende Komponente entgegenwirkt und diese bis zu einem bestimmten Geschwindigkeits-Limit ausgleicht. Dass es die Reifen sind, die diese entscheidende Rolle im Kräftespiel haben, weiß jeder, der schon einmal mit abgefahrenen Sommerreifen bei Regen zu schnell unterwegs war.

Wir haben schon behandelt, dass auf guten Asphaltbelägen und bei völlig trockener Fahrbahn nicht die tief profilierte Reifen, sondern die im Rennsport verwendeten, profillosen Slicks die besten Haftungswerte aufbauen. Und wie wir ebenfalls schon wissen, erzielt hier auch der schon reichlich abgefahrene Serienreifen bessere Reibwerte, als ein neuer Reifen! Doch einerseits haben Slicks einen ganz schmalen Grenzbereich (zwischen Haftung und Abflug) und andererseits sind sie im öffentlichen Straßenverkehr verboten.

Doch zurück zur Ideallinie: Wir wissen jetzt, dass in jeder Kurve die Zentrifugalkraft und die Haftungskräfte der Reifen gegeneinander wirken – und diesen Prozess können wir beeinflussen.

Grundregeln der Kurventechnik

Wer erst einmal so viel über das Kräftespiel in Kurven weiß, kann selbst simple, Fahr-physikalische Grundregeln daraus ableiten: Um die Zentrifugalkraft so niedrig wie möglich zu halten, muss der Autofahrer stets bemüht sein, in der Kurve eine Linie zu fahren, deren Radius größer als der Kurvenradius ist. Gehen wir einmal aus von einer normalen Linkskurve mit einem völlig gleichmäßig verlaufenden Radius: Man fährt diese Kurve vom äußerst rechten Fahrbahnrand an, lenkt gleichmäßig und »rund« nach links-innen zum Scheitelpunkt und lässt das Auto sogleich wieder in einem weichen Bogen nach außen zum äußerst rechten Fahrbahnrand gleiten. Von rechts außen zum Scheitelpunkt links innen und wieder zurück nach rechts außen ist diese Linie völlig gleichmäßig. Die Ideallinie wird größer und weicher als der Kurvenradius, es tritt geringere Zentrifugalkraft auf, so dass auf dieser Linie höhere Geschwindigkeiten bei größerer Sicherheit möglich sind (Abbildung 14, oben).

Macht-auf-Kurve

»Macht auf!« kommt wohl aus dem Jargon der Beifahrer-Pioniere früher Herrenfahrten und beschreibt die wohl gutmütigste aller Kurven: Der Kurvenradius wird zum Ende hin größer, die Kurve »öffnet« sich. Nehmen wir eine Rechts-macht-auf-Kurve: Man fährt die Kurve vom äußerst linken Fahrbahnrand an, zieht schon früh, gleich am Anfang der Kurve, nach rechts-innen und lässt sich weich wieder heraustragen. Hier droht der Fehler, viel zu spät nach innen einzulenken, wodurch die Linie »eckig« und gefährlich wird. Unsere Abbildung 14 (Mitte) zeigt die richtige und eine falsche Linie in einer Macht-auf-Kurve.

Macht-zu-Kurve

»Macht zu!« haben die Beifahrer schon vor Jahrzehnten eilig gerufen, wenn ihrer Karte oder ihren Streckenaufzeichnungen zufolge eine »Hundekurve« bevorstand. Der Kurvenradius beginnt gutmütig und gleichmäßig, verengt sich aber überraschend am Kurvenausgang. In einer Rechts-macht-zu-Kurve verläuft die Ideallinie sehr lange im Bereich links-außen bis mittig-links und erst spät, wenn die nochmals schärfer einknickende Position und das Kurvenende in Sicht kommen, lenkt man das Auto nach rechts-innen (zum »späten« Scheitelpunkt), um sich gleich wieder weich nach außen-links heraustragen zu lassen (Abbildung 14, unten).

Berühmte Rennstrecken wie die »Grüne Hölle« der Nürburgring-Nordschleife hatten und haben solche »Hundekurven« und der »Adenauer Forst« war stets ein Magnet für die Zuschauer, die hier auf Fahrfehler nur warteten. Wer in der Linkskurve eingangs »Adenauer Forst« zu früh nach innen einlenkte, wurde von dem urplötzlich wieder »zumachenden« Radius völlig überrascht und hatte keine Chance mehr, die Biegung oder gar die anschließende »Rechts« zu schaffen. Derart »fehlgelenkte« Autos flogen vehement von der Strecke, bis in die siebziger Jahre hinein nach dem Motto: »Hecke auf, Auto weg, Hecke zu!«. Unsere Fahr-physikalische Erkenntnis: In Macht-zu-

Kurven-Radius und Ideallinie

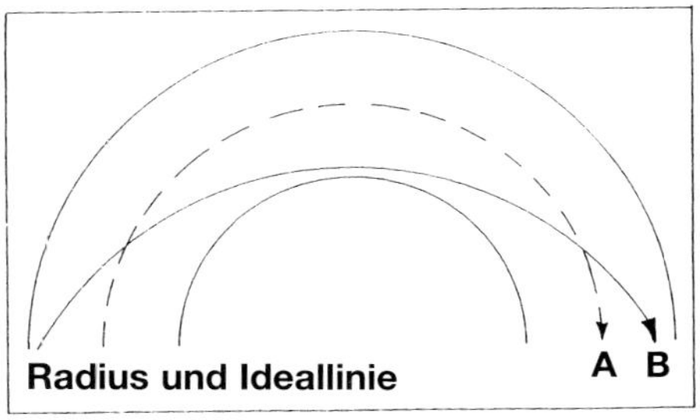

Deutlich erkennbar: Enger Kurvenradius (A), weiche, weite Ideallinie (B)

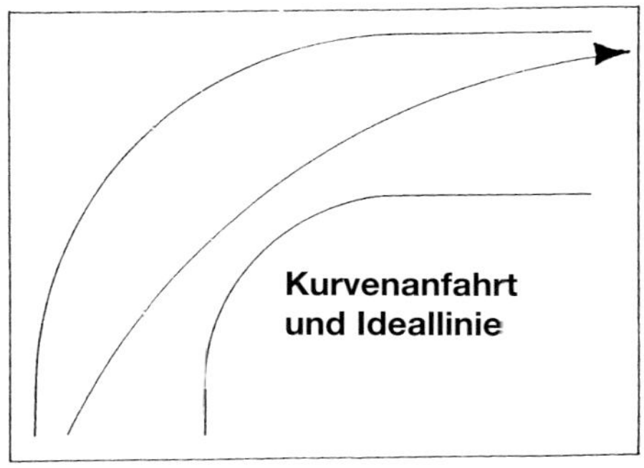

Ideallinie in einer „normalen" Kurve: Anfahrt außen, nach innen am Scheitelpunkt und wieder hinaus

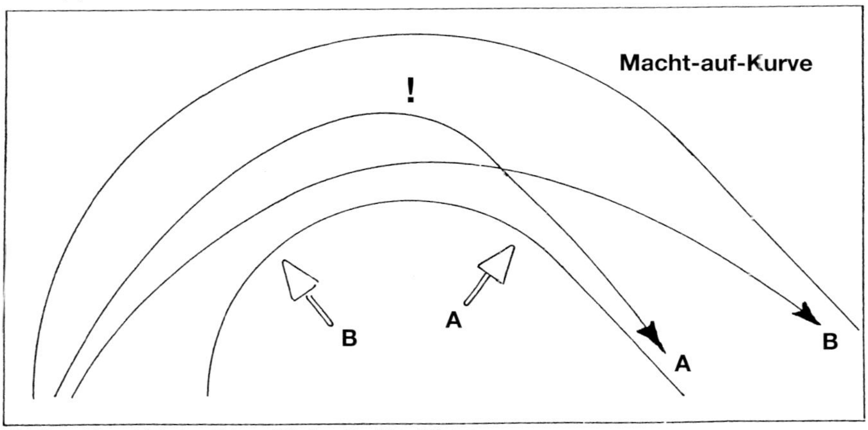

Richtiges (B) und falsches Fahren (A) einer Macht-auf-Kurve

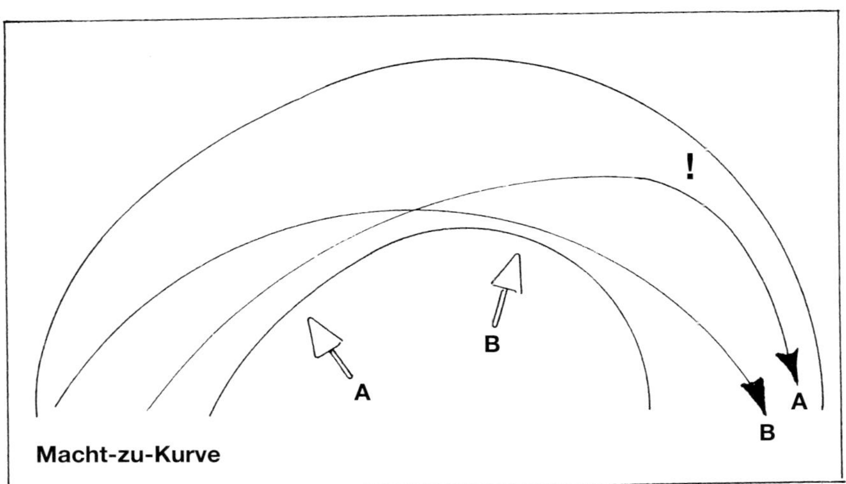

Sträflicher Versuch (A) und ideale Linie (B) in einer Macht-zu-Kurve

Abbildung 14

Mercedes-DTM-Pilot legt den Scheitelpunkt möglichst weit nach innen, indem er über die Curbs räubert. (Foto: Daimler-Chrysler).

Kurven lange außen bleiben und erst sehr spät nach innen einlenken.

Doppel-Kurve

Mit »Doppel-Kurve« sind eigentlich zwei Kurven gemeint, die unmittelbar aufeinander folgen. Sind die Radien beider Kurven völlig gleich und gleichmäßig, so fährt der geübte Fahrer beide Kurven auf »einer« Linie. Wie unsere Abbildung 15 zeigt, führt diese Linie »von außen – zur Mitte – nach außen – zur Mitte – nach außen«, so kurios sich das auch anhören mag. Die Ideallinie beschreibt in zwei rechtwinkligen Kurven einen weichen, nahezu gleichförmigen Kreisbogen (Abbildung 15).

S-Kurve

Wer erst einmal weiß, dass die Zentrifugalkraft um so kleiner und ungefährlicher ist, je weiter und weicher die befahrene Linie gewählt wird, kommt zurück zum Anfang dieses Kapitels: Die Gerade als kürzeste Verbindung zweier Punkte. So lässt sich völlig problem- und gefahrlos aus einem leichten, gleichmäßigen »S« eine Gerade

Kurven

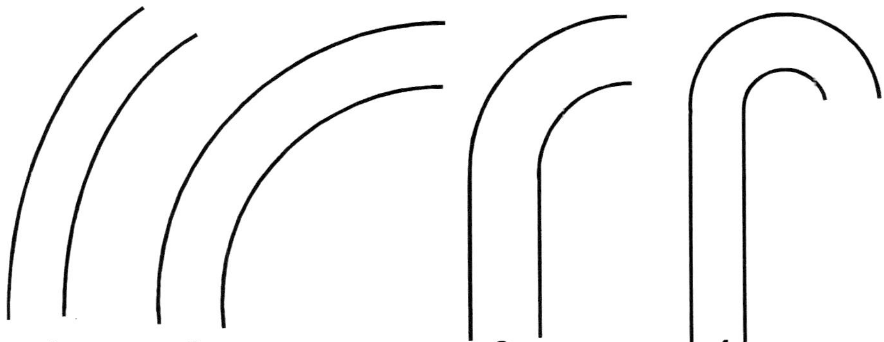

Leichte, unmerkliche Kurve (voll = 1), mittlere Kurve (schnell = 2), scharfe Kurve (3) und sehr scharfe Kurve (4)

Linien

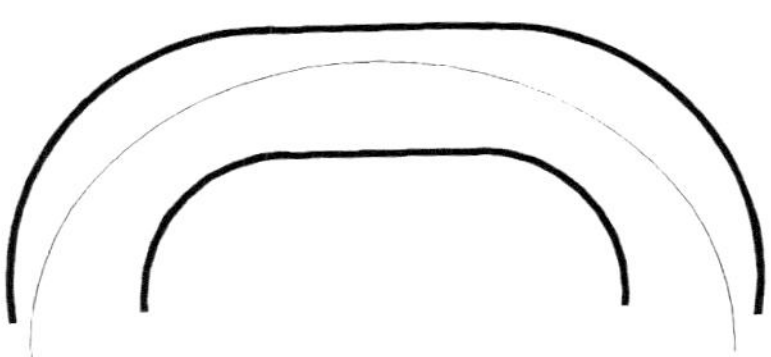

Doppel-Kurve

Leichte, gleichmäßige S-Kurve:
Die Ideallinie entspricht einer mit dem Lineal gezogenen Geraden

Scharfe S-Kurve:
Die Linie gestaltet dieses "S" so weich und "begradigend" wie möglich

Abbildung 15

machen und jedes Kind wird messerscharf schließen, dass diese Gerade auch der Ideallinie entspricht (Abbildung 15).

Diese Erkenntnis – man kann das nicht oft genug wiederholen – trifft auf die permanente Rennstrecke und – soweit öffentliche Straßen leer und absolut übersichtlich sind – auf die rechte Fahrbahnseite zu. Sport-Akrobatik und Kurvenschneiden sind bei der heutigen Verkehrsdichte völlig unverantwortlich und kein wirklicher Sportfahrer würde sich zu derartigem Rowdytum hinreißen lassen. Motorsportler fahren im öffentlichen Straßenverkehr defensiv und vorausschauend und oft genug denken sie für die anderen Verkehrsteilnehmer mit.

Während sich Rundstrecken-Rennfahrer im Verlauf ihrer Karriere eher auf bestimmte Strecken und Kurven spezialisieren, wissen die Rallyefahrer, dass es Hunderte graduell verschiedener Kurven gibt. Dass Wellen, Löcher und Höcker vorkommen und Korrekturen der Ideallinie erfordern können. Dass die Fahrbahnbeschaffenheit, trocken, nass, sandig oder gar schnee- und eisbedeckt, wesentlichen Einfluss nehmen, es der Fliehkraft leichter machen und die Reifen überfordern können. Und, dass wechselnde Beläge (in der Kurve von Asphalt auf Schotter) eine andere, vorsichtigere Geschwindigkeit und möglicherweise auch eine andere Ideallinie erfordern. Vom Grundsatz her gelten jedoch für alle nur denkbaren Kurven die fahr-physikalischen Erkenntnisse über Zentrifugalkraft und Reifenhaftung und der Grundsatz:

Der Grenzbereich ist dann erreicht, wenn die Zentrifugalkraft die Haft-Kraft der Reifen exakt erreicht hat!

Bremszone, Einlenk-, Scheitel- und Auslenkpunkt

In unseren Fahrerlehrgängen zur Erteilung der Internationalen Lizenz des Deutschen Motorsport Bundes (DMSB) besichtigen wir mit den Teilnehmern die Rennstrecke zunächst während eines Fußmarsches! Die Trainer verteilen vor dem Aufbruch einige Dutzend Pylone (damit sie sie nicht selbst tragen müssen). In kleinen Gruppen besprechen die Instruktoren dann Kurve für Kurve.

Jede Kurve hat nämlich einen individuellen Bremspunkt, der abhängig vom Auto, dessen Bremsen und vor allem vom Können des Fahrers ist und daher von »viel zu früh« bis »etwas zu spät« liegen kann. Die Instruktoren sprechen daher lieber von der »Bremszone«. Dieser »Variablen« folgen nun drei »Konstante«, nämlich drei Punkte, die man möglichst ganz exakt anpeilen muss, um eine optimale Linie zu fahren:

Der E i n l e n k p u n k t ist jene Position, an der das Auto aus (gebremster) Geradeausfahrt in Kurvenrichtung eingelenkt werden muss (muss!!!). Lenkt man schon vor dem Einlenkpunkt oder nur einige Meter dahinter ein, wird man die beiden nun folgenden Punkte mit Sicherheit verfehlen !

Vom Einlenkpunkt steuert man in einer weichen Linie den S c h e i t e l p u n k t an, der – wie eingangs ausführlich geschildert – früh, normal oder spät liegen kann. Ob das Auto auf dem Weg vom Einlenk- zum Scheitelpunkt noch gebremst wird oder »in Gas-Weg-Stellung« schlicht »schiebt« oder unter Teillast gefahren wird, hängt von der Technik des Autos und vom Können des Fahrers und dessen Fahrtechnik ab. Für den Anfänger gilt jedoch in jedem Fall, dass

1. der Bremsvorgang am Einlenkpunkt beendet sein muss und
2. vom Einlenk- zum Scheitelpunkt mit dosiertem Gas, im richtigen Gang und in einer der Kurve angemessenen Geschwindigkeit gefahren wird !

Am Scheitelpunkt wird das Auto wieder voll beschleunigt, was immer dann völlig problemlos möglich ist, wenn man den Scheitelpunkt »punktgenau« getroffen hat. Dabei lässt man das Auto »unter Last« (also »mit Gas«) zum

Bernd Schneider im DTM-Mercedes hat sich seinen eigenen Scheitelpunkt ausgewählt, die Jungs in den Renntourenwagen müssen jeden Meter sparen (Foto: Daimler-Chrysler).

Auslenkpunkt hin nach außen gleiten. In dieser Phase beobachten wir übrigens bei unseren Sport-Fahrerlehrgängen jene Fehler, die (meistens bis zum Schluss) die Spreu vom Weizen trennen: Viele Fahrer ziehen das Auto auch nach dem Scheitelpunkt noch nach innen (vielleicht unterbewusst, vielleicht aber auch, weil sie Angst haben, dass ihnen die Straße ausgeht). Andere brauchen viele Übungsfahrten, ehe sie sich zutrauen, vom Scheitelpunkt an schon voll in Richtung Auslenkpunkt Gas zu geben.

Wir zeigen einen Kurvenverlauf und die dazugehörigen Einlenk-, Scheitel- und Auslenkpunkte in unserer Abbildung 16 (s. Seite 90).

Und damit das »ganze System« einem Anfänger ein wenig leichter fällt, kommen die zuvor erwähnten Pylone zum Einsatz. Die

Na, können Sie da noch eine Ideallinie ausmachen? Tommi Mäkinen im Werks-Subaru bei der Durchquerung der Schlucht von Aiglun, Rallye Monte Carlo (Foto: Subaru).

Trainer markieren damit die Einlenk-, Scheitel- und Auslenkpunkte einer jeden Kurve, so dass (inklusive der notwendigen Erklärungen und der obligatorischen Diskussionen) eine »per pedes«-Runde auf dem 4,5 km langen Nürburgring-Grand Prix-Kurs durchaus schon einmal 2 1/2 bis 3 Stunden dauern kann. Und nur sehr, sehr selten ist es vorgekommen, dass Teilnehmer danach schon heimfuhren, weil sie sich Blasen gelaufen hatten.

Nach dem Start haben – was die Ideallinie betrifft – auch in der Formel 1 nicht alle den gewünschten Platz an der Sonne (Foto: Daimler-Chrysler).

4.2 Gekonnte Kurventechnik – Bremsen und Beschleunigen

Wir haben nun sowohl die bauartspezifischen Fahrverhaltensweisen verschiedenster Autos kennen gelernt als auch in der Theorie erfahren, wie bei bestimmten Kurvenarten und -radien die Ideallinie verläuft. Es gilt nun, dieses Wissen in der Praxis so umzusetzen, dass man als »Normalverbraucher« jede nur denkbare Kurve sicher (als Sportfahrer: möglichst schnell und sicher) fahren kann. Dazu gehört ein wenig Kurventechnik!:

Die wichtigste Regel ist, dass der Bremsvorgang vor der Kurve abgeschlossen sein muss! Wenn man sich eine sehr lange Gerade vorstellt, an deren Ende eine sehr scharfe Kurve ist, kann man sich einige Probleme durchaus vorstellen: Wann muss ich mit dem Bremsen beginnen? Werde ich viel zu früh oder die entscheidende Sekunde zu spät bremsen? Welche Geschwindigkeit »verträgt« diese Kurve?

Tatsächlich liegen hier die Feinheiten, auf die's ankommt und die auch unter den Sportfahrern die Spreu vom Weizen trennen. Wenn wir nun schon einmal wissen, dass der Bremsvorgang vor der Kurve beendet sein muss, also exakt dort, wo man beginnt, das Auto einzulenken, so bleibt die Frage, wann man mit dem Bremsen beginnen muss – die Suche nach dem Bremspunkt beginnt. Selbst bei vielen Sportfahrern währt diese Suche ein ganzes Leben und nur die inneren Instinkte bewirken, dass diese Leute immer einen Hauch früher, als »physikalisch« eigentlich nötig, zu bremsen beginnen.

Wenn man mit seinem Auto dreißigmal im Jahr auf der gleichen Rennstrecke fährt, sagen wir auf dem Nürburgring-Grand Prix-Kurs, so ist es relativ leicht, sich von Mal zu Mal und von Runde zu Runde an die richtigen (letztmöglichen) Bremspunkte heranzutasten. Da hat es Frau Jedermann schwerer, weil sie im normalen Straßenverkehr nur eine Fahrspur zur Verfügung hat, weil jede Kurve, die auf sie zu kommt, eine neue, unbekannte Kurve ist, weil sie Rücksicht auf andere Verkehrsteilnehmer (vor allem auf den Gegenverkehr!) nehmen und aus dieser Vielzahl von Gründen eher vorsichtig sein und defensiv fahren muss. Frau Jedermann wird eher zu früh bremsen und sie tut gut daran!

In einer ähnlichen Situation befindet sich der Rallyefahrer, der zwar über einen Streckenaufschrieb und die Ansagen seines Beifahrers verfügt, im Verlauf eines Wettbewerbs jedoch Tausende von Kurven zu meistern hat, der mit sich ändernden Belägen und tückischen Fallen (auf eine zuvor trockene Straße geworfener Schnee) rechnen und mit undisziplinierten Zuschauern kalkulieren muss. Deshalb haben sich die Fahrer aus der Schottergilde auch ihren eigenen Fahrstil zurechtgezimmert, einen Stil, der mit dem Anstellen und Driften stets über versteckte Sicherheitsreserven verfügt.

Ob nun Renn- und Rallyefahrer oder Frau Jedermann: Den richtigen Bremspunkt zu finden, ist eine Frage von Übung, Erfahrung, Talent und Mut, wobei man bei Vollblut-Sportfahrern den Mut nur gepaart mit einer gehörigen Portion Besonnenheit (Verstand!) vorfindet. Der geübte Sportfahrer wählt seinen Bremspunkt nach Geschwindigkeit, Straßenbeschaffenheit, Fahrbahnbelag, Witterung, Reifen und vielen Indizien mehr und er »stu-

Nach jeder Vollgas-Geraden folgt die Suche nach Bremspunkt, das gilt auch und besonders für Le Mans (Foto: BMW).

diert« während der Anfahrt die Kurve und ordnet sie einer der vielen Kategorien zu, die er aus jahrelanger Erfahrung kennt und ist nahezu sicher, dass er Recht hat. Jeder, der absolut kein geeignetes Terrain (gesperrte Strecke!) und keinen wirklichen Grund hat, mit Höchstgeschwindigkeit zu fahren, tut gut daran, jede Kurve so früh wie möglich anzubremsen !

Doch kehren wir zurück zu unserer langen Geraden mit der scharfen Kurve am Ende: Nehmen wir an, wir haben unser Auto auf der Geraden bis zur Höchstgeschwindigkeit beschleunigt. Wir schätzen Schärfe, »Charakter« und Abstand zur Kurve ein und bestimmen unseren individuellen Bremspunkt. Hier beginnt der Bremsvorgang damit, dass man herunterschaltet (Zwischengas!) und (gleichzeitig!) bremst. Vor dem Einlenken muss dieser Vorgang abgeschlossen und der richtige Gang eingelegt sein. Für die Kurve wählt man einen Gang, der bei der gewünschten Kurven-Anfahrtsgeschwindigkeit eine Motordrehzahl zwischen 3.000 und 4.500 U/Min. gewährleistet. In diesem Drehzahlbereich hat der Motor jene Kraftreserven, die für eine sichere Kurvenfahrt notwendig sind.

Damit sind die »Vorbereitungen« abgeschlossen und wir lenken das Auto »am Einlenkpunkt« weich auf der Ideallinie in die Kurve hinein. Bereits beim ersten Einlenken wird wieder weich beschleunigt und während der gesamten Kurvenfahrt bleibt man gefühlvoll auf dem Gaspedal. Diese »Teillast« stabilisiert das Auto bis zum Scheitelpunkt. Hat man den Scheitelpunkt der Kurve erreicht, muss man (um den Speed auf die Gerade mitzunehmen) den Druck aufs Gaspedal deutlich verstärken und die Lenkung der Ideallinie entsprechend zurücknehmen. Jetzt kann man das Auto mit Vollgas aus der Kurve heraus zum Auslenkpunkt hin beschleunigen, denn die Fliehkräfte werden nach dem Scheitelpunkt immer geringer.

Wichtig ist, dass man jeden einzelnen der beschriebenen Schritte »just in time«, besonnen, weich und gefühlvoll ausführt. »Säger«, die in der Kurve ruckartig am Lenkrad zerren oder noch während der Kurvenfahrt abwechselnd brutal Brems- und Gaspedal traktieren, riskieren einen Unfall und sind trotz ihrer Show langsamer als jene, die sich besonnen ihren Bremspunkt gesucht, die richtige Anfahrtsgeschwindigkeit und Drehzahl gefunden haben und das Auto mit progressiv-weichem Gaspedaleinsatz durch die Biegung treiben.

Hinweisen sollte man nochmals auf unsere Ausführungen zur Fahrzeugbedienung und dort auf jene Passagen, zum »Kuppeln und Schalten«: Beim Anbremsen einer Kurve muss ja gleichzeitig (!) herunter geschaltet werden. Dabei sollte man Drehzahlsprünge mit Hilfe der Zwischengas-Technik unbedingt vermeiden: Wer z.B. bei 5.500 U/Min. aus dem 3. Gang auf die »zweite Welle« zurückschaltet, hat »ohne Zwischengas« einen so großen Drehzahlsprung, dass der Motor das Auto recht unsanft abbremst und dabei böse versetzen kann !

Auf die Bremstechnik und »Risiken und Nebenwirkungen« (ob mit oder ohne ABS) gehen wir noch separat ein. Hier sei nur der Hinweis erlaubt, dass eine beängstigende Mehrheit aller Autofahrer das Bremspedal beim Bremsen nur halbherzig betätigt, was bei defensiver Fahrt und frühzeitigem Einsatz der Verzögerung auch vernünftig und materialschonend ist. Im Rennsport jedoch wird spät und dafür voll (mit aller Kraft) gebremst. Und jeder Motorsportfan kennt die TV-Bilder, dass in der Bremsphase selbst dann nichts passiert, wenn die Räder beim Bremsen einmal blockieren – das Auto rutscht weiter geradeaus! Schon um die berühmten »Bremsplatten« (völlig abradierte Teilfläche eines oder mehrerer Reifen) zu vermeiden, bremst der Rennfahrer im Bereich »knapp vor dem Blockieren«, was – wie alles bei der Rennfahrerei – einiger Übung bedarf.

Erwähnen muss man noch, dass es einige Rennautos mit einem sehr speziellen Fahrverhalten gibt, das den Fahrer ermutigt, diesen Wagen in gewisse Kurven »hineinzubremsen«. Typisch wäre hier ein stark untersteuernder Fronttriebler, dessen Heck nur dann »kommt«, wenn zur maximalen Gewichtskonzentration vorn

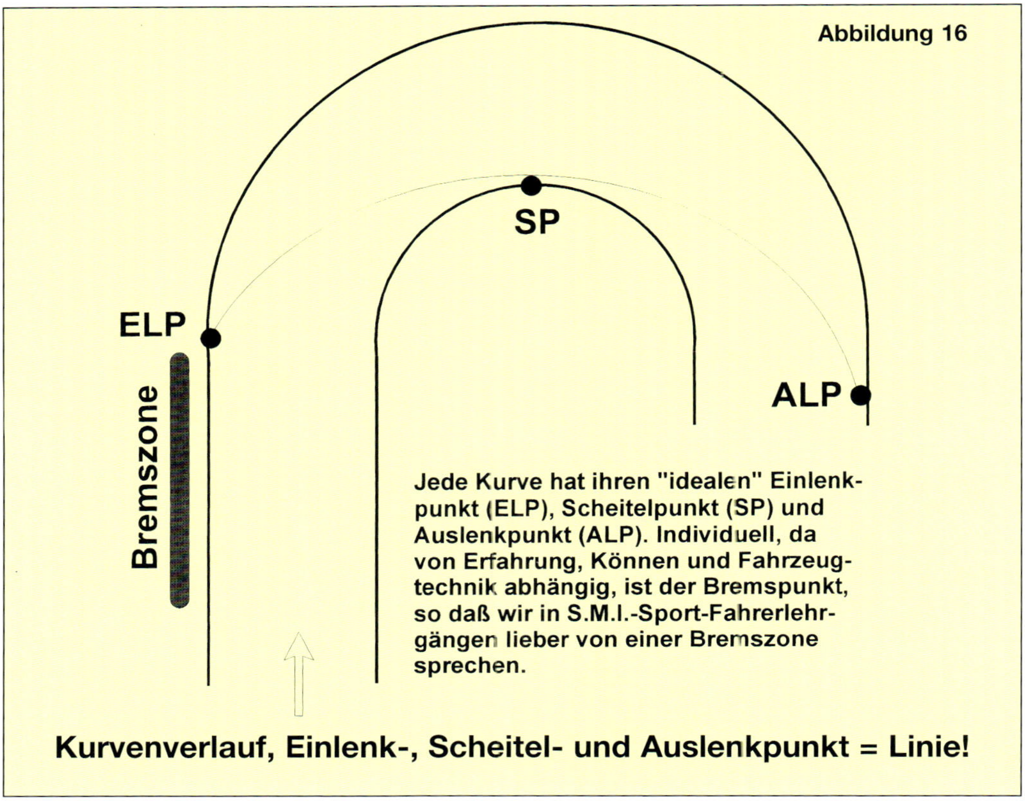

Kurventechnik im Rennsport

1. **Bremspunkt individuell nach dem eigenen Fahrkönnen und nach der Technik des benutzten Autos bestimmen, kräftig bremsen, dabei herunterschalten.**
2. **Dieser Vorgang ist am Einlenkpunkt beendet und man lenkt hier weich zum Scheitelpunkt hin ein, das Auto läuft unter Teillast am Gas.**
3. **Vom Scheitelpunkt an progressiv Gas geben, das Auto dabei weich zum Auslenkpunkt hin nach außen tragen lassen, die gesamte Straßenbreite nutzen!**
4. **Möglichst viel Speed mit auf die nächste Gerade nehmen !**

noch die Fliehkraft kommt. Und eine typische Kurve für diese Technik wäre die Dunlop-Kehre auf dem Nürburgring-Grand Prix-Kurs. Doch vielleicht ist das schon zu viel »hohe Schule«?

In unseren Sport-Fahrerlehrgängen fügen wir diesen Regeln mit dicken Ausrufezeichen hinzu, dass – bitte schön – jeder nur im Rahmen von 90 % seiner eigenen Möglichkeiten fährt und wir, die Instruktoren, in dieser Beziehung bereits alles gesehen haben und man uns nichts mehr beweisen muss.

Als Fahrtechniken unzertrennlich sind das Driften und Gegenlenken (Foto: Mitsubishi).

4.3 Gegenlenken

Eine der wichtigsten Techniken, die der gute Autofahrer beherrschen muss, ist das Gegenlenken. Richtiges und rechtzeitiges Gegenlenken verhindert das Schleudern des Autos und es verhindert einen Schlenker oder Dreher, der im Verkehr zu schlimmen Unfällen führen und im Sport wertvolle Zeit kosten kann.

Mit den Vorderrädern wird immer dann gegengelenkt, wenn das Heck – aus welchen Gründen auch immer – wegbricht. In dieser Situation

- steht das Auto quer zur Fahrbahn, also nicht mehr in der gewünschten Richtung, so dass
- sofort mit der Lenkung so korrigiert werden muss, dass die Vorderräder wieder in Fahrtrichtung zeigen.

Nehmen wir das Beispiel einer Rechtskurve, in deren Verlauf das Heck plötzlich ausbricht: Das Heck schwebt dann plötzlich bedrohlich »über« dem Straßengraben (links), während die Frontscheinwerfer in Richtung Böschung zeigen (rechts). Wir zeigen diese äußerst unpässliche Situation in Abbildung 17. Ohne Lenkkorrektur und je nach Eigenlenkverhalten des Autos würde die Fahrt nun entweder im Graben oder an der Böschung enden.

Die Lenkung – für die Rechtskurve zuvor nach rechts gedreht – wird daher sofort über den »Geradeauspunkt« hinaus nach links eingeschlagen. Die Vorderräder zeigen augenblicklich von der gefährlichen Böschung weg und (links eingeschlagen) wieder in die gewünschte Fahrtrichtung.

Wichtig ist, dass man rechtzeitig und nicht übertrieben gegenlenkt! Würde man (in unserem Beispiel) die Lenkung zum Korrigieren viel zu stark nach links drehen, bestünde die Gefahr, dass das Auto jetzt plötzlich diesem Einschlag folgt und mit dem Heck abrupt zur anderen Seite (also nach rechts) hin ausbricht. Wir haben diese Situation in unserer Skizze dargestellt. Man könnte zwar noch schnell im Werkstatthandbuch nachschlagen, ob ein Front- oder Heckschaden preiswerter zu reparieren ist, doch mit ein wenig Übung kann man sein Auto auch ohne Schaden wieder »einfangen«.

Der geübte Sportfahrer korrigiert mit der Lenkung synchron, d.h. zeitgleich zum Ausbrechen des Hecks. Er lenkt augenblicklich gegen jede Pendelbewegung und zwar immer gerade so viel, wie nötig ist und nie auch nur eine zehntel Drehung mehr. Das Gefühl dafür stecke im Po, sagt man. Mit dem »Allerwertesten« erahne der Fahrer förmlich, wann das Heck auszubrechen droht. Diese Kunst beherrschen vor allem die Rallyefahrer, deren Autos ja eigentlich immer in Gleitreibung daherpreschen. Der Stepptanz auf der Pedalerie wird begleitet von einem ständigen Ausschwingen des Hecks oder Schieben der »Nase« und ständigen Korrekturen am Lenkrad. Wer einmal Bilder einer Inboard-Kamera aus dem Auto eines Tommi Mäkinen oder Carlos Sainz gesehen hat, weiß, dass diese Meister der Schotterzunft eigentlich keine Sekunde lang das Lenkrad wirklich still halten.

Als Fahrschüler für sportliches Auto fahren kann man sich derartiger Perfektion nur durch ständiges Üben auf der gesperrten Rennstrecke annähern. Wesentlich dabei ist, ein Gefühl für die Bewegungen des Autos zu bekommen und eine einwandfreie Orientierung zu haben: Man muss zu jeder Sekunde wissen, wie stark das Auto quer steht. Man muss »im Griff« haben, wie direkt und mit welchem Einschlag eine Bewegung am Lenkrad auf den Radeinschlag wirkt und man muss stets die Orientierung behalten, wann das Lenkrad wieder in der Normalstellung steht. Rallye-Professor Rauno Aaltonen markiert sein Lenkrad nicht zuletzt aus diesem Grund am oberen Normalpunkt mit einem weißen Klebeband.

Unsere Abbildung 17 zeigt die notwendigen Lenkbewegungen (links) in Relation zum jeweiligen Grad des Schleuderns (rechts).

Wie bei allen Sport-Techniken sind auch die individuellen Fertigkeiten in der Kunst des Gegenlenkens abhängig von der Ausbildung (nur Fahrschule plus Praxis oder wenigstens schon mal ein Sicherheitstraining?), dem Talent und dem Reaktionsvermögen eines jeden Fahrers.

Das Gegenlenken

1. **Gleichgültig, wie stark das Heck ausbricht, muss die Lenkung immer so eingestellt werden, dass die Vorderräder in Fahrtrichtung zeigen.**
2. **Gegengelenkt wird s o f o r t bei Ausbrechen des Hecks !**
3. **Je nach Situation muss man auf einen sogleich einsetzenden »Gegenschwung« (Ausbrechen des Hecks in die andere Richtung) gefasst sein. Darauf reagiert man durch sofortiges Gegenlenken in die andere Richtung.**
4. **Die Gegenlenk-Bewegung am Lenkrad muss immer exakt angemessen sein, zu starkes Gegenlenken z.B. schaukelt das Auto erst recht auf, das Schleudern wird stärker.**
5. **Das Gegenlenken erfolgt in aller Regel unter sturer Beibehaltung der »10 vor 2«-Haltung des Lenkrades, nur bei extremer Querstellung muss man möglicherweise blitzschnell umgreifen, um einen stärkeren Lenkeinschlag zu produzieren.**
6. **Nie das Lenkrad loslassen! Bei Profis durchaus üblich ist jedoch die Technik, das Lenkrad aus eingeschlagener Position »durch die Hände« in Normalposition zurücklaufen zu lassen.**

Richtiges Gegenlenken: Stellung des Lenkrads und der Vorderräder

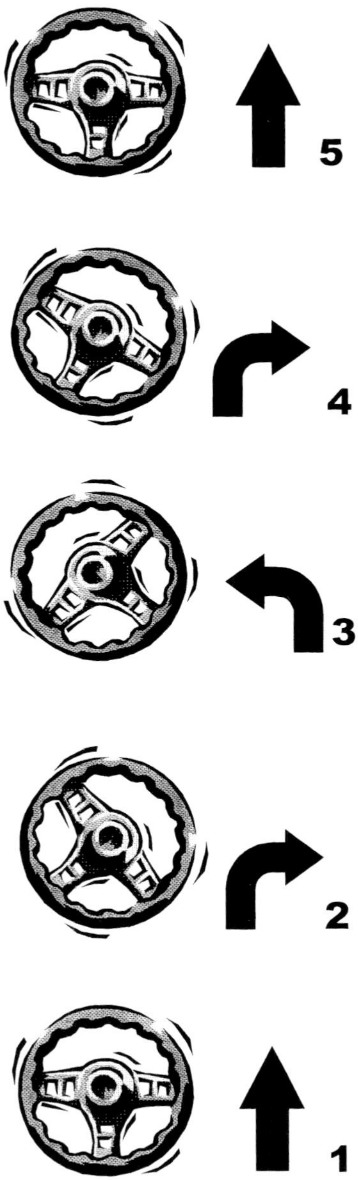

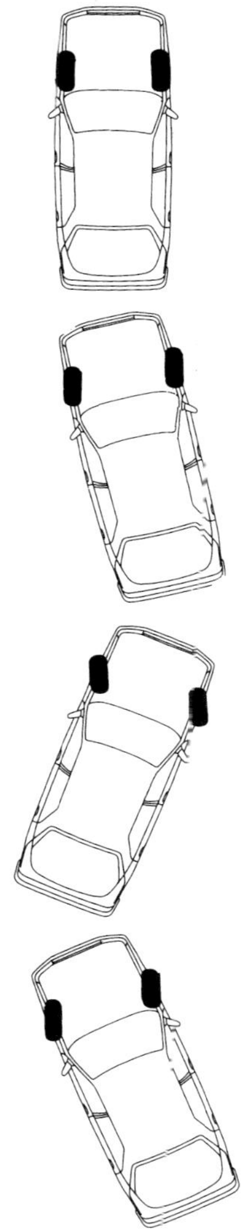

Bei Schleuderbewegungen des Hecks muß die Lenkung immer so eingestellt werden, daß die Vorderräder exakt in Fahrtrichtung zeigen. Stärkeres Ausschwingen des Hecks erfordert stärkeres (2 u. 3), geringeres Ausschwingen geringeres Gegenlenken (4) !

Abbildung 17

Im schnellen Drift noch eingelenkter Subaru, der Wimpernschlag vor dem Gegenlenken (Foto: Subaru).

Enge Bühne für Akrobaten am Lenkrad: Mitsubishi-Cockpit (Foto: Mitsubishi).

Im Drift gegengelenkter Weltmeister-Peugeot bei der Monte (Foto:Peugeot).

Bis in die Kurve hinein gebremster McLaren-Mercedes (Foto: Daimler-Chrysler).

4.4 Richtig bremsen

Wer Ratschläge gibt, wie man beim Autofahren perfekt mit der Bremse umgeht, muss stark differenzieren, denn die Techniken sind je nach Fahrbahnbelag, Straßenzustand, Speed und Situation recht unterschiedlich. Auch ein möglicherweise vorhandenes ABS beeinflusst die Bremstechniken.

Die Vollbremsung

Dass sich der Anhalteweg aus dem Reaktionsweg und dem Bremsweg zusammensetzt, haben wir in der Fahrschule gelernt. Und dass der Reaktionsweg sich aus der Wahrnehmungszeit, der Reaktionszeit und der Umsetzungszeit addiert, auch. Je nachdem, wie konzentriert oder auch talentiert der Fahrer hinter dem Volant ist, dauert es von winzigen Sekundenbruchteilen bis hin zu endlosen Sekunden, ehe er eine Situation, die eine sofortige Vollbremsung erfordert, überhaupt wahrnimmt. Dann muss er auf die Wahrnehmung reagieren und es vergeht neuerliche Zeit, ehe er den Fuß vom Gas nimmt und das Bremspedal bedient. Und schließlich muss noch die manuelle Bewegung des Fußes in mechanisch wirksames Bremsen (in Kraft !) umgesetzt werden. Und auch das kostete Zeit.

Das Reaktionsvermögen ist bei den meisten Autofahrern ein leidiges Thema. Denken Sie einmal darüber nach, wie oft Sie schon in der Zeitung gelesen oder im Fernsehen gesehen haben, wie Autofahrer ungebremst in ein Stauende hineingekracht sind! Und würde man Videos von allen Unfällen besitzen, bei denen plötzlich auf die Fahrbahn tretende Fußgänger von einem Auto erfasst und getötet wurden, könnte man beweisen, dass eine Mehrzahl dieser Autofahrer bei guter Reaktion und geschul-

Bremsen will gelernt sein: Bremsübungen beim BMW-Fahrertraining (Foto: BMW).

tem Fahrkönnen das Schlimmste hätten vermeiden können. In unseren Sport-Fahrerlehrgängen machen wir, soweit es die Zeit erlaubt, gern einmal den einfachsten aller Reaktionstests: Die Testperson spreizt Damen und Zeigefinger, um sofort zugreifen zu können. Der Partner hält nur ein bis zwei Zentimeter darüber einen Bierdeckel, der mit der schmalen Seite nach unten zeigt. Unvermittelt lässt der Partner los, und der durch die gespreizten Finger fallende Bierdeckel muss gefangen werden. Die Reaktion (»Otto« würde sagen: »Kleinhirn an Großhirn – sofort zugreifen!«) und die Umsetzung, das hastige Zusammenschnappen von Daumen und Zeigefinger, müssen EINS sein, will man eine Chance haben, den von der Schwerkraft unbeirrbar bestimmten Weg des Bierfilzes zu stoppen.

Wie entscheidend eine schnelle Reaktionszeit ist, zeigt ein einfaches Zahlenbeispiel: Bei einer Geschwindigkeit von 100 km/h legt ein Auto pro Sekunde 28 Meter zurück. Reagiert ein Fahrer relativ schnell auf eine Wahrnehmung, nehmen wir an, in einer vierten Sekunde, so fährt das Auto in dieser Zeit (ungebremst) eine Strecke von exakt sieben Metern. Unterstellen wir hingegen eine Reaktionszeit von »nur« 1,5 Sekunden, so versechsfacht sich der Reaktionsweg auf stattliche 42 Meter, in deren Verlauf schon alles zu spät sein kann. Dieses Beispiel zeigt, wie lebenswichtig es ist, stets voll konzentriert und vorausschauend zu fahren, jede Situation zu erkennen, richtig einzuschätzen und sofort zu reagieren. Die Unfallstatistiken der Versicherungsgesellschaften zeigen jedoch ein deprimierendes Bild: Je nach Art und »Kategorie« der Unfälle haben 40 bis 60 % der an einem Unfall beteiligten Autofahrer nicht einmal den Versuch unternommen, ihr Auto abzubremsen !

Der Bremsweg, also die Entfernung vom Auslösen (Treten) der Bremse bis zum Stillstand, ist abhängig von vielen Faktoren, vom Reifenzustand, von der Fahrbahnbeschaffenheit, vor allem aber von der Geschwindigkeit und dem Bremsdruck.

Ziel einer Notbremsung ist es, das Auto so schnell wie möglich zum Stillstand zu bringen. Nun kann man aber ein Bremspedal so oder so betätigen, es sanft streicheln oder brutal und mit aller Kraft treten (keine Angst, es bricht nicht ab!). Die Tatsache, dass die meisten Autofahrer falsch, also mit viel zu wenig Kraft bremsen, hat zwei Ursachen: Zum einen geistert in vielen Köpfen noch das Märchen vom »Stotterbremsen« als gute Alternative zur Vollbremsung (man denkt an sich selbst zuerst und glaubt, mit dieser Methode sicherer zu fahren und nicht ins Schleudern zu geraten). Zum anderen sind die meisten Fahrer auf eine Vollbremsung völlig unvorbereitet, weil sie nie trainiert wurde: Im Normalbetrieb wird ein Auto stets früh genug und sanft abgebremst, die Pedalkraft wird dosiert, gefühlvoll und langsam aufgebaut. Bei einer Vollbremsung muss die maximale Pedalkraft jedoch augenblicklich aufgebaut und während der gesamten Bremsphase gehalten werden. Der Fahrer muss also die maximale Muskelkraft im rechten Bein auf das Pedal bringen und diese Kraft bis zum Stillstand des Autos aufrecht erhalten.

Wie wichtig dabei die richtige Sitzposition mit der günstigsten Hebelwirkung ist, muss nicht noch mal erläutert werden. Auch Herr Jedermann muss zur Kenntnis nehmen, dass die Versuche aller Fahrzeug- und Bremsen-Hersteller übereinstimmend ergeben haben, dass das sofortige und anhaltende Blockieren

Technische Delikatesse mit unglaublichen Verzögerungswerten: BMW-M3-Bremse (Foto: BMW).

der Räder den kürzesten Bremsweg ergibt. Auch bei einem Auto, dass noch kein ABS besitzt, muss man dabei übrigens keine Bedenken haben, dass man auf einer Geraden während dieser Phase zu schleudern beginnt: Das Auto schiebt über die blockierenden Räder schnurgeradeaus! Heikel sind Vollbremsungen ohne ABS natürlich in Kurven, wo sie dann zumeist im Graben, an der Leitplanke oder schlimmstenfalls an einem Baum enden.

Heutzutage verfügen selbst preiswerteste Kleinwagen über ein Antiblockiersystem (ABS): Sensoren und die Steuerung über Mikro-Computer bewirken ein in Intervallen von Sekundenbruchteilen abwechselndes Bremsen und wieder Loslassen der Bremszangen. Bis zu 100mal in der Minute »schaltet« das ABS die Reifen zwischen Haft- und Gleitreibung hin und her. ABS hat in 95 % aller denkbaren Fahrsituationen nur Vorteile, denken Sie daran, wie problemlos man mit ABS auf Schnee oder Eis bremsen und dabei sogar noch lenken kann. Völlig logisch (weil technisch und physikalisch bedingt) ist jedoch, dass der Bremsweg sich mit ABS in manchen Situationen (erheblich) verlängert, es sei denn, die »elektronische Stotterbremse« lässt sich »überbremsen«, d.h. bei maximalem Pedaldruck greift auch die ABS-Bremse stets ohne Unterbrechung voll. Ob das beim eigenen Auto so ist, kann man in der Gebrauchsanweisung nachlesen oder bei seinem Händler erfragen. Für die Voll- oder Notbremsung ist diese Frage jedoch kaum bedeutend, denn hier gilt die ebenso einfache wie wichtige Regel, dass man auch bei der ABS-Bremse die volle Pedalkraft aufbauen und bis zum Stillstand des Autos halten muss.

Für jeden, der ernsthaft darüber nachdenkt, wird deutlich, wie wichtig ein Fahrsicherheitstraining eigentlich für jeden Autofahrer wäre: Hier kann er sich auf einem großzügigen Gelände mit großen Sicherheitszonen völlig gefahrlos auf Situationen vorbereiten, die er »sonst« nicht trainieren könnte, ohne mit großer Wahrscheinlichkeit Schaden zu verursachen oder selbst zu nehmen.

Wie Sportfahrer bremsen

Aus Jochen Maas', Christian Danners, Marc Surers oder Heiko Wassers Formel 1-Übertragungen wissen Sie alle, dass es diesen Experten stets die Sorgenfalten auf die Stirn und die Besorgnis in die Stimme treibt, wenn ein Michael Schumacher oder David Coulthard einmal so spät bremst, dass die Räder blockieren (was man – je nach Einstellung – am aufsteigenden Rauch verbrannten Gummis oder am stillstehenden Rad erkennen kann). Bei allen Sportfahrern gefürchtet sind nämlich sogenannte »Bremsplatten«, durch (unbeabsichtigte) Vollbremsungen beschädigte, kleinere oder größere Stellen auf der Reifenauflagefläche, die durch zu langes Rutschen auf dem Asphalt völlig abgeschmirgelt und »verbrannt« sind und den Reifen »eckig« machen.

Aus der Fahr-Physik wissen wir, dass ein mit blockierenden Rädern dahinrutschendes Auto nicht mehr lenkbar ist (weil ABS im Rennsport so gut wie gar nicht eingesetzt wird, können wir ABS-Ausnahmen hier vernachlässigen). Die Vollbremsung ist daher in (fast) allen Rennsituationen völlig unangebracht: Beim Anbremsen einer Kurve, in Kurven (wo man ja bekanntlich gar nicht mehr bremsen sollte) bis hin zu Situationen auf nasser oder verschmutzter Fahrbahn ist sie völlig ungeeignet! Die Vollbremsung ist im Rennsport eine Ausnahme und wird nur in Notsituationen angewandt, wenn vor dem Rennfahrer »die Straße zu« ist !

Sie könnten widersprechen, wenn Sie aufmerksam die TV-Berichterstattung von der Rallye-WM verfolgt und (richtig) beobachtet haben, dass die Rallye-Artisten sehr wohl und recht häufig auf Kurven mit vier blockierenden Rädern zurutschen. Doch im Rallyesport werden völlig andere Techniken als im Rennsport angewandt – davon wird noch die Rede sein.

Der Rennfahrer hingegen folgt dem physikalischen Gesetz, dass Räder, die sich gerade noch drehen und noch nicht blockieren, die optimalen Bremskräfte übertragen, wobei das Auto (mehr oder weniger problemlos) kontrollierbar bleibt. Ohne guten Grund wird der Rennfahrer daher die Räder nicht blockieren, sondern den Bremsvorgang rechtzeitig einleiten und das in den Schritten

1. Gas wegnehmen,
2. zurückschalten und gleichzeitig
3. den Bremspedaldruck bis zur gewünschten Bremswirkung progressiv steigern.

In der Bremsphase, in der der Fahrer gleichzeitig immer weiter zurückschalten muss, ist der Pedaldruck stets so stark, dass die Räder »gerade noch« drehen. Dass jede Kurve einen Bremspunkt hat, den wir in unseren Lehrgängen der Vorsicht halber »Bremszone« nennen, weil er individuell und je nach Erfahrung und Fahrzeugtechnik variieren kann, haben wir schon unter »Ideallinie« und »Kurventechnik« behandelt.

Die Fußbremse als Lenkhilfe

In den Fernsehberichten von Rallye-WM-Läufen gibt's seit einigen Jahren tolle Kamerapositionen aus winzigen Inboard-Kameras, die den Fahrer während einer Wertungsprüfung bei der Arbeit zeigen. Mitunter ist solch eine kleine Videokamera auf Füße und Pedalerie gerichtet: Dann kann man im bequemen Sessel verfolgen, wie die Rallye-Profis einen wahren Stepptanz auf den Pedalen vorführen. Der rechte Fuß traktiert das Gaspedal in merkwürdigen Intervallen und mysteriös anmutenden Tritten und wandert alle paar Sekunden für einen kleinen »Tupfer« wieder zurück auf die Fußbremse, um gleich wieder aufs Gaspedal zu hüpfen. Was so verwirrend und geheimnisvoll aussieht, ist in Wahrheit nicht mehr als eine sofortige Reaktion und »Antwort« auf jede labile Bewegung des Autos: Durch den Wechsel vom Gas- aufs Bremspedal wird das jeweils gerade herrschende Über- oder Untersteuern des Autos neutralisiert. Welche Reaktion auf welches Eigenlenkverhalten erforderlich ist, haben wir in der »Fahrphysik« erläutert.

Eine besondere Bedeutung als Lenkhilfe hat die Fußbremse bei der Technik des »Linksbremsens«, ein »Kunstgriff«, den wir im Kapitel »Untersteuern« beschrieben haben: Drängt das Auto zu stark über die Vorderräder nach außen, reicht – während man gleichzeitig am Gas bleibt – ein kurzer aber beherzter Tritt mit dem linken Fuß auf die Bremse, um das Auto wieder in Fahrtrichtung zu stellen oder gar das Heck zum Ausschwingen zu bringen. Für den Normalverbraucher bietet das Wissen um solche Techniken Denk- und Übungsansätze: Wer auf einem winterlich verschneiten, einsamen Parkplatz Reaktionen auf den Einsatz der Fußbremse ausprobiert, kann sie vielleicht nach intensivem Training einmal in der Praxis einsetzen, z.B. wenn sein Auto auf schneeglatter Straße zu schieben beginnt und er (oder sie) in den Gegenverkehr zu fahren droht. Nicht oft genug wiederholt werden kann jedoch der Hinweis, dass nur »der darf, der auch kann« und diese Technik perfekt beherrscht !

Der Bremshaken

Großen Nutzwert und möglicherweise lebensrettende Bedeutung hat für jeden Autofahrer die Beherrschung des Bremshakens, der zum Repertoire eines jeden wirklich guten Fahrsicherheitstrainings gehört: Eigentlich muss unser inzwischen schon viel zu oft zitierter »Herr Jedermann« dabei nicht mehr tun, als sein fahrphysikalisches Wissen umzusetzen. Erinnern muss er sich an die Tatsache, dass blockierende Räder nicht mehr lenkbar sind und die gebremste Masse in Kraft- oder Tangentialrichtung geradeaus weiter rutscht.

Stellen wir uns folgende, äußerst unangenehme Situation vor: Wir biegen zügigen Tempos um eine nicht einsehbare Kurve, hinter der ein liegen gebliebener Traktor die Hälfte der Fahrbahn versperrt. Wie es das Unglück in solchen Situationen fast immer will, kommt ein Auto entgegen, so dass wir die Wahl zwischen zwei unglaublich schlechten Alternativen haben: Traktor oder Gegenverkehr ?

Wichtige Station eines jeden Sicherheitstrainings: Audi TT zeigt die Phasen des Bremshakens (Seite 100), bremsen, Bremse loslassen und einlenken, den Haken schlagen und sogleich gegenlenken...
(Foto: Audi).

Realisiert der Fahrer in dieser wenig beneidenswerten Situation zudem noch, dass der zur Verfügung stehende Bremsweg keinesfalls ausreicht, muss er den »Bremshaken« anwenden: Mit Wahrnehmung des Traktors und des entgegen kommenden Autos wird eine Vollbremsung eingeleitet: Das Auto rutscht mit blockierenden Rädern auf den Traktor zu, Geschwindigkeit wird abgebaut, was in jedem Falle günstig ist. Wer jetzt Vertrauen in die fahrphysikalischen Gesetze hat und in dieser schlimmen Situation die Nerven behält, kann während dieser Rutschpartie die Räder bereits in Ausweichrichtung einschlagen; das Auto wird trotz Lenkradeinschlag geradeaus weiterrutschen! Wer jedoch nicht sicher ist, ob alle vier Räder wirklich blockieren, sollte mit dem Lenken noch warten. Während der Rutschphase in Richtung Traktor beobachtet der Fahrer das entgegen kommende Auto und entscheidet innerhalb von Bruchteilen einer Sekunde, ob die »rettende Lücke« zum Traktor gegeben ist. Erst unmittelbar vor dem Hindernis wird die Fußbremse gelöst und gleichzeitig blitzschnell nach links eingelenkt.

Weil die Vorderräder sofort nach dem Lösen der Bremsen wieder Grip und Haftung bekommen, fährt das Auto sofort einen scharfen Haken nach links und muss daher durch sofortiges Gegenlenken nach rechts wieder abgefangen und anschließend durch weiteres, den Reaktionen entsprechendes Gegenlenken weiter stabilisiert werden. Zugegebenermaßen muss man in unserem Beispiel das Glück haben, dass das entgegen kommende Auto bei diesem Manöver die Engstelle entweder schon passiert oder noch nicht annähernd erreicht hat, denn etwas Platz braucht unser Bremshaken schon! Daher

sehen auch weder die Straßenverkehrsordnung noch der Fahrschulunterricht vor, dass man den Bremshaken beherrschen muss, sondern sein Auto nur so schnell bewegen darf, dass man es in jeder nur denkbaren Situation zum Stehen bringen kann. Leider wird diese Regel immer dann zur grauen Theorie, wenn ein anderer Verkehrsteilnehmer völlig unkalkulierbar reagiert. Denken Sie bitte an das Kind, das sich von der Hand der Mutter losreißt und auf die Straße springt: Da hilft der Bremshaken, Leben zu retten !

Das Üben des Bremshakens ist – wie gesagt – Bestandteil aller guten Sicherheitstrainings und mit Recht wird dieser Technik viel Zeit gewidmet. Natürlich wird bei einem solchen Training nicht mit abgestellten Traktoren, sondern auf einem großen Platz mit großzügigen Sicherheitszonen mit Pylonen oder Styropor-Ballen gearbeitet. Wer diese Schule erfolgreich absolviert, wird sich das bei allen Auffahrunfällen häufigste Fehlverhalten abgewöhnen: Einfach völlig hilf- und reaktionslos und ängstlich Grimassen schneidend mit blockierenden Rädern in das Hindernis hineinzurutschen. Der Bremshaken eröffnet in den meisten Fällen einen Ausweg !

In einem Sport-Fahrerlehrgang wäre dieses Thema »unterfordernd«, wenn es nicht auch für ein Rennen seinen Nutzen hätte: So erfolgen viele Ausbrems-Manöver aus dem Windschatten, in denen ein anderes Auto auf der Bremse und noch auf den letzten Metern vor der Kurve überholt wird, mit der gleichen Technik, mit der auch ein sauberer Bremshaken absolviert würde.

4.5 Die Handbremse als »Lenkhilfe«

In einem Rallyeauto ist eine perfekt funktionierende Handbremse unentbehrlich. Schon seit den Pioniertagen benutzen Rallyefahrer diese als Lenkhilfe.

Die Erklärung dafür ist ganz einfach – nämlich simple Fahrphysik: Die »stabile Fahrt« in Rollreibung verändert sich zu instabilen Bewegungen des Autos in Gleitreibung, wenn entweder die Fliehkräfte zu groß werden oder aus einem anderen Grund die Haftung der Reifen plötzlich nachlässt. Rallyefahrer machen sich diese Erkenntnis zu Nutze, indem sie durch einen kurzen, kräftigen Zug an der Handbremse die Hinterräder für einen Moment zum Blockieren bringen. Die Reifenhaftung an der Hinterachse wird ganz bewusst aufgehoben!

Ein sehr einfaches und sogleich verständliches Beispiel für diese Technik ist jene Situation, in der ein Rallyeauto auf eine ungewöhnlich enge und scharfe Kurve zufährt, etwa eine Spitzkehre nach rechts. Der Rallyefahrer weiß, dass auch der größtmögliche Lenkradeinschlag nicht ausreichen würde, um diese Kehre-rechts in einem Zug zu durchfahren. Herr oder Frau Jedermann sähen sich durch diese scharfe Kurve genötigt, mehrfach vor und zurück zu setzen und dabei »rechts-nach-vorne« und »links-zurück« immer wieder am Lenkrad zu kurbeln und sicher würden einige Minuten vergehen, ehe sie diese Kurve mit Schweißperlen auf der Stirn, gemeistert hätten. Den geübten Rallyefahrer lässt diese Rechtskehre hingegen völlig unbeeindruckt: Er prescht heran, bremst die Kurve an und lenkt nach rechts ein (jetzt baut sich ein wenig Fliehkraft auf, die das Auto nach links-außen »zieht«, jedoch viel zu wenig, um das Fahrverhalten bei dieser »1.Gang-Geschwindigkeit« zu beeinflussen). Der Rallyefahrer zieht daher gleichzeitig mit dem Einlenken nach rechts kurz und kräftig an der Hand-

In modernen Rallye-Autos, wie dem Peugeot 206, beherrschen Digital-Displays und Regler das Bild. Und mitten drin gibt's die gute alte Handbremse, die den Rallyepiloten als Lenkhilfe dient (Foto: Peugeot).

bremse. Durch die blockierenden Hinterräder reißt die Reifenhaftung an der Hinterachse sogleich ab. Den Rest besorgt die Fliehkraft, die das nun »leicht« gewordene Heck augenblicklich nach links-außen schwingen lässt. Das Rallyeauto »lenkt« dadurch recht easy auch die engste und schärfte Kehre und unter den erfahrenen Rallye-Piloten sind fast alle in der Lage, den Zug an der Handbremse zusammen mit dem Lenkradeinschlag so exakt zu dosieren, dass sie schon vor der Kurve vorherbestimmen, ob sie eine 100-, 120- oder vielleicht sogar eine 180-Grad-Kurve »steuern« und fahren wollen.

Beim Rallyefahren kommt die Handbremse unter Umständen auch dann zum Einsatz, wenn ein besonders »störrisches Fahrverhalten« bekämpft werden muss: Nehmen wir an, in einer Kurve, die sich als »zu schnell angefahren« erweist, setzt plötzlich gefährliches Untersteuern ein, das den Wagen über die Vorderräder schieben lässt und augenblicklich an einem Baum oder an der Leitplanke zu enden droht. Auch jetzt zieht der Rallyefahrer kurz und kräftig die Handbremse, verlagert Gewicht von hinten nach vorne, beschert den vorderen Reifen neue Haftung und entlastet das Heck so plötzlich, dass es ausschwingt und das Auto wieder in die gewünschte Richtung »stellt«.

Während wir den Umgang mit der Handbremse in Rallyesport-Lehrgängen intensiv üben, streifen wir diese Technik in unserer Rennsportschule nur, denn auf der Rundstrecke hat diese Technik keine oder nur geringe Bedeutung. Und wenn wir gefragt werden, wann und wo man die ›Handbremse als Lenkhilfe« im Alltagsverkehr einsetzen kann, sind wir sehr vorsichtig: Völlig klar ist, dass sich Unfälle auf schnee- und eisglatten Straßen, bei denen ein außer Kontrolle untersteuerndes Auto in den Gegenverkehr schiebt, durch den

Herrliche Szenerie und tolles Foto zur Verdeutlichung der Handbremswende: Subaru in einer San Remo-Kehre (Foto: Subaru).

rechtzeitigen Einsatz der Handbremse vermeiden ließen. Und fast ebenso klar ist uns, dass der Zusammenstoß mit einem Hindernis, so er denn absolut unvermeidbar ist, sich vom Könner noch »angenehmer« gestalten lässt, wenn der Zug an der Handbremse dafür sorgt, dass das Heck zuerst »einschlägt«. Doch das alles verschweigen wir lieber, denn nichts wäre gefährlicher, als den öffentlichen Straßenverkehr zum Versuchslabor für nur sehr unvollständig beherrschte »Kunststückchen« zu machen.

Jeder Einsatz der Handbremse während der Fahrt setzt natürlich voraus, dass die als mechanische Feststellbremse konzipierte Einrichtung auch funktioniert: Zum einen muss die Handbremse direkt auf die hinteren Bremsscheiben oder Bremstrommeln wirken! Einige Autos haben jedoch von den hinteren Bremsen völlig separierte, kleine Feststell-Trommeln oder -zangen, die nur noch das Auto beim Parken (am Berg) sichern sollen. Und auch jene allseits bekannte Handbremse, die seit Jahren nicht mehr nachgestellt wurde und über einen schlaffen Seilzug an abgenutzten Bremsbacken zerrt, eignet sich nicht mal mehr zum Parken geschweige denn als Lenkhilfe. Noch ein wenig mehr Handbrems-Latein bieten wir in den noch folgenden Kapiteln zu den speziellen Fahrtechniken im Rallyesport.

Driftversuche auf nasser Fahrbahn, BMW-Fahrertraining (Foto: BMW).

4.6 Drift oder Powerslide (Sideways-Technik)

Besonders auf losem Untergrund, auf Schotter, Schnee und Eis, wenden die Rallye-Profis das Driften als probateste Technik für zügiges Vorwärtskommen an. Welchen Sinn hat es, ein Auto so quer zur Fahrbahn durch die Kurven zu treiben, dass der Pilot, um nach vorn zu blicken aus dem Seitenfenster schauen muss ? Die Lösung ist denkbar einfach: Die Schleuderbewegung baut Zentrifugalkraft ab, mit der Technik des Driftens sind unter gewissen Bedingungen höhere Kurvengeschwindigkeiten bei großen Sicherheitsreserven möglich. Wir haben diese artistische Form der Fahrzeugbeherrschung bereits unter »Eigenlenkverhalten – Hecktriebler« erwähnt und wollen dieses Thema nun vertiefen:

Lassen Sie uns im folgenden zunächst von einem hinterradangetriebenen Auto bzw. von einem hecklastigen Allradler ausgehen: Zunächst muss der Drift, also das Ausbrechen des Hecks, vom Fahrer bewusst ausgelöst werden. Nun wissen wir, wie ein Hecktriebler auf übermäßiges Gas geben reagiert. Die erste Möglichkeit, einen Drift auszulösen, besteht demnach darin, bereits vor der Kurve, kurz, kräftig und fast »überzogen« in Kurvenrichtung einzulenken und einmal kurz und kräftig Gas zu geben. Die Hinterräder drehen durch, verlieren Grip und Seitenführungskraft und das Heck schwingt, der Fliehkraft folgend, zum Kurvenaußenrand hin aus. Diese Art, den Drift auszulösen, erfordert natürlich sehr losen Untergrund, einen kraftstrotzenden Motor und ein Übermaß an Leistung, das die Hinterräder auf den Gasstoß hin sofort zum Durchdrehen bringt.

Der Rallyefahrer nutzt daher zumeist gleichzeitig die Achslast-Bewegung, die »Gewichtswanderung« aus, um einen Drift einzuleiten: Er fährt die Kurve beherzt (für den unbeteiligten Zuschauer vielleicht »zu schnell«) an, bremst das Auto stark ab, wobei das Gewicht nach vorne »wandert« und die Hinterachse entlastet wird. Jetzt lenkt er ein und bringt mit einem kräftigen und dennoch dosierten Gasstoß die hinteren Reifen zum Durchdrehen. Am »leichten Heck« geht die Seitenführungskraft so noch schneller verloren, es schwingt aus und das Auto steht – meistens schon vor der Kurve – quer zur Fahrbahn. In Zeitlupe: Kurve anbremsen, rechtzeitig kräftig einlenken, Gasstoß geben ...

Der gleiche Effekt wird erreicht, wenn man auf das kräftige Einlenken in Kurvenrichtung einen kurzen, entschlossenen Zug an der Handbremse folgen lässt: Nun verlieren die Hinterräder ihre Haftung, weil sie »überbremst« werden.

Hier ist (erneut) der Hinweis angebracht, dass professionelle Rallyeautos über ganz spezielle Handbremsen verfügen: Die Funktion ist nach der »Fly-Off-Technik« umgerüstet: Handbremshebel, Feststellknopf und Zahnsegment sind so verändert, dass die Rallye-Handbremse nur arretiert, wenn der Handbremshebel gezogen und der Knopf ganz bewusst gedrückt wird. Diese Arretierung benutzt der Rallyefahrer nur beim Parken. Betätigt man den Feststellknopf nicht, so ist die Rallye-Handbremse völlig freigängig und rastet nicht ein, egal wie oft und wie lange der Fahrer »halb« oder »voll« an ihr zieht. Dies ist beim Serienauto bekanntlich anders und die Handbremse rastet sogleich »Zahn-für-Zahn« ein, es sei denn, man hält den Feststellknopf gedrückt. Das »Driftauslösen per Handbremse« ist daher mit einem dicken »Vorsicht !« zu versehen: Es wäre fatal, wenn die Handbremse während der Fahrt in gezogenem Zustand einrasten würde. Dann folgt kein Drift, sondern ein kräftiger Dreher, wenn nicht sogar ein »Abflug«.

Die gängigste Methode der Rallyeprofis, einen Drift auszulösen, besteht jedoch in dem zuvor beschriebenen Anbremsen und Einlenken vor der Kurve: Vor der schnell angefahrenen Kurve wird das Auto »brutal« zusammengebremst und schon vor dem physikalischen Einlenkpunkt wird kräftig in Kurvenrichtung eingelenkt. Die Achslast liegt vorne, das Heck ist leicht, die hinteren Reifen verlieren ihre Führungskraft und das Heck schwingt aus... Das Auto steht schon vor der Kurve quer zur Fahrbahn und rutscht so quer stehend in die Zone zwischen Einlenk- und Scheitelpunkt.

Wir haben bis hierher nur beschrieben, wie der Drift eingeleitet, nicht wie er fortgeführt wird!: In unserer Abbildung 18 haben wir das stark abgebremste Auto und den Augenblick des Einlenkens in den Bildern 1 und 2 (von unten) dargestellt. So wird der Drift eingeleitet und das Auto schiebt quer stehend auf die Kurve zu. Die weiteren Bilder unserer Abbildung 18 zeigen die eigentliche Driftphase, das Gaspedal wir jetzt als Lenkhilfe eingesetzt: Während die Vorderräder längst gegen die Kurvenrichtung eingeschlagen sind (gegen gelenkt wird, sobald sich das Auto quer stellt), bewirkt stärkeres Gasgeben, dass das Heck stärker ausbricht und das Auto stärker einlenkt, so dass man – natürlich! – stärker gegenlenken muss. Nimmt man Gas weg, schwächt sich das Ausschwingen des Hecks deutlich ab, das Auto steht weniger quer und der Lenkradeinschlag kann etwas zurückgenommen werden. Der Rallyeprofi ändert jedoch während der Driftphase den Lenkradeinschlag kaum: Seine Gasstöße, also der kurz aufeinander folgende Wechsel von »Vollgas« und »kein Gas«, sind so perfekt abgestimmt und so perfekt dosiert, dass das Auto während der Kurvenfahrt wirklich nur mit dem Gaspedal »gelenkt« wird. Ist erst einmal der Scheitelpunkt überwunden und der Kurvenausgang in Sicht, beschleunigt der Profi

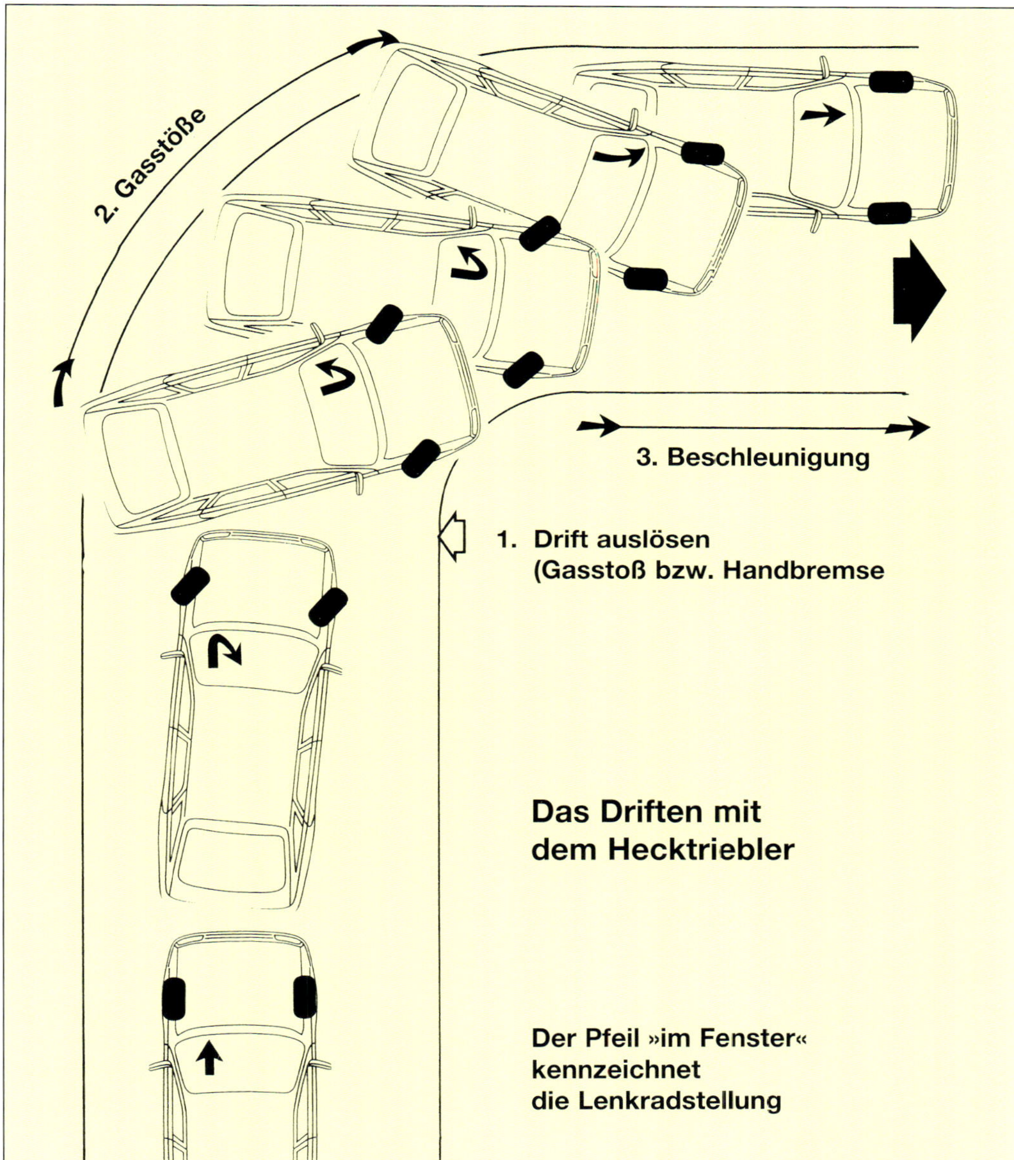

Abbildung 18

sein Auto voll, wobei er die Lenkung dosiert zurücknimmt. Unsere Abbildung 18 ist natürlich stark schematisiert, dennoch haben wir einmal die Bereiche »Gasstöße!« und »wieder Vollgas!« markiert und versucht, die Veränderungen des Lenkradeinschlags zu zeigen. Natürlich können diese Zonen, je nach Fahrer und Fahrstil ein wenig früher oder später einsetzen bzw. aufhö-

Der Drift

Durch entschlossenes Anbremsen und gleichzeitiges Einlenken in Kurvenrichtung wird der Drift schon vor der Kurve eingeleitet. Sobald das Heck ausschwingt, wird gegen gelenkt. Gasstöße bewirken, dass das Heck stärker ausbricht und das Auto stärker einlenkt. Nimmt man Gas weg, pendelt das Heck zurück und steht wieder mehr in Fahrtrichtung, die Linie wird weiter. Zum Kurvenausgang hin wird das Auto wieder voll beschleunigt, dabei wird der Lenkradeinschlag sukzessive bis zur neutralen Position zurück genommen: Der Winkel des Autos quer zur Fahrbahn wird vom Scheitelpunkt der Kurve an immer flacher, am Kurvenausgang steht das Auto wieder völlig gerade.

ren. Der häufigste Fehler weniger perfekter Rallyefahrer besteht übrigens darin, den Drift zu »überziehen«, d. h. auch am Kurvenausgang noch quer zu fahren, womit jede Menge Zeit verschenkt wird (aber es sieht gut aus!).

Wir haben das Driften am Beispiel von Hecktrieblern bzw. jenen Fourwheeldrive-Autos erläutert, bei denen der überwiegende Teil des Drehmoments an die Hinterachse geleitet wird. Wichtig in diesem Zusammenhang ist noch der Hinweis, dass nur mit einem Sperrdifferential ausgerüstete Autos im Drift exakt kontrollierbar sind. Die Sperre bewirkt, dass beide Hinterräder je nach Sperrwirkung fast gleich »mit Schub« versorgt werden und daher gleichmäßig für Vortrieb während des Powerslides sorgen. Bei Autos ohne Sperre würde ein Antriebsrad »durchdrehen«, während das andere überhaupt kein Drehmoment erhält.

Den Laien mag überraschen, dass man gelegentlich auch Rallye-Fronttriebler driften sieht. In den sechziger und siebziger Jahren, als Fahrer wie Rauno Aaltonen und Timo Mäkinen noch in der Werks-Mini Cooper unterwegs waren oder Erik Carlsson und Pat Moss den Saab über schneebedeckte Straßen trieben, waren driftende Fronttriebler sogar an der Tagesordnung. Im Fronttriebler erfordert Driften jedoch ein völlig andere Technik:

Die Kurve wird regelmäßig »viel zu schnell« angefahren und »brutales« Anbremsen macht das ohnehin leichte Heck so leicht, dass beim Einlenken die Hinterräder Grip verlieren und auch das Fronttriebler-Heck ausschwingt. Das Auto schiebt so quer zur Fahrbahn stehend auf den Scheitelpunkt zu. In dieser Phase lenkt auch der Fahrer eines Fronttrieblers dem Querwinkel entsprechend gegen. Am Scheitelpunkt oder knapp dahinter ist jedoch die »Driftphase« meistens schon vorbei, denn der Fronttriebler-Pilot hat ja keine Möglichkeiten mehr, auf die Hinterräder einzuwirken. Er nimmt daher bereits am Scheitelpunkt den Lenkradeinschlag zurück und beschleunigt das Auto wieder in Richtung Kurvenausgang. In schnellen Kurven bringt man den Fronttriebler mit der Kunst des Linksbremsens dazu, mit dem Heck auszupendeln: Ins Gas hinein tippt der Fahrer immer mal wieder auf die Fußbremse und zwar immer dann, wenn sein Auto zu stark untersteuert. Diese »Kurzbremsung« bringt für einen Moment Achslast nach vorne, das Heck wird für einen Augenblick so leicht, dass es der Fliehkraft folgend nach außen schwingt. Aber das wissen Sie ja längst. Zwar stellte diese Art des Driftens noch höhere Ansprüche als die bei Hecktrieblern, doch sieht der Drift im Fronttriebler stets weniger elegant und flüssig aus, er wirkt eckig und beim Zuschauer bleibt das Gefühl, die »Vorstellung« sei mittendrin abgebrochen worden. Dabei bewegen sich derart von Meisterhand dirigierte Fronttriebler eigentlich schon jenseits der fahrphysikalischen Grenzen.

Driftwinkel-Akrobaten auf Schweden-Schnee: Der Norweger Petter Solberg im Subaru (Foto: Subaru) und ...

... der zweimalige Rallye-Weltmeister Marcus Grönholm im Peugeot 206 WRC (Foto: Peugeot).

Perfekte Allradler-Drifts: Francois Delecour im Lancer auf Schnee (Foto: Mitsubishi) und...

...Toni Gardemeister im Skoda-Octavia auf Schotter (Foto: Skoda).

Finnland, 1000 Seen-Rallye: Ein Peugeot während des Anstellens, hier folgt eine Rechtskurve (Foto: Peugeot).

4.7 Das Driften durch »Anstellen«

Die wohl schwierigste Art, einen Drift auszulösen, haben wir in unserer Abbildung 19 dargestellt: Nehmen wir an, auf Schotter (oder auf Schnee) folgt auf eine Vollgas-Gerade eine scharfe Rechtskurve. Am Bremspunkt leitet der Rallyefahrer dann eine Vollbremsung ein: Das Auto rutscht über die blockierenden Räder auf den Kurveneingang zu. Ist genug Speed abgebaut, löst der Pilot die Fußbremse so weit, dass das Auto wieder auf die Lenkung reagiert. Während dieser Phase und noch recht weit vor der Kurve wird jetzt das Auto kurz entgegen der Kurvenrichtung, also nach links (!), eingelenkt. Durch das kräftige Anbremsen (gleichzeitig wurde zurück geschaltet!) wurden die hinteren Räder so entlastet, dass sie ihre Seitenführungskraft verloren haben. Durch das Einlenken nach links stellt sich daher der Wagen sogleich entgegen der Kurvenrichtung quer. Das mag zwar einen Moment lang so aussehen, als ob der Fahrer einen folgenschweren Fehler begehe, doch das ist keineswegs so!

Denn jetzt lässt er die Fußbremse endgültig los und lenkt gleichzeitig entschlossen und kräftig in Kurvenrichtung ein. Das Auto befindet sich durch das zuvor durchgeführte Manöver in einem derart labilen Zustand, dass sofort der Gegenschwung wirksam wird: Das Heck schleudert von einer auf die andere Sekunde nach außen und das Auto steht jetzt in Kurvenrichtung quer zur Fahrbahn. Dann beginnt das Driften (gegengelenkt durch Gasstöße) so, wie wir es im vorigen Kapitel geschildert haben.

Weil es für den Laien möglicherweise schwer nach zu vollziehen ist, geben wir Ihnen auch zum »Anstellen und Driften« unsere berüchtigte Zeitlupe (Rechtskurve):

1. Kurve voll anbremsen
2. bei getretener Bremse aber nicht mehr blockierenden Rädern nach links einschlagen (das Auto stellt sich Front nach links, Heck nach rechts quer zur Fahrbahn)
3. quer entgegen der Kurvenrichtung stehend kurzzeitig weiter auf den Kurveneingang zurutschen
4. Bremse lösen und gleichzeitig scharf nach rechts einschlagen (das Heck schwingt herum, das Auto steht jetzt »in Kurvenrichtung« quer)
5. bei Einsetzen des Gegenschwungs sofort gegenlenken und mit dem Drift beginnen.

Bitte vergleichen Sie diese »Zeitlupe« mit unserer Abbildung 19.

Das alles muss natürlich in wenigen Sekunden ablaufen. Manche Vorgänge wie das Herunterschalten und das scharfe Anbremsen, die Bremse ein wenig lösen und einlenken, muss dabei gleichzeitig (!) passieren. Und der Wechsel vom Anstellen (entgegen der Kurvenrichtung quer stehen) zum Driften (in Kurvenrichtung quer stehen) muss »just in time« erfolgen. Es bedarf daher intensiver Übung unter Wettbewerbsbedingungen, ehe man diese Technik perfekt beherrscht. Auch muss man für diese Kunst eine gute Portion Talent mitbringen, das bei den Privatiers unter den Rallyefahrern längst nicht alle besitzen. So sieht der Zuschauer bei einer Rallye diese Technik nur bei den Profis und den besten Fahrern im vorderen Feld.

Dem Leser mag es auf den ersten Blick nicht einleuchten, warum die Rallye-Profis eine so komplizierte Technik, bei der man so vieles gleichzeitig machen muss, zur Einleitung eines Drifts verwenden. Bei näherer Betrachtung sind die Gründe plausibel: Der Rallyefahrer verfügt zwar über einen

Nach dem Anstellen in den Gegenschwung eingelenkter Werks-Skoda, es folgt eine Rechtskurve (Foto: Skoda).

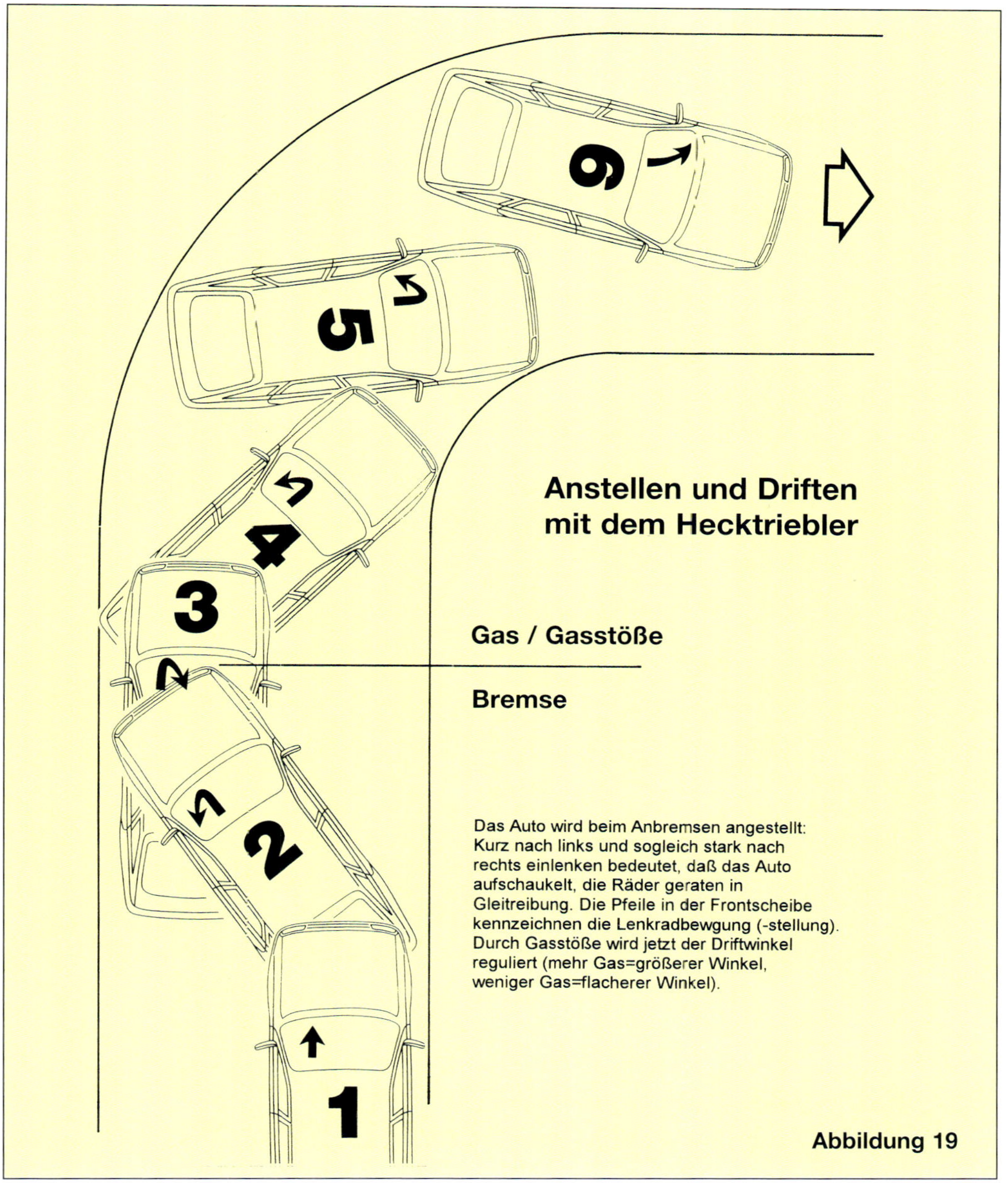

Abbildung 19

Aufschrieb, den der Beifahrer vorliest. Er kann bei Hunderten von Kurven jedoch die noch machbare Kurvengeschwindigkeit nicht mit absoluter Sicherheit vorhersagen. Der Rallye-Pilot braucht daher Sicherheitsreserven, die jedoch nicht zu Lasten der Fahrtzeit gehen sollen. Um nicht von einer Kurve überrascht zu werden, die viel schärfer »als vermutet« und »aufgeschrieben« ist, rutscht er das letzte Stück entgegen der eigentlichen Richtung quer auf den Kurveneingang zu.

Befindet sich nach dem Anstellen bereits in der Driftphase: Subaru-Legacy WRC (Foto: Subaru).

Er bringt das Auto bewusst in den denkbar labilsten Zustand. Erst wenn der Fahrer den Überblick hat, lenkt er in Kurvenrichtung ein und nutzt den Gegenschwung, um sein Auto in die Driftphase überzuleiten.

Ein völlig anderer Grund fürs Anstellen kann im Eigenlenkverhalten des Auto begründet sein: Wenn ein Wagen nur unwillig einlenkt und am Kurveneingang zum Untersteuern neigt, hilft das bewusste »Aufschaukeln« (für die Rechtskurve während der Bremsphase zunächst nach links lenken, dann nach rechts einschlagen), diese Tendenz zu neutralisieren und das Heck zum Ausschwingen zu bringen.

Anstellen und Driften ist Fahrzeugbeherrschung in Perfektion und Auto-Artistik pur: Eine Technik, die dem vorbehalten ist, der sie beherrscht und ungeeignet »zum Ausprobieren« während einer Kaffeefahrt auf öffentlichen Straßen!

Audi-Wintertraining: Gefahrlose Wenden nach Herzenslust (Foto: Audi).

4.8 Halbe und ganze Wende (Drehungen per Handbremse)

Wir haben die Handbremse bereits als Lenkhilfe oder ausgezeichnetes Mittel zum Auslösen eines Drifts kennen gelernt. Vom Rallyefahrer wird die Handbremse jedoch auch immer dann eingesetzt, wenn das Auto um eine besonders scharfe Kurve dirigiert werden muss, viel schärfer, als dass man sie mit dem verfügbaren Lenkradreinschlag problemlos meistern könnte. Sie kennen solche Kehren und Spitzen, die so eng sind, dass man »stechen«, d.h. mehrfach vor- und zurücksetzen muss. Der Rallye-Profi hat diese Zeit nicht und bedient sich eines Tricks, der akrobatisch ausschaut, ungemein wirksam ist, jedoch voraussetzt, dass der Fahrer einige Handgriffe gleichzeitig ausführt. Beginnen wir mit der »halben Wende«, die man für eine Richtungsänderung um 180 Grad braucht:

Man fährt die Kehre mutig (und eher einen Tick zu schnell) an, wobei man sich möglichst weit innen hält, um außen für das bald ausschwingende Heck Platz zu lassen. Bevor man die Handbremswende einleitet, hat man in einen kleinen Gang zurückgeschaltet. Bereits einige Meter vor der Kehre wird jetzt ausgekuppelt und gleichzeitig kräftig in Kurvenrichtung eingelenkt, wobei man (ebenfalls gleichzeitig) kurz – aber entschlossen und kräftig – die Handbremse zieht. Die Hinterräder verlieren augenblicklich ihre Seitenführungskraft und das Heck schwingt herum. Ob sich das Auto bei der Handbremswende um 90, 120 oder 180 Grad drehen soll, bestimmt der Fahrer durch die Kraft und Dauer, mit der er an der Handbremse zieht.

Eine Variante besteht darin, das Auto beim Heranfahren und Anbremsen der Kehre (innen!) kurz gegen die Kurvenrichtung einzulenken, um sogleich kräftig und »übertrieben« in Kurvenrichtung einzuschlagen, auszukuppeln und die Handbremse zu ziehen. Der mit dieser Lenkradbewegung provozierte »Haken« schaukelt das Auto so auf, dass bereits eine Menge Grip an der »Hinterhand« verloren gegangen ist, so dass die Handbremse nun noch schneller, weicher und effektiver wirkt. Wir haben versucht, diese Technik in unserer Abbildung 20 darzustellen.

Wenngleich eine Handbremsdrehung nur wenige Sekunden dauert, reicht diese Zeit dem Sportfahrer, das Auto (in einer dem unkundigen Zuschauer »völlig instabil« erscheinenden Phase) mit der Handbremse zu lenken: Genug »Speed« bei der Anfahrt vorausgesetzt, schwingt das Heck mit blockierenden Hinterrädern immer weiter herum, so lange der Fahrer nur fest und entschlossen die Handbremse gezogen hält. Löst er die Handbremse, so finden die Hinterreifen sogleich wieder Grip, und der Schwung wird sanft beendet. Die Profis sind sogar recht easy in der Lage, die Drehung ganz exakt zu gestalten, indem sie die Kraft am Handbremshebel entsprechend dosieren, d.h. mal kräftiger ziehen und mal ein wenig loslassen. Natürlich muss das Auto, von dem Moment an, wo die Drehung einsetzt, gegengelenkt werden und auch dieses Gegenlenken muss exakt dosiert sein. Ich stelle mir vor, wie sich einige Leser die Haare raufen: Tatsächlich erfordert die Handbremswende die Koordination vieler gleichzeitig auszuführender Handgriffe, so dass man viel Talent, jede Menge Übung und Wiederholungen unter Wettbewerbsbedingungen braucht, um diese ungewöhnliche Fahrtechnik anwenden zu dürfen. Der Anfänger sollte seine ersten Übungen daher auf den inzwischen schon recht oft zitierten, großen, freien und verschneiten Platz verlegen – da lernt man die ersten Schritte am leichtesten.

Steht das Auto nach einer gelungenen Handbremswende erst wieder in der gewünschten Richtung, so wird der Anfänger aus Freude über die gelungene Übung in Stolz erstarren oder den Applaus seiner Freundin abwarten. Der Rallyefahrer hingegen will keine Zeit verlieren und wird bereits den richtigen Gang eingelegt haben, sobald die Handbremswende abgeschlossen und die Kehre absolviert ist. Hier gibt es nun erneut zwei Alternativen: Entweder hat der Rallye-Profi diesen Gang bereits vor der Kehre (also auch vor der Handbremswende) eingelegt. Dann muss er nur noch hurtig einkuppeln und beschleunigen, sobald sein Auto wieder auf Kurs steht. Oder er kennt das Ansprechverhalten seines Autos so gut und kann den Zug an der Handbremse so perfekt dosieren, dass er vor der Kehre nur einmal optimal ziehen muss und danach – während das Heck herumschwingt – die rechte Hand wieder frei hat, um »in Ruhe« der ersten Gang einzulegen.

Die Handbremstechnik wird von den Spitzenfahrern auf Asphalt, Schotter und Schnee gleichermaßen angewendet. Zu beachten ist nur: Je glatter das Geläuf ist, um so vorsichtiger und sanfter muss man die Handbremse einsetzen. Während auf schnee- und eisbedeckten Straßen schon Schritttempo und ein »zartes Hebeln« ausreichen, muss man auf trockenem Asphalt (und möglicherweise slickbereift) schon mutigen Speed und die volle Armkraft einsetzen.

Interessant in diesem Zusammenhang ist vielleicht eine Anekdote von einer Rallye-Akropolis vor ein paar Jahren: Hier war eine Kehre bergab so spitz und eng, dass sie »per Lenkung« nie und nimmer und »per Handbremse« nicht ohne Risiko gefahren werden konnte. Im »Notausgang« geradeaus gab es jedoch, nur wenige Meter von der Kehre entfernt, einen aus Launen der Wegebauer entstandenen, größeren Platz. Hier hätten normalerweise Zuschauer gestanden, doch die Teams hatten nach dem Training mit dem Veranstalter geregelt, dass diese Stelle noch mit abgesperrt wurde. Die Rallyestars preschten dann während der Rallye geradeaus an der Kehre vorbei, erledigten ihre Handbremswende auf dem Platz, um durch den eigenen Staub zur Haarnadel zurückzukehren, die sie nun (aus der Gegen-

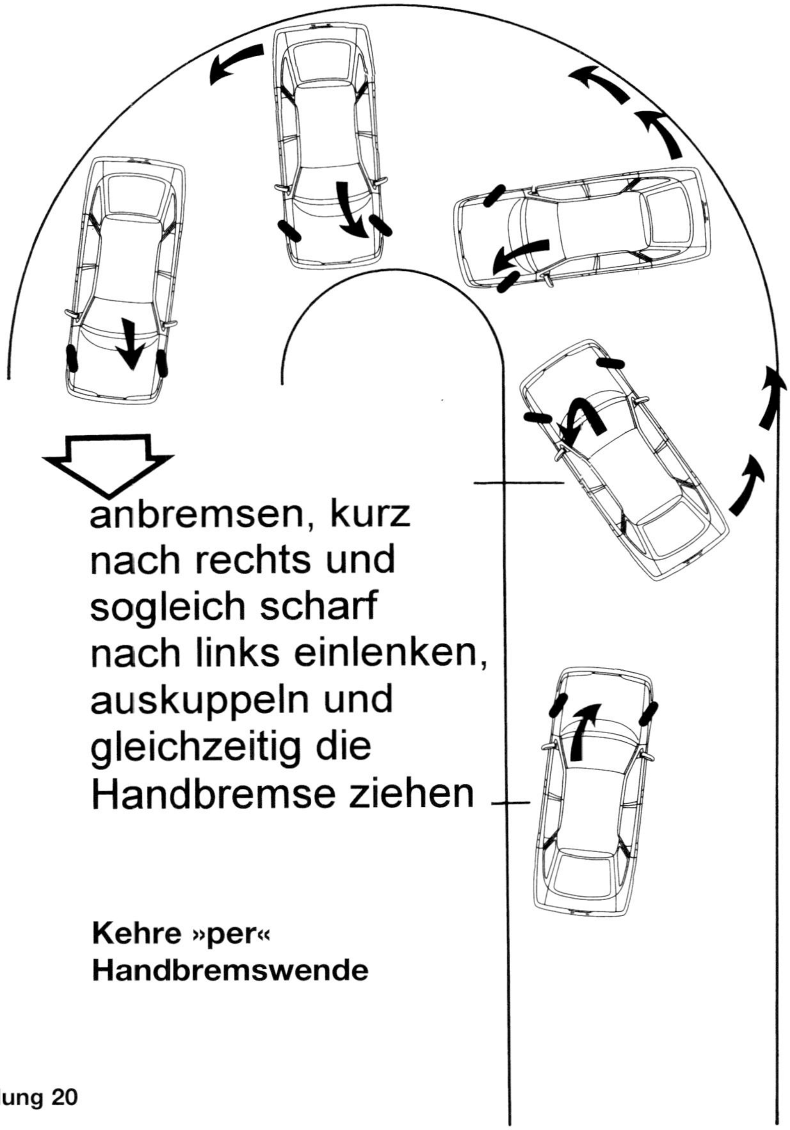

Abbildung 20

richtung kommend) bequem »als Gerade« fahren konnten.

Die aus dem Rennsport kommenden Instruktoren bei Fahrerlehrgängen halten die Handbremswende für eine Übung, die – außerhalb des Rallyesports – keinerlei Nutzwert hat. Ich bin da etwas anderer Meinung, weil mir die Handbremse auf einer vereisten Brücke einmal das Leben gerettet hat: Ohne den »ersten Zug« wäre ich mit Tempo 140 im rechten Winkel gegen die Leitplanke geknallt und ohne den »zweiten Zug« hätte ich den Anhänger eines

Handbremswende eines Rallye-Profis: Sehr schön zu sehen, wie die Wende bereits weit vor dem Scheitelpunkt angesetzt wird und das Heck ausschwingt (Foto: Mitsubishi).

Brummis getroffen. Der »dritte Zug« bewahrte mein Auto sogar vor größerem Schaden. Auch gibt es die These, dass man in der denkbar schlimmsten Situation, hinter einem »toten Eck« eine durch ein Hindernis versperrte Straße vorzufinden, durch eine sofortige Handbremswende die ungefährlichere Knautschzone hinten »wählen« kann: Einiges spricht dafür, dass man ein unvermeidbares Hindernis nicht frontal, sondern in Rückwärtsfahrt trifft. Doch Vorsicht! Das ist äußerst gefährlich: Sie können nie wissen, ob sich das Auto tatsächlich ganz oder nur halb dreht, was fatal wäre, weil Ihnen dann möglicherweise nur wenige zehn Zentimeter Knautschzone auf der Fahrerseite bleiben.

Wie gesagt: Der Nutzwert einer 180 Grad-Wende ist im Alltag sehr gering. Und ganz abgesehen davon erfordert sie so viele und so schnell aufeinander folgende Handgriffe, die x-fach in der Praxis geübt werden müssten, um sie wirklich zu beherrschen. In einem Fahrsicherheitstraining vermittelt sie den Teilnehmern jedoch ein Erfolgserlebnis. Und in Action-Filmen sorgen Stuntmen mit ihrer Hilfe für einen »Aha-Effekt«.

Die Handbremswende

Die Handbremswende sieht spektakulär aus. Sie zählt daher bei fast allen Fahrerlehrgängen zum Programm. Den Lehrgangsteilnehmern gibt es ein gutes Gefühl, ihr Auto derart zu beherrschen. Im Alltag sollte jedoch nur der die Handbremswende anwenden, der diese Technik in absoluter Perfektion beherrscht und das auch nur in ganz wenigen, denkbar schlimmen Notsituationen !

Während die Handbremswende im Sport einen unbestreitbaren Nutzwert hat und als Lenkhilfe unentbehrlich ist, ist die »Ganze Wende« in der Tat eher ein Kunststück, das schlicht Spaß macht, mehr nicht: Die 360 Grad-Wende (um die Hochachse des Autos) ist eine Kombination aus einer Handbremswende und einer 180-Grad-Drehung rückwärts.

Wer auf einem großen Platz einmal ganz allein ist, kann die Rückwärtswende einmal ausprobieren: Im Rückwärtsgang wird beherzt Tempo gemacht. Ist das Auto ordentlich in Schwung, wird ausgekuppelt. Gleichzeitig (!) wird leicht zur einen und sofort extrem zur anderen Seite eingeschlagen. Das Auto schaukelt sich dabei so auf, dass die Reifen ihre Seitenführungskraft verlieren. Das Auto dreht sich um 180 Grad. Damit es hinterher gleich weitergehen kann, wird schon während der Drehung der erste Gang eingelegt und die Lenkung rechtzeitig in Normalstellung zurückgenommen, so dass man unmittelbar nach der Drehung weich einkuppeln und die Fahrt dynamisch fortsetzen kann.

Bei der 360 Grad-Wende wird diese Technik mit der Handbremswende kombiniert: Nehmen wir an, Sie planen eine »Ganze Wende rechts herum«: Auf Ihrem großen Übungsplatz, der am besten noch gewässert ist, nehmen Sie beherzt Anlauf, der Tacho sollte sicher 80 zeigen, wenn Sie loslegen. Sie kuppeln aus und lenken leicht nach links und sofort scharf nach rechts ein und ziehen (abermals gleichzeitig) kräftig die Handbremse: Richtig »aufgeschaukelt« und auf ausreichend rutschigem Untergrund müsste Ihr Auto nun den ersten 180 Grad-Turn vollziehen. Jetzt befinden Sie sich mit genügend Rest-Speed in Rückwärtsfahrt und schaukeln sogleich Ihr Auto erneut auf, indem Sie zunächst ruckartig ein wenig nach rechts und gleich darauf kräftig und progressiv nach links einschlagen. Jetzt müsste sich Ihr Auto um die restlichen 180 Grad drehen.

Wenden zählen bei jedem Fahrertraining zum Standard (Foto: BMW).

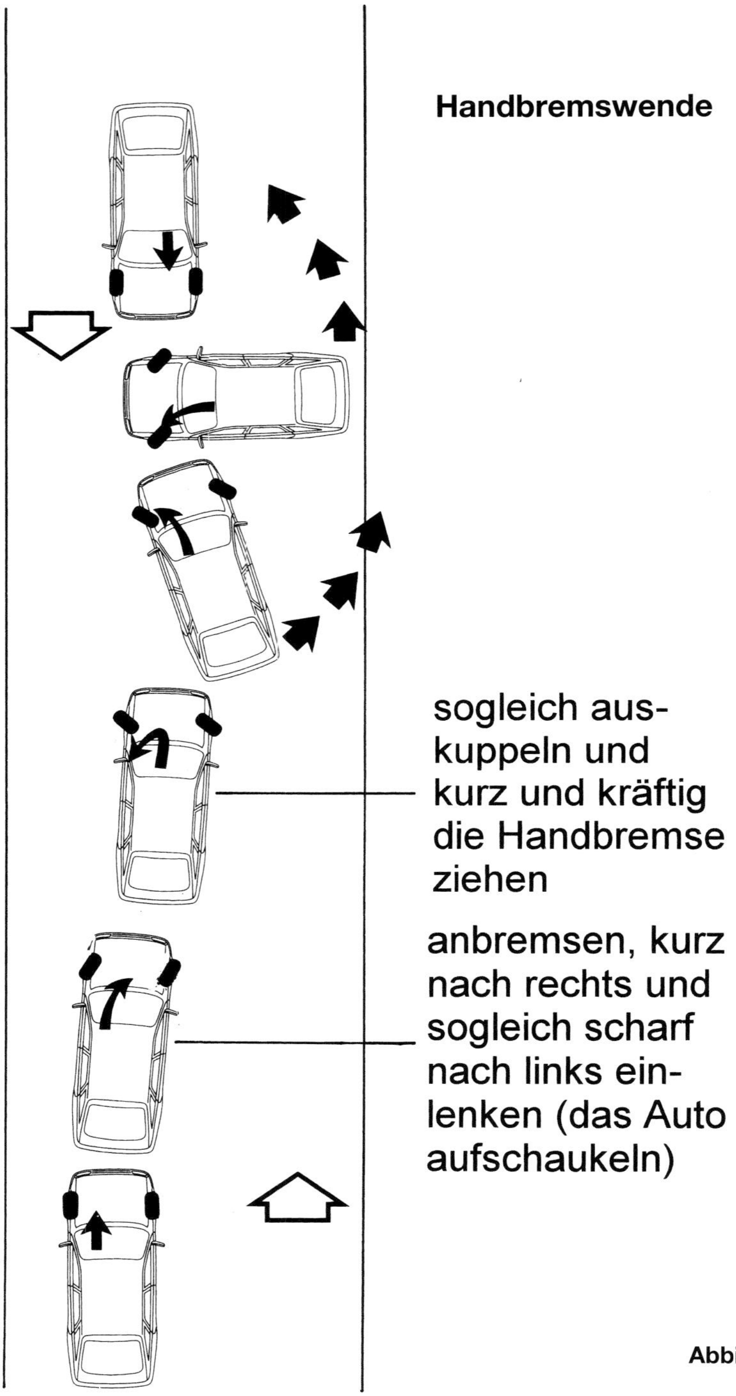

Abbildung 21

Wie man Rennfahrer wird, hat der erst siebzehnjährige Nico Rosberg der Welt gerade erst gezeigt. Der Sohn des legendären Keke Rosberg gewann 2002 souverän die ADAC-Formel-BMW-Meisterschaft und erhielt zur Anerkennung von BMW Testfahrten in einem Williams-Formel 1. Doch nicht jeder hat die Beziehungen eines Weltmeister-Sprösslings (Foto: BMW).

5. Wege zum Rennsport

Auch im Rennsport haben die Götter den Schweiß vor den Erfolg gestellt. Der abgedroschene Spruch vom »sich mühsam ernährenden Eichhörnchen« gilt hier heute wie vor fünfzig Jahren.

Geld hilft, sehr sogar, aber es gibt Gott sei Dank keine Erfolgsgarantie. Wichtiger ist Talent und der Idealfall tritt ein, wenn man beides hat.

Der Run auf die Schumi-Nachfolge setzt heute schon im Kindesalter ein: Ab acht darf man Jugendkart-Slalom fahren und die ehrgeizigen Väter (und Mütter!) sorgen dafür, dass diese Wettbewerbe zu einer todernsten Sache werden. Wer Hütchen umfährt oder viel zu langsam ist, wird nach der Zieldurchfahrt mit Verachtung bestraft und bei Groß und Klein kullern die Tränen. Manche Kids werden pro Saison zu dreißig Kartturnieren gekarrt und wenn sie dann endlich alt genug sind, um in eine der Nachwuchsserien, den Lupo-Cup, die Formel-BMW oder Formel-König einzusteigen, sind sie so »verbraucht«, dass sie Null Bock haben, weiterhin im Kreis zu fahren.

Wer das Glück hat, dass ihm diese Tortur erspart bleibt, kommt vielleicht mit dem Erwerb des Führerscheins selbst auf die Idee, Hobby-Rennfahrer werden zu wollen. Doch auch hier ist der Optimismus in der Regel größer, als das dahinter steckende Potential: Vor überzogenem Selbstwertgefühl strotzende Teens und Twens schreiben e-Mails an die Werke und bitten um DTM- und Formel 1-Testfahrten, weil sie ihr »Jahrhunderttalent« daran fest machen, in ihrem Uralt-Polo zwischen Wohnung und Arbeitsstelle eine atemberaubende »Bestzeit« zu halten. Nur wenige kommen auf die Idee, zunächst einmal ihr Talent bei einem Fahrsicherheitstraining auszuloten und die elementaren Kenntnisse der Fahrphysik zu erwerben. Dort würden sie feststellen, dass der Polo heftig untersteuert und die Instruktoren würden ihnen sagen, was man dagegen tun kann. Der Weg zum Rennsport beginnt mit einem Fahrsicherheitstraining!

Mit dem Schumi-Boom begann auch der Goldrausch der Spätberufenen. Von der Friseur-Meisterin bis zum Unternehmensberater legten die Schönen und Reichen den Golfschläger ab und stiegen ins Cockpit. Ich lernte sie bei meinen Fahrerlehrgängen kennen. Wie den Zahnarzt, der mit einem nagelneuen SL zufällig in Le Luc vorbei kam und mitmachte. Dort gibt es auf der Gegengeraden jene Rechtskurve, die mit jedem Auto und bei jedem Wetter voll geht, wenn man nur exakt die Linie hält. Der Zahnarzt schaffte das nicht wirklich, er verriss den SL bei gut 180, hatte ein ganzes Geschwader von Schutzengeln, weil er nicht sogleich abflog, sondern zunächst sechs oder acht Pirouetten auf der Geraden drehte. Dann schlug er rechts in die Böschung ein und ondulierte drei von vier Seiten des SL derbe. Nachdem er zittrig ausgestiegen war und sich nach einiger Zeit wieder beruhigt hatte, ließ er sich wie ein siegreicher Feldherr am Wrack fotografieren. Für die meisten Teilnehmer sind Sport-Fahrerlehrgänge genau das Richtige und sei es auch nur, um zu erkennen, dass man sich auf der völlig falschen Hochzeit befindet. Für die Internationale Lizenz schreibt der DMSB solche Lehrgänge vor und das ist gut so. Schade nur, dass es Veranstalter und Veranstaltungen von Sekt bis Selters gibt, weil der DMSB die erforderliche Instruktoren-Lizenz inzwischen mit der Gießkanne an alle verteilt, die die horrende Lizenz-Gebühr auf den Tisch legen.

Bei einem Sport-Fahrerlehrgang lernt man auch die Regeln des Motorsport kennen. Man erfährt, dass die rot-gelb-gestreifte Flagge nichts mit der Invasion blutrünstiger Spanier und die mit der orangefarbenen Scheibe nichts mit dem Sonnenuntergang zu tun hat. Man erfährt, dass es Schiedsrichter gibt, die im Motorsport »Sportkommissare« heißen und eine Menge Macht haben. Und wer einmal Rallyes fahren möchte hört vielleicht zum ersten Mal, dass man bei den nationalen Fahrten schon vor der Veranstaltung die richtigen Reifen auswählen muss, nur zwei Ersatzräder mitnehmen darf und alle Reparaturen selbst erledigen muss.

Im Rallyesport war Timo Salonen der letzte, putzmuntere Kettenraucher. Auf der Rundstrecke hat »Smoky Jo« Joachim Winkelhock diese Außenseiterrolle. Und während wir noch nach dem Motto »Sport ist Mord« lebten, gehören das fleißige Fitness-Training und eine gesunde Ernährung heute zum Basisprogramm eines jeden Motorsportlers. Tipps dazu finden Sie in Kapitel 6.

Schön wäre es, wenn der eine oder andere Leser nach der Lektüre dieses Buches den Einstieg in den Motorsport angeht. Sie finden daher in Kapitel 7 eine Reihe von Einstiegs-Skizzen und erfahren, welche Wettbewerbe für den Nachwuchs konzipiert und reserviert sind und welche sich auch für Seiteneinsteiger eignen.

Ein MUSS für jeden Autofahrer und allerbeste Grundlage für den Sport-Einstieg: Bei einem Fahrsicherheitstraining lernt man, sein Auto besser zu beherrschen und Gefahren zu meistern (Foto: FSZ Nürburgring).

5.1 Fahrsicherheitstraining

Der ADAC, in Deutschland der wohl mit Abstand größte Anbieter von Sicherheitstrainings für Autofahrer, bewirbt seine Schulungen mit dem Slogan »Gefahren erkennen, richtig entscheiden, Fehler vermeiden!«. In diesem knappen Slogan stecken eine Menge Inhalte.

»Gefahren zu erkennen« erfordert eine ganz besondere Fahrweise, die leider nicht von allen Autofahrern praktiziert wird: Die Art, sein Auto konzentriert und vorausschauend im Verkehr zu bewegen, das Verhalten der anderen Verkehrsteilnehmer um einen herum permanent zu beobachten und jeden Fehler eines »Partners der Straße« sofort und früh genug zu erkennen, erfordert für die meisten Lenkerinnen und Lenker eine radikale Umstellung.

»Richtig entscheiden« ist für die meisten das größte Problem!: Man hat sich daran gewöhnt, das Auto so zu benutzen, wie es vor mehr als 100 Jahren erfunden wurde: Als »Selbstbeweger«, also als ein völlig alltägliches Mittel von A nach B zu kommen und mobil zu sein. Man steigt ein, betätigt die Zündung, legt einen Gang ein und fährt ... Trotz stetig steigender Zulassungszahlen, immer weiter steigender Verkehrsdichte und kongruent dazu steigenden Unfallzahlen bleiben – dem Himmel sei Dank – die meisten Autofahrer von schlimmeren Unfällen verschont. Im gleichen Umfange versagen die meisten Autofahrer kläglich, wenn sie dann doch einmal in eine Notsituation geraten. Vor der »richtigen Entscheidung« liegen dann Wahrnehmungszeit und Reaktionszeit, die bei einem nicht geschulten Lenker so lange dauern können, dass schon alles zu spät ist. Und wer diese Sekundenbruchteile heil übersteht, muss nun »richtig entscheiden«, was in der jeweiligen Situation zu tun ist. Die richtigen Entscheidungen an Lenkung, Bremse oder Gas erfordern Fahr-physikalisches Wissen: Was passiert,

Beim Audi-Training lernen die Teilnehmer, wie ihr Auto in unterschiedlichsten Fahr-Situationen reagiert, hier ein TT beim Slalom (Foto: Audi).

wenn ich jetzt eine Vollbremsung mache? Wie reagiert mein Auto, wenn ich bei dieser Geschwindigkeit dem Hindernis ausweiche? Kann ich in dieser Kurve bremsen, weil es nötig ist, oder wird eine Bremsung mein Auto von der Straße werfen und mich selbst gefährden? Es geht um Dinge wie Lastwechselreaktionen und Eigenlenkverhalten und die probaten Maßnahmen, darauf zu reagieren. In einem Fahrsicherheitstraining erlernt man die ersten richtigen Ansätze.

»Fehler vermeiden« kann man nur, wenn man schon Fehler gemacht und aus ihnen gelernt hat. Bei einem Fahrsicherheitstraining sollen Fehler gemacht werden, weil die Instruktoren daraus die notwendigen Korrekturen und Tipps ableiten können und weil das Gelände mit großzügigen Sicherheitszonen

Für viele Übungen wird die Strecke bewässert, das Fahrsicherheitszentrum am Nürburgring ist eine der modernsten und schönsten Anlagen Europas (Foto: BMW).

Fehler gefahrlos erlaubt. Trainiert wird nach einem systematischen Aufbau in fünf bis sechs Sektionen. Ehe sich überhaupt ein Rad dreht, werden die richtige Sitzposition und Lenkradhaltung empfohlen. Dann geht's in die Kreisbahn, wo man (möglicherweise auf bewässerter Fläche) das Eigenlenkverhalten seines Autos kennen lernt.

Gekonnt auszuweichen (ohne zu bremsen) lernt man in der nächsten Sektion. Beim Slalom »erfährt« man das Handling des Autos und unterzieht sich einer guten Übung fürs Ausweichen, ohne ins Schleudern zu geraten. Beherztes Bremsen, eine schnelle Reaktion, sofortiges Lenken und Gegenlenken erfordert der Bremshaken, bei dem auf Handzeichen des Instruktors die Bremse gelöst und einem Hindernis in der angezeigten Richtung ausgewichen wird.

Für Fortgeschrittene gibt es Übungen wie den »entschärften Elch-Test« oder Fahrten auf speziellen Gleitflächen, die besonders üble Straßenverhältnisse wie Schnee, Glatteis oder Aquaplaning simulieren. Und damit der Spaß nicht zu kurz kommt, gibt's einen großen Abschluss-Slalom, bei dem man alles umsetzen kann, was man während des Sicherheitstrainings gelernt hat.

Dieses Sicherheitstraining unterscheidet sich ein wenig von den Programmen anderer Anbieter: Zum einen ist es »mobil« und kann auf jedem Platz irgendwo in Deutschland stattfinden. Zum anderen setzt dieser Veranstalter bereits in dieser Grundausbildung erfahrene Rennfahrer als Instruktoren ein und legt die Schulung so an, dass sie als Vorstufe zu einem Sport-Fahrerlehrgang wird, weil erste motorsportliche Akzente gesetzt werden.

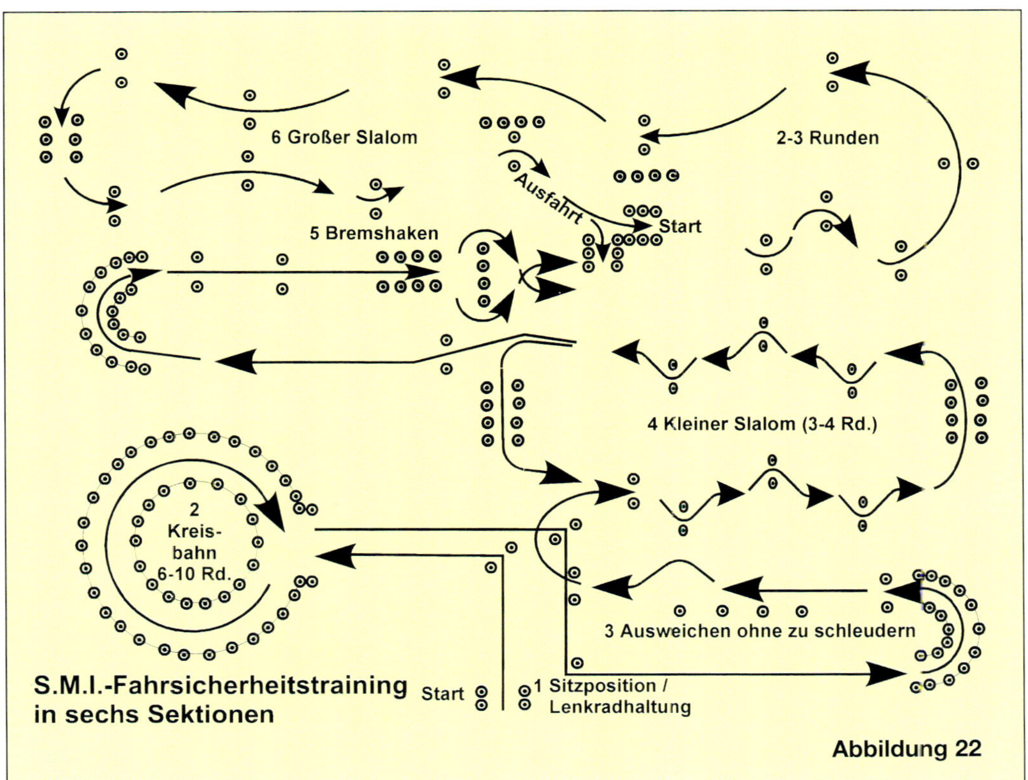

Der Kreisbahn offenbart das Eigenlenkverhalten des Autos: Übersteuernder und gegengelenkter BMW, beobachtet vom Hintermann (Foto: BMW).

Audi TT beim schnellen Slalom, die Teilnehmer lernen, Lastwechselreaktionen herbeizuführen und zu beherrschen (Foto: Audi).

Tausende von BMW-Besitzern sind als bessere Autofahrer aus dem Fahrer-Training hervorgegangen, Prädikat »sehr empfehlenswert« (Foto: BMW).

Audi A4 in der Verzögerungsphase vor dem Bremshaken: Ein kleines Kunststück, das Leben rettet (Foto: Audi).

Wer am Automobilsport teilnehmen möchte, braucht eine DMSB-Lizenz. Die internationale Variante dieses »Sport-Führerscheins« bekommt nur, wer zuvor einen Sport-Fahrerlehrgang erfolgreich absolviert hat - hier Teilnehmer eines Motor-Events-Trainings am Nürburgring (Foto: Motor-Events).

5.2 Sport-Fahrerlehrgang

Sport-Fahrerlehrgänge werden angeboten, weil der DMSB (Deutscher Motor Sport Bund e.V., Frankfurt) Lizenzen zur Beteiligung am Motorsport nur ausstellt, wenn der Anwärter zuvor entsprechende Erfolge bei kleinen, »lizenzfreien« Veranstaltungen erzielt oder – alternativ – ein anerkanntes Sportfahrer-Training erfolgreich absolviert hat. Doch nicht nur für den Sportfahrer, sondern für jeden Vollblut-Autofahrer ist die Teilnahme an einem solchen Lehrgang sinnvoll und bringt in zwei bis drei Tagen intensiven Trainings mehr, als jahrelanges »Selbst-Studium«. Doch Vorsicht: Die Preisunterschiede sind groß und die Qualität schwankt von Anbieter zu Anbieter eklatant. Das geht von bloßer Geldschneiderei bis hin zu ganz vorzüglichen Veranstaltungen. In der Regel ist die Namensliste der Instruktoren ein brauchbarer Maßstab: Sind viele prominente Renn- und

Auf's Auto kommt's nicht an: Oft sitzt das größte Talent in einem kleinen Mini (Foto: Motor-Events).

Rallyefahrer als Trainer »am Start«, kann man mit einiger Sicherheit von guten Standards ausgehen. Auskünfte erteilt der DMSB, Hahnstr. 70,

Vor den Erfolg haben die Götter den Schweiß gestellt, am Abend büffeln die Teilnehmer die Regeln der Fahr-Physik und die Bestimmungen des Sportrechts und ...

... als Instruktoren eines wirklich guten Lehrgangs stehen prominente Sportfahrer zur Verfügung (Fotos: Motor-Events).

60528 Frankfurt/Main, Telefon: 069 – 633 00 70, Fax: 633 00 730.

Der Deutsche Motor Sport Bund (DMSB) ist die einzige, vom Automobil-Weltverband FIA anerkannte Institution in Deutschland, zuständig für die Anwendung und Auslegung des Internationalen Sportgesetzes und die Aufstellung eigener, nationaler Regeln des Automobilsports. Nur der DMSB darf die Fahrer-Lizenzen ausstellen, die für alle Sparten des Automobilsports mit Ausnahme weniger, touristischer Wettbewerbe, erforderlich sind. Für die Beteiligung am Motorsport, an Rennen oder Rallyes, benötigt man entweder eine Nationale DMSB-Fahrer-Lizenz der Stufe A oder – für die Beteiligung an internationalen Wettbewerben – die Int. C-Fahrer-Lizenz des DMSB. Beide Lizenzen kann man jedoch nur beantragen, wenn man seine Qualifikation und Eignung zuvor unter Beweis gestellt hat. Man kann mit einer Grundstufe der

DMSB-Lizenz bei kleinsten Regionalwettbewerben beginnen und muss bei wenigstens drei Wettbewerben Erfahrungen sammeln. Das ist mühsam und man lernt wenig, da erfahrener Rat zumeist fehlt. Der zweite Weg, den wir für sinnvoller halten, weil die Erfahrung sich nicht auf die wenigen Minuten beschränkt, die man benötigt, um drei Slaloms zu fahren, sondern eine bis zu zweieinhalbtägige, intensive Schulung unter der Anleitung routinierter Instruktoren vorsieht, sind die vom DMSB anerkannten Fahrerlehrgänge. Diese sind auf die vom DMSB 1996 neu gefassten Lizenz-Bestimmungen zugeschnitten. Sie werden nach strengen, vom DMSB eigens dafür erlassenen Regularien durchgeführt.

Wirklich gute Sport-Fahrerlehrgänge garantieren nicht nur ungewöhnliche Leistungs-Standards bei einem fairen Preis-Leistungsverhältnis, sondern auch absolute Übereinstimmung mit den strengen Regeln des DMSB und – dank prominenter Instruktoren und einem eingespielten Team – einen optimalen Lerneffekt und -erfolg.

Bei einem Sport-Fahrerlehrgänge benutzt man das eigene Auto, das zum Straßenverkehr zugelassen und ordnungsgemäß versichert sein muss. Zugelassen sind alle nur denkbaren Autos, denn die Instruktoren (bekannte Renn- und Rallyefahrer) sind in der Lage, die Leistung des Fahrers zu der des Autos in Relation zu setzen und eine gleichermaßen faire Bewertung eines 60 PS-Mini- oder eines 300 PS-Porschefahrers durchzuführen. Mit den Jahren haben die Trainer nämlich schon recht oft erlebt, dass zu einem Lehrgang 25 oder 30 PS-gewaltige Porsche oder einige Ferrari anreisten, der talentierteste Fahrer dann jedoch in einem Mini oder Corsa-Winzling saß. Das richtet sich natürlich nicht gegen Porsche- oder Ferrari-Fahrer, zumal die Autos dieser Fahrer zu unseren Lieblingen zählen.

Lizenzlehrgänge dauern in der Regel zweieinhalb Tage: Sie beginnen freitags mit einem etwa fünfstündigen Theorie-Abend. Ein theoretischer Unterricht vermittelt den Teilnehmern alle für die aktive Teilnahme am Motorsport und den sportlichen Gebrauch eines Autos erforderlichen Grundlagen. Zu diesem Zweck stellt der gute Veranstalter ein »Fahrphysik-Lehrbuch« und umfangreiche Arbeitsunterlagen zur Verfügung. Der Lernerfolg wird durch einen Abschluss-Test gesichert. Die Theorie ist Pflicht-Bestandteil der Veranstaltung.

Die Themen der vom DMSB vorgeschriebenen Theorie sind u.a.

- Physik des Autofahrens
- fahrphysikalische Kräfte beim Bremsen und Gasgeben, Lastwechsel-Reaktionen
- Fahrverhalten unterschiedlicher Antriebs-Technologien
- Grundregeln der Fahrzeug-Bedienung
- Rennfahren auf der Ideallinie, Einlenk-, Scheitel- und Auslenkpunkte
- Kurven-Technik, richtiges Bremsen, Bremspunkt, rechtzeitiges Beschleunigen
- Sport-Techniken: Rundstrecke, Slalom, Rallye
- Fahrzeug-Vorbereitung und Sicherheits-Ausrüstung lt. FIA-/DMSB-Standard
- Fahrerausrüstung, u.a. Fahreranzüge und Helme lt. FIA-/DMSB-Standard
- Struktur der FIA und des DMSB, Internationales Automobil-Sportgesetz (IASG) und DMSB-Reglements
- Teilnahme-Möglichkeiten am Motorsport mit den verschiedenen DMSB-Lizenzen
- DMSB-Rundstrecken-Reglement
- Startvorgänge bei Rennen
- Funktionen und Kompetenzen des Rennleiters, der Sportkommissare, der Technischen Kommissare, des Leiters der Streckensicherung und der übrigen Sportwarte
- Protest und Berufung
- Flaggenkunde und Streckensicherheit
- Fitness und Ernährung
- Motorsport und Umwelt

Am Samstag und Sonntag folgen zwei Tage Fahrspaß pur: Zum einen übt man in bestimm-

In kleinen Gruppen, wie hier in Zolder, lernen die Teilnehmer zunächst Sektion für Sektion kennen. Der Instruktor erklärt Kurvencharakter, Einlenkpunkt und Linie, wie hier Porsche-Pilot Sascha Maassen (Foto: Motor-Events).

Porsche-Pilot am Start einer Sektion: Gefahren wird einzeln und mit Sicherheitsabstand (Foto: Motor-Events).

Die Instruktoren beobachten und benoten jede Übungsfahrt und …

… machen in einer ausführlichen Funk-Kritik auf Fehler aufmerksam, wie hier Ex-Rallyeprofi Michael Gerber (Fotos: Motor-Events).

ten Streckenabschnitten (Sektionen), zum anderen trainiert man beim »Freien Fahren« die Gesamtstrecke. Beim Sektions-Training wird die Rundstrecke zunächst in zwei bis drei Abschnitte unterteilt, in denen jeweils eine besondere Fahr-Situation aus der Motorsport-Praxis prägnant simuliert werden kann. Alle Teilnehmer haben Gelegenheit, in jeder dieser Sektionen unter der Anleitung eines Instruktors (Trainers) ausgiebig zu üben. Jede Fahrt eines jeden Teilnehmers in jeder Sektion wird nach einem besonderen System über Funk zwischen dem Teilnehmer und seinem Instruktor besprochen.

Im Anschluss an das Sektions-Training haben die Teilnehmer zu gewissen Zeiten und in Gruppen Gelegenheit, den gesamten Kurs zunächst »unter Führungsfahrzeug« und anschließend »frei« zu befahren. Das »Freie Fahren« findet zwar in kleinen Gruppen und mit ausreichendem Sicherheitsabstand zwischen den Fahrzeugen (Einzel-Start) statt, verhilft den Teilnehmern jedoch zu ersten Erfahrungen unter rennähnlichen Bedingungen. Erfahrene Veranstalter würdigen den Spaßfaktor und planen so viele Phasen »Freien Fahrens« wie nur möglich in jeden Lehrgang ein. Sicherheit bleibt dennoch groß geschrieben und es sollte obligatorisch so sein, dass die Strecke – wie bei einem regulären Rennen – mit allen Sicherheitskräften und Flaggenposten besetzt ist. Der praktische Teil endet mit Start-Übungen (Rolling- und Standing-Start) und einer Abschlussprüfung auf dem gesamten Rundkurs. Die Wertung erfolgt ausschließlich nach Stilnoten. Eine Bewertung der Zeit findet sowohl in den Sektionen als auch beim »Freien Fahren« und im Abschlusstest nicht statt.

Wichtigstes Instrument eines Sport-Fahrerlehrgangs ist die Funk-Kritik: Jeder Teilnehmer hat permanent Funkkontakt zu »seinem persön-

Startaufstellung: Eine von vier Teilnehmer-Gruppen eines Motor-Events-Sport-Fahrerlehrgangs am Nürburgring (Foto: Motor-Events).

lichen Instruktor«, wird über Funk beraten und erhält präzise formulierte Anregungen, Verbesserungsvorschläge und Tipps. Daraus resultieren während eines Lehrgangs für jeden Teilnehmer bis zu 50 Noten, die letztendlich über Platzierung und Qualifikation entscheiden. Eine Messung und Bewertung der Zeit hingegen darf nach den DMSB-Richtlinien nicht stattfinden. Obwohl also nirgendwo eine Uhr tickt, bewerten die Instruktoren Stil, Technik, Brems- und Lenkpunkte, Linie und Speed nach einem ausgefuchsten System. In der Regel werden die zweite Übungsfahrt und eine der letzten Übungsfahrten benotet. Die Instruktoren nennen das Talent-Note (gleich zu Beginn der Sektion) und Lern-Note (am Ende des Sektionstrainings als Resultat aus der Funkkritik).

Für einen Sport-Fahrerlehrgang benötigen die Teilnehmer weder spezielle Sport-Reifen noch eine kostspielige Fahrerausrüstung. Fahreranzüge und Fahrerschuhe sind zwar sinnvoll, können jedoch durch Jeans und Anorak ersetzt werden. Pflicht jedoch ist ein fester Schutzhelm nach ECE- oder FIA-/DMSB-Norm.

Und so viel muss klar sein: Eine Teilnahme ist keine Erfolgsgarantie. Bei einem Sport-Fahrerlehrgang werden auch Teilnehmer mit weniger ausgeprägtem Talent antreten oder Fahrer, die von falschen Voraussetzungen ausgehen. Der Veranstalter und die Instruktoren behalten es sich daher vor, Teilnehmer, die aufgrund der während des Lehrgangs gemachten Beobachtungen und angesichts ihrer Leistungen und ihrer Platzierung eine noch zu geringe Eignung zum motorsportlichen Autofahren besitzen, auch einmal nicht zur Internationalen DMSB-Lizenz zuzulassen. Aus der Erfahrung vergangener Lehrgänge vieler Jahre lässt sich sagen, dass fünf bis zehn Prozent der Teilnehmer diese Qualifikation nicht schaffen.

Schlusspunkt und Highlight: Boxen-Ausfahrt zum Freien Fahren (Foto: BMW).

Über die Zulassung zur Internationalen DMSB-C Lizenz entscheiden die Instruktoren in einer Sitzung auf der Basis der Endauswertung. Die Entscheidung fällt mit einfacher Mehrheit. Bei Stimmengleichheit entscheidet die Stimme des Lehrgangsleiters. Der »Spruch« der Instruktoren ist nicht anfechtbar und wird schon mit der Abgabe der Nennung akzeptiert. Die Entscheidung wird durch Aushang bekannt gegeben, sie wird weder kommentiert noch diskutiert.

Und weil man bei einem Lizenz-Lehrgang zwar viel gelernt hat, jedoch noch längst nicht die Erfahrung besitzt, das »24 Stunden-Rennen-Nürburgring« zu überstehen, bieten manche Veranstalter stets auch spezielle Fortgeschrittenen-Trainings an, bei denen man einen ganzen Tag lang Gelegenheit hat, eine bestimmte Rennstrecke in- und auswendig zu lernen.

Wer am Rennsport teilnehmen will muss auch die Regeln kennen (Foto: BMW).

5.3 Rennsport-Regeln

Der Automobilsport wird – wie die meisten großen Sportarten – von einem Weltverband regiert, der Fédération Internationale de l'Automobile. Die FIA, die Jahrzehnte ihren Sitz in Paris hatte und inzwischen nach Genf umgezogen ist, erlässt das für alle Mitgliedsländer verbindliche Internationale Automobil-Sport-Gesetzt (IASG). Schillernde Figuren wie Jean-Marie Ballestre, Max Mosley oder der Formel 1-Guru Bernie Ecclestone (FIA-Vizepräsident) haben das Image der FIA geprägt und dies nicht immer positiv.

In jedem Land erkennt die FIA nur einen Club oder Verband (ASN) an, der dort Träger der Sporthoheit ist, die Einhaltung des Sportgesetzes national überwacht und umsetzt und eigene, nationale Bestimmungen aufstellen darf. In Deutschland war dies bis 1948 der AvD, der jedoch nach dem Krieg den ADAC mit ins Boot nehmen musste, so dass in Frankfurt die »Oberste Nationale Sportkommission für den Automobilsport in Deutschland« (ONS) – paritätisch besetzt mit ADAC- und AvD-Vertretern – entstand. Dieser Verband glänzte oft mehr durch interne Konkurrenzkämpfe und Grabenkriege als durch externe Leistungen für die Aktiven. Es dauerte jedoch bis zum Ende der neunziger Jahre, ehe die überfällige Re-Organisation endlich durch- und umgesetzt wurde: Die ONS nahm neben den »alten Seilschaften« nun auch DMV- und ADMV-Vertreter mit an Bord, schloss sich dem DSB an, gründete Landesverbände in den meisten Bundesländern und nennt sich seither »Deutscher Motor Sport Bund« (DMSB) mit Sitz in der Hahnstraße 70, 60528 Frankfurt / Main.

Organisiert ist der DMSB nach dem Strickmuster der FIA: An der Spitze steht ein fünfköpfiges Präsidium, dessen Mitglieder für die Ressorts Öffentlichkeitsarbeit, Automobilsport, Motorradsport, Breitensport und Finanzen/ Recht zuständig sind. Wichtigstes Gremium des DMSB ist jedoch das Exekutivkomitee, dem 14 Männer angehören, die sich entweder fachlich für diese Aufgabe empfohlen haben oder aber von einem der Trägerclubs in diese Kommission entsandt wurden. Unter diesen 14 Mitgliedern sind drei DMSB-Präsidenten. Das Exekutivkomitee entscheidet über alle Fragen des Automobil- und Motorradsports, sei es, dass in der Kinder-Kartklasse eines neues Lenkrad eingeführt werden soll (was ein vergleichsweise kleines Problem ist) oder sei es, dass die »Deutsche Tourenwagen-Masters« abgeschafft und durch eine völlig neue Rennklasse ersetzt werden soll (was schon größte Brisanz hätte, weil Industrieinteressen massiv tangiert wären). Weil die Facetten des Motorsports jedoch ungeheuer vielfältig sind, arbeiten unterhalb des Komitees so genannte Fachausschüsse und Arbeitsgruppen. Im Automobil-Bereich gibt es solche Fachausschüsse und Arbeitsgruppen für alle Disziplinen wie den Renn-, Rallye-, Slalom-, Dragster- und Kartsport, für Truck- und Bergrennen, für Technik und Sicherheit, Sportwarte und Streckensicherung. Diese (ehrenamtlich) besetzten Ausschüsse beobachten die Szene und die Umsetzung der Reglements in den verschiedenen Serien und greifen Änderungsvorschläge auf. Um bei unseren Kinderkart-Lenkrad zu bleiben: Wenn Aktive und Betreuer meinen, dass ein neues Lenkrad her muss, rufen sie den Kartausschuss an. Der seinerseits prüft, ob das neue Lenkrad Sinn macht. Kommt der Ausschuss zu diesem Ergebnis, muss er eine Beschlussvorlage formulieren. Die Beschlussvorlagen aller Ausschüsse werden von der DMSB-Geschäftsstelle gesammelt und aufbereitet und dem Exekutivkomitee zur nächsten Sitzung vorgelegt. Das Exekutivkomitee entscheidet dann mit einfacher Mehrheit darüber, ob die Kids ein neues Lenkrad bekommen und es entscheidet z. B. auch, ob es einen Marken-Cup anerkennt und wie die höchste Spielklasse im Motorsport ausgestaltet und reglementiert werden soll. Damit ist das Exekutivkomitee das wichtigste und mächtigste Organ im deutschen Motorsport.

Für die Teilnahme am Automobilsport braucht man eine DMSB-Lizenz: Nur wenige, touristische Wettbewerbe sind von dieser Lizenzpflicht befreit und man kann an ihnen ohne eine solche Qualifikation teilnehmen: Dazu zählen Orientierungs- und Bildersuchfahrten, Geschicklichkeits-Turniere, der Indoor-Kartsport, der Kart-Slalom und Fahrerlehrgänge. Doch auch diese »kleinen Freuden« sind in Deutschland genehmigungs- und versicherungspflichtig und einige dieser Disziplinen werden zudem noch von der Trägerclubs (z.B. dem ADAC) betreut, die auch dafür wieder Regeln aufgestellt haben.

Wer nur in Deutschland und nur bei kleinen Amateur-Wettbewerben an den Start gehen will, braucht eine Nationale B-Lizenz des DMSB. Die kann man ohne besondere Qualifikationen (also wie eine Fahrkarte) beim DMSB gegen eine Jahresgebühr von 50 € (100 €) erhalten.

Wer auch über die offenen Grenzen hinaus blickt und auch in anderen EU-Ländern Autosport betreiben oder an Veranstaltungen in Deutschland teilnehmen will, die für Fahrer aus den EU-Ländern offen sind, braucht eine Nationale A-Lizenz des DMSB. Hier wird das Ganze schon komplizierter und teurer, weil man sich für dieses Papier mit Erfolgen in B-Veranstaltungen qualifizieren oder einen Sport-Fahrerlehrgang absolvieren und beim DMSB pro Jahr € 105,- (155,-) hinblättern muss.

Wer an großen, internationalen Rennen, Rallyes, Cross-, Berg- oder Dragster-Rennen teilnehmen will, zu der Teilnehmer aus aller Welt an den Start gehen dürfen, benötigt die Internationale C-Lizenz des DMSB, mit der er dann seinerseits auch weltweit und in (fast) allen Rennklassen starten kann, für die er jedoch pro Jahr € 125,- (175,-) auf den Tisch des DMSB zu blättern hat. Beantragen darf diese Lizenz, wer sich bei drei nationalen A-Wettbewerben erfolgreich behauptet oder an einem Fahrerlehrgang teilgenommen hat. Darüber hinaus gibt es noch »Super-« und Speziallizenzen, die vom DMSB oder der FIA nur nach intensiver Prüfung »verliehen« werden. So braucht man eine Sonder-Lizenz beispielsweise für die Internationale Deutsche Formel 3-Meisterschaft, für die großen amerikanischen Rennserien und (natürlich) für die Formel 1, der man ja nachsagt, dass hier auch 20 Millionen Dollar »Eintrittsgeld« den Einstieg gewährleisten und die Super-Lizenz gleich beinhalten. Schuldig geblieben sind wir dem geneigten Leser noch die Bedeutung der »Klammer-Zahlen«: Wer Mitglied in einem der Trägerclubs, z.B. im

Die FIA erlässt weltweit einheitliche Regeln, ob für den Kartsport (Foto: ADAC) oder …

… das Millionenspiel in der Formel 1 (Foto: Daimler-Chrysler).

ADAC, AvD oder DMV ist, bekommt die jeweilige Lizenz zur ermäßigten Gebühr, wer diese Mitgliedschaft nicht besitzt, muss die höheren Gebühren bezahlen.

Für jede Disziplin erlassen FIA und / oder DMSB spezielle Reglements, so z.B. das schon erwähnte Rallye-Reglement oder das Rennsport-Reglement, auf das wir noch eingehen. Weil jedoch in der jeweiligen Disziplin höchst unterschiedliche Serien ausgerichtet werden, gibt es darüber hinaus für jede Meisterschaft und jeden Cup noch eigene Regeln, die vom Promotor der Serie festgelegt und bereitgestellt werden, aber zuvor vom DMSB geprüft und genehmigt werden müssen. Und damit dem Papierkrieg die Krone aufgesetzt wird, gibt es auch für jede einzelne Veranstaltung wieder besondere Bestimmungen und Informationen, die man in der Ausschreibung findet. Die Aktiven sollten sich in all diesen Regelwerken gut auskennen, denn neben simplen Erläuterungen wie z.B. der Bedeutung der einzelnen Flaggenzeichen sind hier auch enorm wichtige Passagen enthalten, wie etwa ein (zumeist umfangreicher) Katalog möglicher Strafen oder der Haftungsverzicht, nach dem einem jeder sprichwörtlich »an die Karre fahren« darf, ohne dass man ihn dafür in Regress nehmen könnte oder die immer wieder mal umstrittene »Persilschein-Passage«, dass sich jeder Lizenznehmer ausschließlich und uneingeschränkt dem Sportrecht unterwirft und auf die Anrufung ordentlicher Gerichte verzichtet. Da findet man also recht bedeutungsvolle Bestimmungen, die unter Umständen weitreichende Folgen haben können und deren Existenz jedem Aktiven jederzeit bewusst sein muss.

Damit die so aufgestellten Regeln auch bei jeder Veranstaltungen eingehalten werden, gibt es vor Ort Schiedsrichter, die im Motorsport »Sportkommissare« heißen. Selbst bei kleinsten nationalen Veranstaltungen werden inzwischen schon zwei, bei großen Rennen bis zu fünf Sportkommissare eingesetzt. Gestützt durch das Sportgesetz und abgesichert durch die von jedem Lizenznehmer akzeptierte Sport-Gerichtsbarkeit haben die Sportkommissare sehr weit reichende Befugnisse und eine breite Skala von Strafen, was sie zu den wichtigsten und mächtigsten Leuten einer jeden Veranstaltung macht. Sie müssen die Feststellungen der Sportwarte und Sachrichter genehmigen (hat er nun »unter gelber Flagge« überholt oder nicht?), können einen Fahrer aus dem Wettbewerb ausschließen (weil er betrunken an den Start gehen will, was tatsächlich schon mal vorgekommen ist), Bestimmungen der Ausschreibung ändern oder einen Wettbewerb vertagen oder absagen (wenn im Mai am Nürburgring 5 Zentimeter Schnee liegt), ein Rennen abbrechen (weil ein Wolkenruch die Fortführung zu gefährlich macht), sie können Verwarnungen aussprechen und haben einen langen Katalog von Strafen, die sie verhängen können: Verwarnung, Geldstrafe, Zeitstrafe, Ausschluss, Suspendierung und Disqualifizierung zählen zu den Kompetenzen der Sportkommissare. Und das Sportgesetz sorgt auch gleich für Abschreckung, indem es die höchste, von Sportkommissaren festzulegende Geldstrafe, auf immerhin 50.000 Dollar begrenzt. Die Herren (leider gibt es nur wenige Damen als Schiedsrichter) sind jedoch durch Richtlinien angehalten und weise und umsichtig genug, um alle Strafen stets maßvoll und in einer vernünftigen Relation zur Größe und Bedeutung der Veranstaltung anzuwenden, denn für den Amateur bei einer nationalen B-Veranstaltung sind 50 € Strafe ja meistens mehr, als 10.000 $ für einen millionenschweren Formel 1-Star.

Natürlich können sich die Aktiven gegen Strafen wehren und haben auch selbst die Möglichkeit, Schlampigkeiten des Veranstalters und Verfehlungen anderer Fahrer offiziell anzuzeigen: Das Sportgesetz regelt das in den Passagen »Proteste« und »Berufungen«: Über Proteste entscheiden die Sportkommissare und Berufungen werden an das Berufungsgericht des DMSB weitergeleitet und beides ist – Sie werden dies schon vermutet haben – mit nicht unbeträchtlichen Gebühren verbunden. Und wenn ein Fahrer glaubt, dass das Auto seines

Gelb, Rot, Schwarz — das Fahnen-Einmaleins der Formel 1

Flaggensignale übernehmen in der Formel 1 die Funktion des Kommunikators zwischen der Rennleitung und den Fahrern. Sie warnen vor Gefahrenstellen nach Unfällen, vor unerwartet rutschigen Streckenpassagen nach Ölverlusten oder überraschenden Regenfällen, vor gefährlichen Fahrzeugen oder langsamen Verkehrsteilnehmern auf der Strecke. Es gibt jedoch auch Signale, die nicht warnen, sondern bestrafen: Dann ist zumeist die Farbe schwarz mit im Spiel. Je nachdem, ob die Fahnen still gehalten, geschwenkt oder gar doppelt geschwenkt werden, besitzen sie eine andere Bedeutung. In der Saison 2001 wurden erstmals beleuchtete Signaltafeln getestet, die zum Teil die Flaggen ersetzen und den Streckenposten ihre gefährliche Arbeit erleichtern sollen. Außerdem denkt die FIA über ein elektronisch gesteuertes Tempolimit an Gefahrenstellen nach.

Achtung Gefahr: die gelbe Flagge bedeutet "Vorsicht"
Stillgehalten: Achtung, Gefahr neben der Strecke. Linie bewahren, keine Risiken eingehen, Überholverbot. Geschwenkt: Gefahr auf der Piste. Tempo verlangsamen und bereit halten für ein Ausweichmanöver, Überholverbot. Doppelt geschwenkt: Achtung große Gefahr — Strecke teilweise oder ganz blockiert. Tempo deutlich reduzieren und bereit halten zum Stoppen.

Achtung, Gefahr geht vom Auto aus
In Verbindung mit der Startnummer signalisiert diese Fahne, dass vom Auto des betroffenen Teilnehmers eine unmittelbare Gefahr ausgeht. Das Erscheinen an der Box ist in der nächsten Runde Pflicht. Erst wenn die Gefahr beseitigt wurde, darf das Rennen fortgesetzt werden.

Achtung: rutschige Fahrbahn
Still gehalten bedeutet dieses Signal, dass sich Öl auf der Fahrbahn befindet. Wird sie geschwenkt, ist die Fahrbahn sehr rutschig. Zeigen die Streckenposten dabei mit dem Finger auch noch gen Himmel, dann bedeutet dies: Überraschend einsetzender Regen. Vorsicht, große Gefahr!

Wird selten gezeigt: die Gelbe Karte der Formel 1
Letzte Verwarnung: Noch ein Vergehen und die Rennleitung wird den Teilnehmer mit der zugleich angezeigten Startnummer mit der schwarzen Flagge aus dem Rennen nehmen.

Vorsicht: langsames Fahrzeug
Die weiße Fahne hat in der Formel 1 nichts mit Kapitulation zu tun, sie warnt vor einem langsamen Fahrzeug, das auf der Strecke unterwegs ist — zum Beispiel Autos der Streckensicherung. Wird die weiße Flagge geschwenkt, dann geht von diesem Mobil eine akute Gefahr aus, weil es zum Beispiel ganz besonders langsam ist oder die Ideallinie kreuzt.

Schwarze Flagge: sofortige Disqualifikation vom Rennen
Jetzt gibt es keine Diskussion mehr: Der Teilnehmer, dessen Startnummer die Rennleitung zusätzlich zur bei Start-und-Ziel gezeigten Flagge heraushält, muss in den nächsten Runden unmittelbar an die Box kommen und das Rennen beenden. Zuwiderhandlungen werden mit empfindlichen Sportstrafen geahndet.

Blaue Flagge: überrunden lassen!
Auch dieses Fahnensignal besitzt wieder zwei unterschiedliche Bedeutungen: Wird die Flagge stillgehalten, nähert sich von hinten ein Fahrzeug, das überrunden möchte. Wird die Flagge geschwenkt, ist für den Betroffenen Schluss mit lustig: sofort überholen lassen, heißt dieser Befehl, ansonsten droht unmittelbar eine Stop-and-go-Strafe.

Rote Flagge: Rennabbruch
Die rote Flagge ist so etwas wie das Stoppschild unter den Fahnensignalen: Wird sie gezeigt, ist das Rennen beziehungsweise Qualifying mit sofortiger Wirkung abgebrochen. Alle Teilnehmer müssen ihr Tempo verlangsamen und an die Box zurückkehren.

Grüne Flagge: alles in Ordnung
Dieses Zeichen bedeutet Entwarnung: Die Gefahrenzone ist zu Ende, es darf normal weitergefahren werden. Während der Startaufstellung signalisiert die grüne Flagge dem Rennleiter auch, dass das letzte Fahrzeug im Starterfeld stillsteht. So gesehen erfüllt diese Fahne eine ähnliche Funktion wie die bis in die frühen 70er Jahre zum Grand Prix-Start geschwenkte Nationalflagge des ausrichtenden Landes.

Das Ziel vor Augen: die schwarz-weiß-karierte Flagge
Dieses Signal sehen alle Fahrer am liebsten und noch viel lieber als erste: Die berühmte "Checkered Flag", die schwarz-weiß-karierte Flagge, gibt das Ende des Rennens beziehungsweise des Trainings und Qualifyings bekannt. Und wer sie als erster sieht, hat das Rennen gewonnen.

Flaggen und ihre Bedeutung, die orange farbene Scheibe kündigt nicht den Sonnenuntergang an (Grafik: Michelin).

Konkurrenten »faul« ist, muss er neben der Protestgebühr auch noch einen Demontagekosten-Vorschuss hinblättern, und sollte er sich irren, trägt er alle Kosten einer in der Regel sehr aufwendigen, technischen Überprüfung und Instandsetzung.

Man mag über diese Spitzen der Motorsport-Bürokratie ins Grübeln geraten und sich fragen, ob das alles nicht insbesondere für die Amateure völlig überzogen ist. Doch im Gegensatz zum Fußball müssen die Schiedsrichter im Motorsport nur selten einschreiten. In neun von zehn Fällen laufen Motorsportveranstaltungen fair und geordnet ab, ohne dass die Sportkommissare ernsthaft eingreifen müssen. Man muss auch bedenken, dass ein Internationales Automobilsport-Gesetz natürlich alle Disziplinen und »Spielklassen« abdecken muss, der DMSB aber durch nationale »Richtlinien für Sportkommissare« dafür sorgt, dass die Schiedsrichter bei einem »Provinz-Rennen« nicht gleich den Hammer der härtesten Sanktionen schwingen können.

Das wichtigste Regelwerk für den angehenden Rennfahrer ist das »DMSB-Rennsport-Reglement«. Auf mehr als 20 eng bedruckten Seiten werden hier die Regeln und Abläufe für Rundstreckenrennen festgelegt. Das beginnt mit recht langweiligen und bürokratischen Definitionen und wird erst ein wenig interessanter, wenn man erfährt, dass man (natürlich!) für jedes Rennen ein Nenngeld bezahlen und einen Schlusstermin einhalten muss und der Veranstalter durchaus das Recht hat, eine Nennung ohne Angabe von Gründen abzulehnen! Danach erfährt man, dass jedes Rennen nach einem recht streng festgelegten Prozedere abläuft und man vor dem ersten »Roll-Out« zu einer Dokumenten-Abnahme anzutreten hat, anschließend die Startnummern anbringen muss, um das Auto dann der Technischen Abnahme vorzuführen. Hat man auch diese »Hürde« genommen, muss man auch schon zur Fahrerbesprechung eilen, deren Ort und Zeitpunkt exakt festgelegt sind. Mit der Nennungsbestätigung, spätestens aber bei der Dokumentenabnahme, erhält man einen Zeitplan, in dem exakt festgelegt ist, von wann bis wann das freie Training, das Pflicht- oder Zeittraining und das oder die Rennen stattfinden und wann und wo man sich dazu in einer Start-Voraufstellung einzufinden hat.

Ganz interessant sind dann die einzelnen Rennregeln: Erläutert werden z.B. die Startarten, der stehende Start mit paralleler oder versetzter Startaufstellung und der fliegende Start (Indianapolis-Start). Beim stehenden Start werden dem Teilnehmerfeld vor der Einführungsrunde Tafeln zum zeitlichen Ablauf gezeigt: »5 Minuten«, »3 Minuten – Helfer raus!«, »1 Minute« und »30 Sekunden« werden signalisiert, ehe die Ampel auf Grün schaltet und das Feld in die Einführungsrunde fährt. Zurück auf den Startplätzen gibt es dann noch das berühmte »5 Sekunden«-Schild, ehe alle Ampeln auf Rot schalten, die Motoren hochgedreht werden, bis der Starter durch »Grünschalten« den Start freigibt. Beim Indianapolis-Start fährt das Feld die Einführungsrunde hinter einem Führungsfahrzeug, das kurz vor Ende der Runde in die Boxengasse abbiegt. Nun bestimmt der Inhaber der Pole-Position, der Trainingsschnellste, das Tempo. Laut Reglement hat er sich »mit geringer Geschwindigkeit« der Startlinie zu nähern.

Für das Feld gilt die Devise: Position halten aber aufrücken und nicht zu viel Abstand zum Vordermann entstehen lassen. Die Ampel ist in dieser Phase noch auf Rot geschaltet und nur der Starter, der das Feld genau beobachtet, bestimmt, wann er auf Grün schaltet und das Rennen freigibt. Sie werden sich bestimmt fragen, ob wir glauben, es mit Erstklässlern zu tun zu haben, weil Sie dies alles doch schon X-mal im Fernsehen gesehen haben. Unsere Erfahrungen aus Sport-Fahrerlehrgängen, bei denen wir Startvorgänge üben, sind da allerdings anders: Dass und wie man im Starterfeld die Position hinter dem »Pole-Setter« halten muss, dass man innerhalb der Startreihen recht dicht aufschließen muss, wenn man nicht schon am Start hoffnungslos zurück fallen will, funktio-

Die speziellen Regeln für Rundstrecken-Rennen findet man im DMSB-Rennsport-Reglement (Foto: BMW).

niert auch bei der dritten Übung nur recht unzulänglich, so dass es nicht schaden kann, wenn man zum Thema Start ein wenig »Meditation« betreibt.

Im Rennsport-Reglement folgt dann eine sehr ausführliche Erläuterung der Bedeutung der einzelnen Flaggenzeichen, die inzwischen doch recht gut bekannt sind, seit ein Millionen-Publikum die Formel 1-Rennen »unseres Schumi« verfolgt. Wir wollen daher nur ein paar Feinheiten herausgreifen: Wird ein Training oder Rennen vom Rennleiter mit der roten Flagge abgebrochen, so fährt man die Runde langsam (zum Anhalten bereit!) und vorsichtig zu Ende, um anschließend in die Boxengasse und an die Boxen oder (!) an jenen Ort, den die Ausschreibung für diesen Fall vorsieht (!), zurückzukehren. Die schwarze Flagge in Verbindung mit der Startnummer eines Teilnehmers bedeutet, dass dieser sich irgendeinen Faux-Pas geleistet hat und bitte die Boxengasse anfahren muss, wo ihm alles weitere vom Rennleiter mitgeteilt wird. Dieses Signal bedeutet also nicht automatisch die Disqualifikation. Die schwarze Flagge mit der orangefarbenen Scheibe und einer Startnummer zeigt an, dass ein Fahrzeug einen so schwerwiegenden technischen Defekt hat, dass es innerhalb der nächsten Runden die Boxen anfahren muss. Also von wegen »Sonnenuntergang«! Und die rot-gelb-gestreifte Flagge, gemeinhin als »Öl-Flagge« bekannt, kann vom Streckenposten auch gezeigt werden, indem er gleichzeitig mit einer Hand zum Himmel zeigt. Das bedeutet dann, dass es in dem nun folgenden Streckenabschnitt zu regnen beginnt.

Gibt es beim Rennen einen Zwischenfall, der eine vorübergehende Neutralisierung erfordert, schickt der Rennleiter das Safety-Car auf die Strecke. Angezeigt wird dies durch ein Schild mit der Aufschrift »SC« und alle Streckenposten zeigen (stillgehalten) die gelbe Flagge. Das Safety-Car selbst erkennt man an der entsprechenden Aufschrift und drei gelben Rundumleuchten auf dem Dach. Für die Safety-Car-Phase gilt Überholverbot und das Rennsport-Reglement sieht vor, dass das Feld sich mit einem Abstand von ca. drei Fahrzeuglängen dahinter aufreiht. Natürlich will man mit dem Safety-Car »die Spitze einfangen«, d.h. der im Rennen Führende soll sich als erstes Fahrzeug hinter dem Safety-Car befinden. So kann es sein, dass der Beifahrer dieses Führungsfahrzeugs einige Autos vorbeiwinkt, bis der »Leader« in Sicht kommt. Natürlich muss man dieser Aufforderung Folge leisten!

Das Rennsport-Reglement gibt auch eine Reihe von Verhaltensregeln vor, die eigentlich logisch sind, von denen einige jedoch immer wieder missachtet werden: Bleibt ein Fahrzeug mit einem Defekt liegen, so muss es neben der Strecke geparkt werden. Keinesfalls darf man sein Rennauto vor oder hinter Kurven abstellen. Eine »Todsünde« ist es, entgegen oder quer zur Fahrtrichtung des Rundkurses zu fahren: Hier hat man recht oft erlebt, dass weniger erfahrene Piloten einige Meter zurücksetzten, weil sie die Boxeneinfahrt verpasst hatten. Auch das Rückwärtsfahren in der Boxengasse ist in jedem Fall verboten. In den Boxen darf keinerlei Werkzeug benutzt werden, das Funkenflug oder hohe Temperaturen erzeugt. Und bei fast allen Rennen gibt's in der Boxengasse ein Speed-Limit, das durch Radarmessung auch überwacht wird.

Erhält ein Teilnehmer eine Stop-and-go-Strafe, so hat er diese innerhalb der nächsten drei Runden anzutreten. In den letzten fünf Runden eines Rennens werden Stop-and-go-Strafen nicht mehr angezeigt, statt dessen wird die Strafzeit der Gesamtzeit bei Zieldurchfahrt hinzuaddiert.

Sehr weitreichend sind die sportjuristischen Bestimmungen in den letzten Artikeln des Rennsport-Reglements: Jeder Teilnehmer verzichtet pauschal und ohne Ausnahme auf jedes Recht des Vorgehens gegen den Veranstalter und seine Helfer, den Streckeneigentümer, vor allem aber gegen die anderen Teilnehmer (Bewerber, Fahrer, Mitfahrer). Dieser Verzicht gilt für Ansprüche jeder Art und alle Schäden, die im Zusammenhang mit dem Rennen entstehen könnten. Ausgenommen ist nur die vorsätzliche oder grob fahrlässige Schadensverursachung. Zudem nimmt jeder Teilnehmer auf eigene Gefahr an einem Rennen teil und er trägt die alleinige zivil- und strafrechtliche Verantwortung für alle von ihm oder seinem Fahrzeug verursachten Schäden. Das bedeutet im Klartext, dass bei Unfällen keinerlei Schadenersatzansprüche gestellt werden können, es sei denn, es sind »Vorsatz« oder »grobe Fahrlässigkeit« nachzuweisen. Das bedeutet auch, dass der »Verzicht des Vorgehens« die Anrufung ordentlicher Gerichte ausschließen soll und sich jeder Lizenznehmer nur und ausschließlich dem Sportgericht des Verbandes zu stellen hat. Das funktioniert in der Praxis auch ganz fabelhaft und hat auch eine gewisse Logik, denn man kann nicht wegen jedem Blechschaden das Rennen stoppen, um von der Polizei den Unfallhergang rekonstruieren zu lassen. Kritisch werden diese Passagen, wenn Menschen zu Schaden kommen. Dann springt zwar die Haftpflichtversicherung des Veranstalters ein, jedoch wird bei schweren Unfällen stets der Staatsanwalt auftauchen und frei darüber befinden, ob er – Verzichte hin oder her – nicht doch ein Verfahren vor einem ordentlichen Gericht einleiten muss.

Gottlob sind solche Zwischenfälle sehr, sehr selten, denn – es mag überraschen – der Rennsport liegt in der Statistik der gefährlichen Sportarten auf eher hinteren Plätzen. Die Regeln haben sich zudem in der Praxis seit Jahrzehnten bewährt. Sie sorgen dafür, dass Automobilsport sehr diszipliniert abläuft und Auswüchse schon im Keim erstickt werden. Jeder, der am Rennsport teilnehmen möchte, muss sich jedoch darüber klar sein, dass er damit eines der teuersten Hobbys gewählt hat und er neben dem ja kalkulierbaren Eigenaufwand auch Reserven braucht, um sein Auto wieder zu richten, wenn es ein anderer Teilnehmer demoliert hat: Motorsport zum Nulltarif gibt es nicht.

Karrieren, die mit sechzehn im Formel König beginnen (Foto: VW) ...

... enden nur sehr selten in der Formel 1 - aber träumen ist erlaubt und der Weg ist das Ziel (Foto: Daimler-Chrysler).

Nach eigenen Regeln: Rallyesport ist Freiheit und Faszination (Foto: VW).

5.4 Rallye-Regeln

Kurz und knapp fasst sich *Meyers Großes Handlexikon*: »Rallye, die, Automobilwettbewerb über eine oder mehrere Etappen«. Als Motorsport-Fan weiß man etwas mehr. Aus dem Fernsehen kennt man die faszinierenden Bilder vom einsamen Kampf gegen die erbarmungslos tickende Uhr, auf Asphalt, Schotter und Schnee driften Rallyeautos, vom Hubschrauber aus eingefangen, die Berge hinauf, stürzen sich waghalsig ins Tal, durchqueren die Savannen Kenias, springen über die Hügel und Höcker an den Seen Finnlands oder durchkreuzen die Wälder von Wales oder die Weiten Australiens. Die Inboard-Kamera zeigt die Artistik der Fahrer, den fortwährenden Stepptanz auf den Pedalen, das Lenken und Gegenlenken, den Gebrauch der Handbremse als Lenkhilfe und die »TV-Wanzen« übermitteln die Ansagen des Beifahrers, der die Strecke aus seinem Aufschrieb vorbetet. Statt Pausen gibt es Service-Zeiten, in denen pfiffige Mechaniker die »große Inspektion« mit Differential- und Getriebewechsel, für die jede normale Werkstatt einige Tage einkalkulieren würde, innerhalb von 20 Minuten erledigen. Rallyesport ist Teamwork. Wer sich für Details interessiert, kann zum *DMSB-Rallye-Reglement* greifen, wo auf 43 mit kleinster Schrift eng bedruckten Seiten alle Spielregeln der wohl faszinierendsten Motorsport-Disziplin nachzulesen sind.

Da erfährt man, dass auch der Beifahrer jederzeit das Steuer übernehmen darf und dass die Leistung der teilnehmenden Autos auf ca. 300 PS limitiert ist. Beides ist wohl graue Theorie! Interessanter wird's schon bei der Klasseneinteilung. Wer die sorgfältig durchforstet wird feststellen, dass man an einer »Rallye 200« nach dem nationalen B-Reglement schon

Bilden eine Einheit: Der Fahrer – Armin Schwarz durch's Lenkrad betrachtet – (Foto: Hyundai) …

… der Beifahrer, wie hier Phil Mills bei schweißtreibender Arbeit in Australien (Foto: Subaru) und …

… das Team, wie die »Heinzelmännchen« von Mitsubishi beim Service am Delecour-Lancer (Foto: Mitsubishi).

mit einem sehr seriennahen Kleinwagen (Gruppe G) oder einem in Eigenregie aufgebauten »Youngtimer« (Gruppe F) teilnehmen kann und keineswegs einen aus der WM-Szene bekannten Gruppe A-Renner der High-Tech-Kategorie anschaffen muss.

Bei den großen, internationalen Rallyes benötigen Fahrer und Co eine Internationale C-Lizenz, während man eine kleine »Rallye 200« schon mit Führerschein und Tageslizenz bestreiten darf. Als Beifahrer kann man sich hier schon mit 14 versuchen, mit einer speziellen Beifahrer-Lizenz.

Wer Beifahrer und Auto gefunden hat, darf sein Fahrzeug auch professionell beschriften, damit er's nicht irgendwann verwechselt: Namen und Staatsflagge der Fahrer müssen bei internationalen Rallyes auf den vorderen Kotflügeln oder hinteren Seitenscheiben angebracht sein. Das Reglement schreibt sogar die Schrift (Helvetica bold), die Größe (10 cm hoch) und die Farbe (weiß) vor.

Auf den Transportetappen im öffentlichen Straßenverkehr, wo es nur darum geht, von der einen Wertungsprüfung zur nächsten zu fahren, sind die Straßenverkehrs-Bestimmungen strikt einzuhalten. Bereits beim ersten kleinen Verstoß wird eine Geldstrafe von 100,– € fällig, bei der zweiten Übertretung gibt es 5 Minuten Zeitstrafe und der dritte Faux-Pas führt zum Wertungsverlust. Bei Geschwindigkeitsübertretungen um mehr als 50 % wird ein Team unabhängig von anderen Verstößen sofort nach Hause geschickt.

Die verbindliche Streckenführung der Transportetappen und Wertungsprüfungen wird im Bordbuch (Road-Book) mit international einheitlichen Kreuzungs-Zeichen (Symbolen) eindeutig festgelegt. Die im Road-Book vorgeschriebene Strecke muss exakt eingehalten werden und man darf sie keinesfalls verlassen. Für die Transportetappen setzt der Veranstalter großzügige Sollzeiten nach einem recht locker einzuhaltenden Schnitt von etwa 40 km/h. Damit auch unerwartete Pannen nicht zur planlosen Raserei führen, gibt es zudem eine (zumeist strafpunktfreie) Karenz von 30 Minuten für jede Sektion und 60 Minuten für die gesamte Rallye.

Bei einer internationalen Rallye darf eine Wertungsprüfung maximal 25 km (plus 5 % Toleranz) lang sein. Die Gesamtlänge aller Wertungsprüfungen darf 250 km (Rallye-WM: 400 km) nicht überschreiten. Bei der »Rallye 200«, wo sich Einsteiger und Nachwuchsfahrer oder die darauf spezialisierten Amateure tummeln, ist die Länge der einzelnen Prüfung auf 6 km und die Gesamtlänge aller Prüfungen auf 35 km begrenzt. Dafür kann es bei einer »Rallye 200« aber noch traditionelle Orientierungsetappen geben, die mindestens 5 und maximal 20 km lang sind. Hier wird die Strecke mit Hilfe von Skizzen, Chinesenzeichen oder anderen verschlüsselten Aufgabenstellungen dargestellt. Die Route ist nach Karte zu fahren und das richtige und fehlerfreie Navigieren stellt hohe Anforderungen an den Beifahrer, der hier noch ein waschechter Pfadfinder sein muss. Während die Bestzeitprüfungen mit einer Genauigkeit von zehntel Sekunden gemessen und bewertet werden, sind Orientierungsetappen nach Sollzeiten in ganzen Minuten und mit einem Schnitt von maximal 40 km/h zu absolvieren. Und damit man ganz genau weiß, wann man wo anzukommen hat, muss in Deutschland die Veranstalter-Zeit der offiziellen Zeitansage der Deutschen Telekom entsprechen.

Bei den größeren Rallye entscheiden nur die Bestzeitprüfungen über Sieg, Platz oder Niederlage. Gestartet wird einzeln, stehend und mit laufendem Motor. In der Regel starten die Fahrzeuge im Abstand von einer Minute. Bei einer »Rallye Akropolis«, wo der Staub undurchdringlich in der Luft steht, können es auch einmal zwei Minuten sein. Die Zeitnahme erfolgt mit synchron laufenden, elektronischen Uhren (Zeitdruckern) an Start und Ziel. In einem festen Ritual kündigt der Starter die letzten 30, 15 und 10 Sekunden laut und vernehmlich an, ehe er die letzten 5 Sekunden einzeln herunter zählt. Wird im Verlauf einer Wertungsprüfung ein Fahrzeug von einem schnelleren eingeholt, so ist der vorausfahrende Fahrer verpflichtet, dem

Seit einigen Jahren ist der Service nur in wenigen, festen Arealen erlaubt. Mit den »klinisch-reinen Werkstätten« ist eine Menge vom alten Flair verloren gegangen (Foto: Peugeot).

Schnelleren das Überholen sogleich zu ermöglichen, gegebenenfalls sogar durch Anhalten rechts oder links von der Strecke. Das Ziel einer WP ist stets fliegend zu durchfahren und erst 250 bis 300 Meter nach der Zielflagge steht die Stop-Kontrolle, an der obligatorisch anzuhalten ist. Über Funk oder Telefon ist diese Stop-Kontrolle mit dem Ziel verbunden, so dass die Zielzeit und somit die Fahrtzeit übermittelt und ins Kontrollheft eingetragen werden kann. Die Zeiten der Teilnehmer werden permanent in die Auswertungszentrale im Rallye-Hauptquartier übermittelt, so dass wenige Minuten nach Zielankunft des letzten Teilnehmers bereits das Klassement der jeweiligen WP und das jeweils aktuelle Gesamtklassement veröffentlicht wer-

Auf den übrigen Verbindungsstrecken sind Fahrer und Beifahrer auf sich allein gestellt, wie hier der zweimalige Weltmeister Grönholm (hinten) mit Co Rautiainen (Foto: Peugeot).

den können. Besteht eine Rallye aus mehreren Etappen, so wird zu einer neuen Etappe in Reihenfolge des Gesamtklassements der vorausgegangenen Schleife gestartet.

Ein Training mit Höchstgeschwindigkeit ist im Rallyesport aus verständlichen Gründen nicht möglich. Man kann die Wertungsprüfungen in den Tagen vor der Rallye jedoch abfahren. Die Ausschreibung legt fest, wann und wie oft, welche Geschwindigkeitsbeschränkungen gelten und wie diese überwacht werden. Bei dieser Gelegenheit erstellt das Team übrigens den Streckenaufschrieb, der vom Fahrer diktiert und vom Copilot in einer besonderen Kurzschrift im »Gebetbuch« notiert wird.

Während der gesamten Veranstaltung dürfen Reparaturen und Servicearbeiten nur in den vom Veranstalter ausgewiesenen Servicezonen durchgeführt werden. Nur Fahrer und Beifahrer dürfen jederzeit auch außerhalb dieser Servicezonen an ihrem Auto arbeiten, aber sie dürfen dabei nur das an Bord mitgeführte Werkzeug benutzen. Während bei den großen, internationalen Rallyes selbst die Privatfahrer von mindestens einem Servicewagen, besetzt mit pfiffigen Mechanikern, begleitet werden, ist diese Form der Hilfe bei der »Rallye 200« verboten. Um den Aufwand strikt einzugrenzen, dürfen hier nur Fahrer und Beifahrer am Auto arbeiten und das benötigte Werkzeug müssen sie an Bord mitführen.

Während bei den großen Rallyes hinsichtlich der benutzten Reifen keinerlei Beschränkungen bestehen – in Deutschland sind profillose Slicks allerdings verboten –, müssen sich die Teilnehmer einer »Rallye 200« vor dem Start für einen Satz Reifen und maximal zwei Ersatzräder des gleichen Reifentyps entscheiden. Diese Reifen werden gekennzeichnet und dürfen während der Rallye nicht mehr ausgetauscht werden.

Am Start (Startpark), am Ende einer jeden Etappe und am Ziel muss der Veranstalter einen abgeschlossenen Parkplatz für alle Teilnehmerfahrzeuge bereit stellen. Hier gelten dann die Bestimmungen des Parc fermé, nach denen jegliche Reparaturarbeiten inklusive Reifenwechsel und Nachtanken streng verboten sind.

Für die Auslegung der Bestimmungen einer Rallye sind ausschließlich die vom Verband delegierten Sportkommissare verantwortlich, die auch über Einsprüche und Proteste entscheiden. Im internationalen Geschäft gibt es drei, bei nationalen Rallyes zwei dieser Schiedsrichter.

Wer Rallyefahrer werden möchte, ist gut beraten, wenn er sich auf den Einstieg fahrerisch vorbereitet. Leider sind die Zeiten im Vergleich zu den sechziger und siebziger Jahren härter und komplizierter geworden: Die Möglichkeiten, mit dem eigenen Auto hinaus in die Natur zu fahren, um auf Feld- und Waldwegen mit ersten Trainings zu beginnen oder im Winter auf einsamen, schneebedeckten Straßen die ersten Driftversuche zu wagen, sind längst vorüber. Die entsprechenden Wege und Flächen sind inzwischen mit deutscher Gründlichkeit so beschildert, dass sie nur noch dem land- und forstwirtschaftlichen Verkehr zugänglich sind und jeder, der sie unbefugt benutzt, eine deftige Anzeige riskiert. Und einsame, verschneite Straßen gibt es in den meisten Gegenden nicht mehr, weil entweder die gestiegene Verkehrsdichte jederzeit und überall Mitbenutzer garantiert oder herbei eilende Streu- und Räumdienste einem den Spaß buchstäblich versalzen. Verwerfen Sie daher bitte jeden Gedanken daran, im öffentlichen Verkehr das Rallyefahren zu erlernen!

Leider hat der Motorsport-Verband es versäumt, hier bei Zeiten entsprechende Strukturen zu schaffen, Trainingsgelände und Schulungszentren aufzubauen, Trainer zu gewinnen und regelmäßig Rallye-Lehrgänge durchzuführen. Mit Ausnahme einzelner, gelegentlich in die Szene tretender privater Anbieter, gibt es in Deutschland kaum noch Rallye-Lehrgänge. Eine rühmliche Ausnahme findet man beim ADAC, der – leider auch nicht oft genug – mit einer gewissen Regelmäßigkeit seine »Rallye-Schule« anbietet. Insgesamt aber ist die

Infrastruktur für den Rallyesport in Deutschland unzureichend: Selbst für die wenigen »Förderer« ist es meistens schwierig, für ihre Schulungen ein Naturgelände zu bekommen und nicht selten müssen die Lehrgänge auf Rennstrecken stattfinden, was – wenn man an die herrlichen Schotterpfade in der Rallye-WM denkt – auch nicht das Gelbe vom Ei ist. Durch die fehlenden Strukturen ist (leider) auch das Interesse am Rallyesport spürbar zurückgegangen: Ich selbst habe in den siebziger und in den frühen achtziger Jahren noch regelmäßig Rallyefahrer-Lehrgänge durchgeführt und hatte mitunter über 100 Teilnehmer. Heute bekomme ich nur noch gelegentlich einzelne Anfragen zu solchen Veranstaltungen.

Daher fällt es schwer, Rallye-Interessenten ein systematisches Lern- und Aufstiegsprogramm aufzuzeigen – es gibt schlichtweg keines! Andererseits: Ein Fahrsicherheitstraining zu Beginn ist immer richtig! Und wer danach kein Angebot für einen speziellen Rallyefahrer-Lehrgang findet, investiert richtig, wenn er statt dessen einen Sportfahrer-Lehrgang auf der Rennstrecke besucht: Vielleicht ist er danach schon ein guter Asphalt-Spezi? Anschließend gibt's dann zumeist nur das, was man neudeutsch »Learning-by-Doing« nennt: Man muss sich der Realität des harten Wettbewerbs stellen. Keine Angst, auch in Deutschland kann man klein anfangen, denn es gibt kompakte, kleine, nationale Rallyes, deren Gesamtstrecke maximal 200 km lang ist (in den meisten Fällen ist die Gesamtdistanz noch erheblicher kürzer) und in deren Verlauf man drei bis fünf Bestzeitprüfungen von vielleicht je 3 bis 6 km Länge absolvieren kann.

Leider kann man aber nicht mit dem völlig serienmäßigen Straßenauto zur Rallye fahren: Die notwendigen und sinnvollen Sicherheitsvorschriften des DMSB sehen vor, dass ein Rallyeauto auch in der seriennahen Gruppe G wenigstens mit einem Überrollkäfig aus Stahl und einem Feuerlöscher ausgerüstet sein muss. Und wenn die Rallye, bei der man seine »ersten Drifts« wagen möchte, über Schotter- oder Naturstraßen führt, sollte man auch an einer soliden Motor- und Getriebe-Schutzvorrichtung nicht sparen – die aufgeschlitzte Ölwanne und der möglicherweise darauf folgende Motorschaden sind teurer! Aus Erfahrung kann man sagen, dass man zwischen 1.500,- und 2.500,– € für die Erstausrüstung aufwenden muss. Dabei kommt es auf das handwerkliche Geschick und die »Beschaffungskünste« an, ob in diesem Budget auch schon das (eigentlich zwingend notwendige) Rallye-Fahrwerk (Federn, Stoßdämpfer) enthalten ist. Es macht wenig Sinn, gleich auf der ersten Bodenwelle abzuheben und in den ersten Löchern wie eine Granate einzuschlagen, nur weil das viel zu weiche Serienfahrwerk hoffnungslos überfordert ist.

Bevor man seinen ersten Wettbewerb angeht, sollte man jedoch die Reglements kennen: Für jede Fahrzeug-Gruppe gibt es beim DMSB ein technisches Reglement das man anfordern kann und durchlesen sollte. Speziell für den Rallyesport gibt es das zuvor auszugsweise erläuterte »DMSB-Rallye-Reglement«, ein Buch mit allen Regeln und Bestimmungen. Und für jede Veranstaltung gibt es eine Ausschreibung, in der man von A (wie »Abnahme«) bis Z (wie »Zielankunft«) alle Informationen zu dieser Rallye vorfindet.

Damit sind unsere Ratschläge für den Rallye-Einsteiger auch schon erschöpft. Alle Storys, nach denen die im Rallyegeschäft engagierten Werke und Teams auf die (jungen) Talente nur warten und ihnen gerne einen Werkswagen für Testfahrten bereitstellen oder gar einen Einsatz ermöglichen, sind nichts weiter als Märchen. Vergessen Sie's und sparen Sie sich jedes Blatt Papier und jeden Groschen Telefongebühren (Sie können uns aber auch für unverbesserliche Pessimisten halten und selbst Ihre Erfahrungen sammeln).

Eine durchaus interessante und mit größeren Erfolgsaussichten gesegnete Alternative besteht übrigens darin, den Job des Beifahrers anzustreben. Copiloten im Rallyesport sind gefragte Spezialisten, über deren Handwerk dicke Bücher geschrieben wurden.

Selbst kleine Teams wie Hyundai warten nicht auf Nobodys sondern verpflichten Weltklasse-Piloten. Der Sprung in ein Profi-Team ist zumeist einen dornenreicher Weg (Foto: Hyundai).

Wer's dann geschafft hat, kann's in vollen Zügen genießen: In jeder Kurve einige hundert Fans, oft mehr als 500.000 pro Tag, Faszination Rallye-WM (Foto: Mitsubishi).

Ausgewogene, vitamin- und nährstoffreiche Kost während der Etappenpause: Skoda-Werksfahrer Bruno Thiry und Armin Schwarz - rechts (Foto: Skoda).

6. Fitness und Ernährung

6.1 Richtige Ernährung

Die Liebe geht bekanntlich durch den Magen und leider ist für (zu) viele Menschen das Essen auch die einzig wahre Liebe ihres Lebens, das sich zwischen Kühlschrank, opulenten Mahlzeiten, Fast-Food-Restaurants und Imbissstuben abspielt. In einer schnelllebigen Zeit ist es offenbar schwer, das Richtige zu sich zu nehmen. Für viele mündet das in Rettungsring und Scheinschwangerschaftsbauch. Wer erfolgreich Motorsport betreiben möchte, muss sich da ausklinken und um die erforderliche Leistungsfähigkeit zu erhalten, bewusst und gesund ernähren. Zu einer guten körperlichen Fitness durch permanente sportliche Aktivität gehört eine ausgewogene Ernährung. Hierbei ist auf fettarme, vitamin- und nährstoffreiche Kost zu achten. Diese ist leicht verdaulich und liefert dem Körper die Energiereserven, die er unter Belastung braucht.

Ganz oben auf der Hitliste der Ernährungssünden steht industriell veränderter Zucker. An Stelle des bekömmlichen Fruchtzuckers (Frukose) verzehren wir heute fast nur noch Glukose aus Süßigkeiten, Brot, Gebäck oder

Frisches Obst als Zwischenmalzeit ist besser als jeder Big Mac (Foto: Motor-Events).

Tomaten- und Fruchtsäfte liefern wichtige Vitamine (Foto: Motor-Events).

Nudeln. Genetisch ist unserem Körper Glukose fremd, so dass er vermehrt Insulin produzieren muss, um Fett- und Muskelzellen zu beliefern. Der Insulin-Sparmechanismus verkümmert und der Zucker schießt (insbesondere bei Menschen mit wenig Bewegung) ungehemmt ins Blut. Die Bauspeicheldrüse arbeitet auf Hochtouren, um einen konstant hohen Insulinspiegel zu produzieren. Der wiederum blockiert den Fettstoffwechsel. Gleichzeitig wird das Überangebot an Zucker biochemisch in Fettsäuren umgewandelt und wenn die nicht durch sportliche Betätigung sogleich abgebaut werden, bilden sich Fettdepots, die man allzu bald mit bloßem Auge erkennen kann.

Frisches Obst und Fruchtsäfte, Brot und Nudeln als Vollkornprodukte, Soja- statt Getreide-Brot, wenig Kartoffeln, Trockenobst als Zwischenmahlzeit, Essig und hochwertiges Öl als Salatdressing, Gemüse-Gerichte als Hauptmalzeit und ein strikter Verzicht auf alle Softdrinks wie Cola oder Limonade bieten dem »falschen Zucker« die Stirn.

Eine weitere Zivilisationskrankheit ist der übermäßige Verzehr tierischen Fettes. Bei vielen Zeitgenossen liegt der tägliche Fettkonsum bei über 40 Kalorien-Prozent der gesamten Kalorien-Zufuhr eines Tages. Fleisch- und Wurstprodukte, Milchfette im Käse, Sahne-Produkte und gehärtete Pflanzenöle liefern einen unablässigen Fett-Nachschub. »Ideale Tankstellen« sind Fastfood-Restaurants und Schnellimbisse. Mit einem Gramm Fett nimmt man übrigens 9,3 kcal zu sich, mehr als das Doppelte des Kaloriengehalts von Kohlenhydraten. Der Cholesterin-Stoffwechsel gerät aus dem Gleichgewicht, beim Mann kommt es zu einer vermehrten Produktion von Hormonen in der Nierennebenrinde und damit zu erhöhten Östrogenwerten. Aktive Zeitgenossen und Sportler lassen es erst gar nicht so weit kommen: Fleisch und Wurstprodukte stehen hier nur einmal wöchentlich auf dem Plan und beim Käse achtet man streng auf den Fettgehalt. Auf panierte oder frittierte Speisen sollte man ganz verzichten und Eier – in welcher Form auch immer – sollten sparsam verzehrt werden (wie wär's mit dem berühmten Frühstücksei am Sonntag?). Auch Schokolade, Kuchen, Bon-

bons und Speiseeis gibt's nicht oder nur zu besonderen Anlässen.

Milch und Milchprodukte sind obligatorisch fettreduziert und mager, Sahne oder Crème fraiche werden ganz aus der Küche verbannt. Zweimal pro Woche gibt's frischen Seefisch, der Eiweiß, Kalzium und Vitamin D liefert (Vorsicht vor Fischen aus Zuchtbetrieben – Fischmehl und mitunter Antibiotika haben deren Nährstoffe möglicherweise zerstört). Zum Braten, Backen und Kochen werden nie gehärtete Fette (Biskin, Palmin, Margarine) sondern hochwertige, kalt gepresste Olivenöle benutzt. Auch zum Salat gibt's an Stelle des mächtigen Sahnedressings stets nur eine bekömmliche Soße aus Essig und Pflanzenöl.

Wer regelmäßig Sport betreibt, sollte die Fett-Zufuhr allerdings nicht völlig einstellen: Vor allem bei Ausdauersportarten, wo ein hoher Energieverbrauch besteht, darf die Fettzufuhr nicht zu stark reduziert werden, da es sonst schlicht unmöglich ist, genügend Energie aufzunehmen. Bei einer zu geringen Fettaufnahme (weniger als 25 Energie-Prozent) ist die Zufuhr an essentiellen (lebensnotwendigen, aber nicht vom Körper selbst herstellbaren) Fettsäuren nicht unbedingt sichergestellt. Auch die Aufnahme fettlöslicher Vitamine ist nur gewährleistet, wenn auch Fett in der entsprechenden Mahlzeit vorhanden ist. Für den trainierten Körper empfehlen Ernährungswissenschaftler 25 bis 30 % anteiliges Fett in der gesamten Energieaufnahme.

Zur ausgewogenen Ernährung gehört auch ein ausgeglichener Proteinhaushalt. Während physisch inaktiven Personen pro Kilogramm Körpergewicht 0,8 Gramm Einweiß pro Tag zu sich nehmen sollten (ein 75 Kilo schwerer Mann benötigt demnach 60 Gramm), haben physisch Aktive praktisch aller Sportarten einen weit höheren Proteinbedarf (genau genommen ist es ein Bedarf an Stickstoff und essentiellen Aminosäuren). Der Proteinbedarf liegt sowohl für Kraft- wie auch Ausdauersportler bei etwa 1,5 Gramm je Kilogramm Körpermasse. Der erhöhte Proteinbedarf bedingt aber nicht zwangsläufig, dass Proteinpräparate eingenommen werden müssen. 100 Gramm tierisches Nahrungseiweiß bildet etwa 60 Gramm Körpereiweiß. Aus pflanzlichem Eiweiß finden nur 45 Gramm den Weg ins Körper-Depot. Empfehlenswert ist eine pfiffige Mischung: Weizen und Milch (Müsli), Kartoffeln und Ei, Hülsenfrüchte, Fisch und Fleisch. Optimaler Eiweißlieferant ist übrigens die Linse, die 23 % Eiweiß bei weniger als 1 % Fett enthält. Sie steht stellvertretend für andere fettarme Lebensmittel wie Bohnen, Erbsen, Weizen, Hirse oder Hafer. Milchprodukte, Fisch und Fleisch liefern das benötigte Eiweiß nur in Gesellschaft mit Fett.

Kampf dem Fett: Gemüse statt Fleisch (Foto: Motor-Events).

Milch und Müsli als Proteinlieferanten (Foto: Motor-Events).

Kohlenhydrate als Energiequelle: Spaghetti (Foto: Motor-Eents).

Eiweiß pur bieten Eiweißdrinks aus der Apotheke, die immer dann sinnvoll sind, wenn die heimische Küche den ausgewogenen Proteinhaushalt nicht gewährleisten kann. Die Eiweißtanks des Körpers müssen langsam und kontinuierlich aufgefüllt werden. Zu viel Eiweiß auf einmal nutzt nichts und schadet den Nieren. Ideal wäre, den täglichen Eiweißbedarf alle vier Stunden »in Portionen« zu sich zu nehmen, denn nach vier Stunden hat das Eiweiß den Körper über die Nieren wieder verlassen.

Die wichtigste Energiequelle stellen Kohlenhydrate dar, denn sowohl das zentrale Nervensystem als auch die roten Blutkörperchen sind obligatorisch auf die Zufuhr von Glucose angewiesen. Ohne eine genügende Zufuhr an Kohlenhydraten ist auch keine Fettsäureoxidation möglich. Idealerweise besteht eine Sporternährung zu etwa 60 Energieprozenten (nicht Gewichtsprozenten!) aus Kohlenhydraten. Ein solch hoher Anteil ist in der Basisernährung jedoch nicht einfach zu erreichen.

Vitamine und Mineralstoffe gehören wohl zu den Nährstoffen, die von den Herstellern von Nahrungsmittelsupplementen am stärksten vermarktet werden. In Amerika sind sie längst so etwas wie Wundermittel. Doch nicht nur der Vitamin- und Mineralstoff-Mangel, auch die Überdosierung kann negative gesundheitliche Folgen nach sich ziehen. Wer mehr als das Doppelte des täglichen Bedarfs zu sich nimmt, ist eindeutig überversorgt. Man sollte also auf eine ausgeglichene Vitamin- und Mineralstoffeinnahme achten.

Beim Vitamin C liegt die wissenschaftlich gesicherte Empfehlung bei einer Tages-Dosis von ein bis drei Gramm. Dazu müsste man täglich 1/4 Liter frisch gepressten Orangensaft trinken oder 250 Gramm Erdbeeren essen. Weil für den Normalverbraucher hier schon der Nachschub schwierig ist, empfiehlt sich ein Präparat aus der Apotheke, das man zudem über den Tag besser portionieren kann.

Fast noch wichtiger ist eine ausreichende Aufnahme von Vitamin E. Vitamin E neutralisiert bösartiges Cholesterin, mindert das Herzinfarkt- und Krebsrisiko und stärkt das Immunsystem. Gute Vitamin E-Lieferanten sind Weizenkeimöl, Haselnüsse und Sonnenblumenkerne.

Zu den empfehlenswerten Nahrungsergänzungen zählt auch Koffein, das die Freisetzung von Fettsäuren aus Fettdepots fördert. Um jedoch den gefürchteten Gefäßkiller-Effekt auszuschließen, sind mehr als drei Tassen Kaffee pro Tag zu vermeiden. Auch Jod macht dem Fettstoffwechsel Beine. Wer eine gesunde Schilddrüse hat und von seinem Hausarzt kein Veto bekommt, sollte seine Speisen mit jodiertem Salz würzen. Ein toller Fettkiller ist auch Kalzium. Chronischer Kalziummangel führt zu einer vermehrten Produktion von Vitamin D und Parathormon. Das senkt die Körpertemperatur, der Grundumsatz geht zurück und die Fettdepots wachsen an. Zu den natürlichen

Kalziumquellen zählen Milch und Milchprodukte. Kann man mit ihnen den täglichen Bedarf von 1.000-1.200 mg nicht decken, empfehlen sich Kalzium-Produkte aus der Apotheke.

Milch, Käse, Hasel- und Erdnüsse, Fisch- und Soja-Protein sowie Naturreis liefern jene Aminosäuren, die der Körper nicht selbst herstellen kann, wie Phenylalanin und Arginin. Diese steigern einerseits die Produktion des »Appetitzüglers« Cholecystokinin und fördern andererseits die Produktion von Wachstumshormonen in der Hirnanhangdrüse. Das wiederum verkürzt die Regeneration und steigert die körperliche und geistige Belastbarkeit. Ein Glas Milch oder die Tüte Studentenfutter erlangen daher als Zwischenmalzeit eine ganz neue Bedeutung.

Ein Formel-1 Fahrer verliert während eines Rennens bis zu 2,5 Liter Flüssigkeit. Ähnlich sieht es bei den Rallye-Piloten aus, die je nach Prüfungscharakter und Jahreszeit einen noch größeren Flüssigkeitsverlust beklagen. Um die Flüssigkeitsbilanz ausgeglichen zu halten, muss die Basis-Flüssigkeitsaufnahme von 2 bis 3 Liter pro Tag durch zusätzliche 1,2 bis 1,5 Liter Wasser pro Kilo Flüssigkeitsverlust »aufgefüllt« werden. Erfolgt die physische Belastung unter extremen Klimabedingungen, können auch große Flüssigkeitsverluste durch die Atmung entstehen. In der Lunge wird die eingeatmete Luft mit Wasserdampf gesättigt, so dass schließlich pro Kubikmeter ausgeatmeter Luft 45 Gramm Wasser verloren gehen. Bei kalter oder heißer und trockener Umgebungsluft verdunsten somit etwa 0,2 bis 0,3 Liter Flüssigkeit pro Stunde schon bei moderater physischer Aktivität.

Wasser ist der wichtigste leistungsbegrenzende Faktor bei jeder physischen Belastung: Bereits Verluste von knapp zwei Prozent der Körpermasse in Form von Schweiß können die physische Leistungsfähigkeit erheblich vermindern. Wasser erfüllt aufgrund seiner chemischen und physikalisch-chemischen Besonderheiten eine Reihe von biologisch wichtigen Funktionen im Körper. Die wichtigste Funktion bei körperlicher Anstrengung ist die Regulation

Salat, Salat, Salat: Lecker und vitaminreich, ohne den Cholesterin-Haushalt zu belasten (Foto: Motor-Events).

Ein Formel 1-Fahrer verliert während eines Rennens bis zu 2,5 Liter Wasser – ständiges »Nachtanken« ist auch bei den Rallyeprofis (hier Marcus Grönholm) angesagt (Foto: Peugeot).

des Wärmehaushaltes (Thermoregulation). Die Energiegewinnung aus den Nährstoffen ist ein energetisch ungünstiger Prozess: Nur etwa 20 bis 25 % der chemischen Energie kann in mechanische Energie umgewandelt werden. Aus den restlichen 75 bis 80 % entsteht Wärme. Ein Beispiel: Der Energieverbrauch für eine Stunde moderaten Joggings beträgt grob gesehen 3.000 bis 4.000 kJ. Davon werden etwa 2.200 bis 3.200 kJ als Wärme abgegeben. Wird dem Körper etwa 3,5 kJ pro kg Körpermasse zugeführt, so erhöht sich dessen Temperatur um etwa ein Grad Celsius, d.h. es sind etwa 70 x 3.5 kJ = 240 kJ nötig, um bei einer 70 kg schweren Person die Temperatur um ein Grad anzuheben (Williams, 1997). Eine Stunde Jogging würde somit die Temperatur um etwa 10 bis 15 Grad anheben, falls es keinen Mechanismus zur Kühlung geben würde. Das Verdunsten von Wasser ist ein sehr effizienter Kühlungsmechanismus. Beim Verdunsten von einem Liter Wasser wird dem Körper etwa 2.400 kJ Energie sprich Wärme entzogen. Es muss somit etwa 1 bis 1,5 Liter Schweiß von der Körperoberfläche verdunsten, um dem Körper etwa die Menge an Wärme zu entziehen, die ihm durch die Energiegewinnung während einer Stunde moderaten Joggings zugeführt wurde. Da nicht aller Schweiß verdunstet, sondern ein gewisser Teil abtropft, ohne eine Kühlfunktion auszuüben, bedarf es eines größeren Schweißverlustes, um die gesamte Wärmemenge abführen zu können. Dies ist aber nur möglich, wenn im Körper genügend Flüssigkeit vorhanden ist (d.h. ausreichend getrunken worden ist).

Der tägliche Wasserbedarf beträgt etwa 2 bis 3 Liter oder etwa 0,8 Liter pro 4 MJ aufgenommener Energie (Schweißverluste nicht berücksichtigt). Er wird in der Regel etwa je zur Hälfte durch die Einnahme von Getränken und fester Nahrung gedeckt. Die schweißbedingten Verluste müssen zusätzlich ausgeglichen werden, dabei sollte pro Liter Schweiß etwa 1,2 bis 1,5 Liter Flüssigkeit zusätzlich aufgenommen werden.

Wasser wird damit zum wichtigsten »Dopingmittel« im Sport. Schon vor der Belastung müssen die Flüssigkeitsspeicher im Körper gut gefüllt werden, nur mit »vollem Tank« lässt sich konstante Ausdauerleistung abrufen. Auch während des Wettbewerbs ist es wichtig, für einen ausgeglichenen Flüssigkeitshaushalt zu sorgen. In der Formel 1 aktiviert der Fahrer per Knopfdruck am Lenkrad die Flüssigkeitszufuhr. Der 1 Liter-Tank ist zwischen Sitzkonsole und Karosserie angebracht und der Pilot trinkt durch einen dünnen Schlauch, der in den Helm und zum Mund führt. Mineralien, Salze und Vitamine in einer vom Teamarzt oder Physiotherapeuten festgelegten und natürlich streng geheimen Mischung ersetzen die ausgeschwitzten Elektrolyte.

Ein überlegt zusammen gestellter Ernährungsplan und das sinnvoll kombinierte Bewegungs- und Fitness-Programm gehören immer zusammen. Sportarten wie Walking, Jogging, Radfahren oder Schwimmen sind besonders empfehlenswert. Ein zusätzliches Krafttraining für einen gezielten Muskelerhalt und Muskelaufbau sollte diese Aktivitäten ergänzen.

Holt sich Fitness beim Bergsteigen: Richard Burns, Rallye-Weltmeister 2000, mag Sport in jeder (extremen) Form (Foto: Subaru).

6.2 Fitness-Tipps

Wer sich fragt, ob Motorsport auch körperlich anstrengend sein kann, sollte sich einmal an's Ziel einer 25 km-Prüfung der Rallye Akropolis begeben und die ankommenden Fahrer anschauen. Der Stepptanz auf den Pedalen, das permanente Lenken und Gegenlenken, die Sprünge und Schläge, die Anspannung und die Konzentration im Grenzbereich verlangen ein Höchstmaß an Anstrengung und Ausdauer unter schwersten Bedingungen. In den Autos herrschen Temperaturen von bis zu 60 Grad, was nicht einmal vordergründig am griechischen Sonnenschein liegt, sondern seine Ursachen in der Hitzeabstrahlung von Auspuff, Getriebe und Differenzialen hat, die nur durch ein dünnes Bodenblech vom Innenraum getrennt sind. Nicht viel anders ist es bei den Tourenwagen der DTM, die sich z.T. noch heftiger aufheizen, so dass die Piloten nach einstündiger Dauerbelastung manchmal völlig am Ende ihrer Kräfte sind und von Helfern aus dem Auto gehoben werden müssen. Bis zu 2,5 Liter Körperflüssigkeit verliert ein Fahrer während eines Rennens. Auch die Belastungen, die ein Formel 1-Fahrer bei einem Rennen aushalten muss, liegen im Grenzbereich. Beim Bremsen wirken Kräfte von bis zu 4 g auf den Körper. Die Belastungen, die auf einen Formel 1-Fahrer während des Rennens einwirken, liegen damit im Bereich eines Kampfjet-Piloten.

Körperliche Fitness ist im Motorsport ein nicht zu unterschätzender Faktor. Um diesen der Summe der einwirkenden Belastungen trotzen zu können, ist es unabdingbar notwendig, körperlich fit zu sein. Ein schwerer Gasfuß allein nützt da überhaupt nichts ! Die notwendige Fitness ist auch nicht durch häufiges Fahren zu trainieren, sie muss im vorhinein durch gezieltes

Fit durch Fußball: Ex-Rallyeweltmeister Carlos Sainz (Foto: Ford).

Fürs Ausdauer-Training gibt's spezielle, ultraleichte BMW-Räder für die Formel 1-Piloten Montoya und Ralf Schumacher (Foto: BMW).

Ausdauer- und Krafttraining aufgebaut werden. Im Fitness-Studio müssen insbesondere Nacken-, Rücken- und Armmuskulatur gestärkt werden und eine hohe Ausdauerleistung kann durch regelmäßiges Jogging oder Mountainbike fahren erreicht werden.

Regelmäßiges Ausdauertraining hat viele positive Auswirkungen: Von Stressabbau, Fettabbau, Stärkung des Herz-Kreis-Systems, der Muskulatur und des Immunsystems bis hin zur umfassenden Leistungs- und Konditionssteigerung des Spitzensportlers. Außerdem regt Bewegung auch die Gehirndurchblutung an, wodurch auch Wahrnehmungsprozesse verbessert werden. Viele Sportmediziner bezeichnen ein richtig dosiertes und regelmäßig durchgeführtes Ausdauertraining daher als Lebenselexier.

Entscheidend beim Ausdauertraining ist die Intensität. Je nach Intensität des Lauftrainings erreicht man entweder ein Herz-Kreislauftraining, ein Fettabbautraining, gar keinen Trainingseffekt oder eine Überlastung. Die Intensität wird immer in Bezug zur maximalen Herzfrequenz gesehen. Je höher die Intensität, desto höher ist zwangsläufig die Herzfrequenz. Daher ermittelt man zunächst seine persönliche, maximale Herzfrequenz nach der Formel »200 minus Alter«. Progressivere Wissenschaftler setzen den Wert sogar auf »220 minus Alter«. Beides sind Orientierungswerte, denn Vorsicht !: Jeder Mensch hat seine persönliche Maximal-Frequenz, die sich nicht automatisch mit dieser Formel feststellen lässt. Es ist daher immer ratsam, sich langsam und vorsichtig an die eigenen Leistungsgrenzen heran zu tasten.

Um eine höhere sportliche Leistungsfähigkeit zu erzielen, ist es sinnvoll, mit einer Herzfrequenz von 80% bis 85% der maximalen Herzfrequenz zu trainieren. Um überhaupt einen Effekt zu erzielen, sollte eine Herzfrequenz von mindestens 65% der maximalen Herzfrequenz erreicht werden. Trainiert man mit 65% bis 75%, so erfolgt ein Fettabbautraining, 75% bis 85% stellen ein Herz-Kreislauftraining dar. Ein Training mit über 85% der maximalen Herzfrequenz führt zu einer anaeroben Belastung und ist nicht zu empfehlen. Als Folge muss oft das Training wegen Ermüdung, Unwohlsein oder Übelkeit abgebrochen werden. Dadurch tritt kein Trainingserfolg ein.

Unzulänglich ist übrigens die Methode der »manuellen Pulsmessung« durch Ertasten. Am ungenausten agieren Sportler, die den Puls während des Laufens am Handgelenk oder am Hals »messen«. Eine zuverlässige Pulsmessung ist nur im Stehen oder Gehen möglich. Dabei ist das Handgelenk dem Hals vorzuziehen, denn der Druck auf die Halsschlagader kann zu einer reflektorischen Abnahme der Herzfrequenz führen. Wirklich zuverlässige Werte liefern nur moderne Herzfrequenz-Messgeräte, die über einen Sender am Brustgurt die Daten mit EKG-Genauigkeit zur Digital-Anzeige übermitteln. Und die trägt man wie eine Armbanduhr am Handgelenk.

Um die Ausdauer zu trainieren, gibt es verschiedene Möglichkeiten: Mountainbike fahren, Walken, Joggen, Schwimmen, Inline-Skaten oder Skilanglauf im Winter zählen zu den Outdoor-Aktivitäten, die man immer der stickigen Luft im Fitness-Studio vorziehen sollte. Wer professionell trainiert, wird jedoch schon angesichts der Wetterkapriolen in unseren Breiten um eine Mitgliedschaft in einem Fitness-Studio nicht herum kommen. Hier gibt es jede Menge stationärer Ausdauergeräte wie Laufband, Fahrrad-Ergometer, Stepper, Cross-, Ski- und Rudertrainer.

Die einfachste Form des Ausdauertrainings ist regelmäßiges Laufen. Hinsichtlich des Tempos gilt der Rat, nur so schnell zu laufen, dass man sich mit den Laufkameraden noch gut unterhalten kann. Wer alleine läuft, sollte auf seine Atmung achten. Das Tempo stimmt, wenn man auf vier Schritte einmal ein- und einmal ausatmen kann. Wer sich mit der richtigen Pulsfrequenz bewegt, erhöht die Sauerstoffaufnahme des Gehirns um bis zu 100 %. Das macht munter und die Leistungsfähigkeit der Denkmaschine steigt. Es werden neue »Datenautobahnen« angelegt. Die Verknüpfungen der

Trotzt auch auf Skiern recht gekonnt der Fliehkraft: Ralf Schumacher (Foto: BMW).

Im Kraftraum die Nacken-, Rücken- und Armmuskulatur stärken: Rallye-Profi Armin Schwarz 2001 als Skoda-Werksfahrer (Foto: Skoda).

Gehirnzellen nehmen zu. Laufen zügelt auch den Appetit: Nach dem Joggen hat man nicht mehr, sondern weniger Hunger. Im Sauerstoffüberschuss wird vermehrt Cholecystokinin ausgeschüttet, ein Enzym das dem Gehirn ein »Ich-bin-satt-Gefühl« übermittelt. Gleichzeitig produziert der Körper vermehrt fettabbauende Enzyme, die Muskelzellen schalten von Zucker- auf Fettverbrennung. Die Bauchspeicheldrüse produziert weniger vom »Dickmacher-Hormon« Insulin. Das Risiko, an Diabetis zu erkranken, sinkt. Es gibt kein Medikament und keine Diät, die den Cholesterinspiegel so drastisch senkt und die Blutwerte so verbessert wie Laufen. Im Immunsystem steigt die Zahl der vor Bakterien und Viren schützenden Killerzellen massiv an. Herz und Lunge werden kräftiger, das Blut wird flüssiger, der Ruhepuls sinkt. Sinkender Blutdruck schützt das Herz. Alle Körpergelenke werden durch Laufen nicht nur muskulär gestärkt und durch Übung beweglich gehalten. Durch Abnahme der Harnsäure im Blut wird auch das Risiko von Arteriosklerose vermindert. Wissenschaftlich belegt ist auch, dass Laufen Testosteron frei setzt. Der Anstieg des männlichen Sexualhormons, das auch Frauen im Blut haben, fördert neben der sexuellen Lust auch Kraft und Dynamik im Allgemeinen. Auch das Wohlbefinden der Seele wird durch Laufen gesteigert: Der Glücksbotenstoff Serotonin, der durch Laufen vermehrt produziert wird, beugt Stimmungsschwankungen vor und schafft Distanz zu den Schattenseiten des Alltags.

Viele Sportler kombinieren das Lauftraining mit regelmäßigem Mountainbike fahren. Mit dem Mountainbike ist man in der Lage, die Beanspruchung gut zu dosieren und den eigenen Möglichkeiten exakt anzupassen. Zum Einstieg radelt man am besten leichtere Touren durch ebenes oder leicht hügeliges Gelände. Dabei sollte man lieber etwas länger und langsam als kurz und schnell trainieren. Besonders leicht wird die erste Ausfahrt, wenn man sich zuvor auf dem Heimtrainer oder im Fitness-Studio schon ein wenig in Form gebracht hat. Beim Mountainbike fahren sollte man, wie übrigens auch beim Laufen, die Belastung in Zeiträumen von vier Wochen steigern.

Nun zum Krafttraining. Am bequemsten lässt sich Kraft natürlich im Fitness-Studio trainieren. Neben den unzähligen Geräten, mit denen beinahe jede unserer Muskelgruppen trainiert werden kann, gibt's dort Fachpersonal, das einem mit Rat und Tat zur Seite steht und auf die ordnungsgemäße Durchführung der Übungen achtet. Doch eigentlich reichen Hanteln und Thera-Bänder, um die schlaffen Muskeln zu beleben. Vor dem Krafttraining steht das Aufwärmen. Das gilt übrigens auch fürs Laufen oder Mountainbike fahren. Das Aufwärmen verstärkt die Muskeldurchblutung, verbessert die Sauerstoffversorgung und den Stoffwechsel und erhöht die Körpertemperatur. Nach dem allgemeinen Aufwärmen (mindestens 15 Minuten) sollte noch eine spezielle, gerätspezifische Aufwärmphase folgen, bevor mit dem Training am entsprechenden Gerät begonnen wird. An jedem Gerät sollten wenigstens 3 Serien durchgeführt werden, wobei jede Serie aus mindestens 15 Wiederholungen besteht. In den Pausen zwischen den Serien werden Dehnungen für die vorher trainierte Muskulatur ausgeführt. Eine Dehnungsübung sollte immer langsam aufgebaut und mindestens 15 Sekunden gehalten werden. Federn oder Wippen ist dabei zu vermeiden, weil dies in den meisten Fällen eine Verkürzung des zu dehnenden Muskels bewirkt. Es muss auf ein ausgeglichenes Verhältnis von Kräftigungs- und Dehnungsübungen geachtet werden. Langfristig gesehen ist es sehr wichtig, dass ausgewogen trainiert wird. Das bedeutet, dass Agonist und Antagonist (ein Muskel und sein »Gegenspieler«) im Rahmen einer Trainingseinheit stets gleichermaßen trainiert werden. Es empfiehlt sich, jede Trainingseinheit mit einem »Abwärmen« oder Stretching zu beenden.

Schwierig ist die Ermittlung der individuell richtigen Trainingsbelastung. Vielleicht hilft der sportmedizinische Merksatz: *»Der Gebrauch erhält, die Anstrengung fördert, die Überanstrengung schadet«.* Um einen Trainingseffekt

Wiederholungen, solange sie sinnvoll sind: Armin Schwarz beim Hanteltraining (Foto: Skoda).

zu erzielen ist es also notwendig, den richtigen Belastungsbereich zwischen »Gebrauch« und »Überanstrengung« zu finden. Richtig ist die Belastung immer dann, wenn auch die letzte geplante Wiederholung einer Serie noch genau so sauber und exakt ausgeführt werden kann, wie die erste. Kann die Bewegung durch nachlassende Kraft nicht mehr sauber ausgeführt werden, sind weitere Wiederholungen unsinnig. Hierzu ist anzumerken, dass Frauen eher zur Unterforderung tendieren, Männer sich dagegen eher überlasten. Beim Ermitteln der richtigen Belastung sollte man sich von »unten« an das dem eigenen Leistungsstand entsprechende Gewicht herantasten. Wenn sich kein passendes Gewicht für 15 Wiederholungen findet, sollte ein geringeres Gewicht gewählt und die Anzahl der Wiederholungen pro Serie erhöht werden. Besonders Bauch und Rücken werden immer langsam trainiert (mit tendenziell höheren Wiederholungszahlen), da sie im Alltag hauptsächlich Haltefunktionen erfüllen. Es sollte immer bewusst trainiert werden, d.h. unter Konzentration auf die beanspruchte Muskulatur. Gesteigert wird die Belastung langsam und adäquat zum Trainingsfortschritt und nach dem Grundsatz, dass stets die Intensität vor dem Übungsumfang gesteigert werden sollte.

Der Einstieg in ein Ausdauer- oder Krafttraining ist in den seltensten Fällen leicht ! Zumeist muss ein gewaltiger, innerer Schweinehund überwunden werden. Auch die ersten drei bis vier Wochen fallen noch schwer. Dann kommt der Umschwung, das Laufen fällt leichter und es beginnt, Spaß zu machen. Danach folgt die Suchtphase: Wer erst einmal sechs oder acht Wochen jeden Tag gelaufen ist, kann nicht mehr aufhören. »Fit for racing« ist heutzutage nur noch, wer sich ein persönliches Fitness-Programm zusammenstellt und dieses Programm so selbstverständlich durch hält, wie die Einnahme der täglichen Malzeiten. Dass der Amateur dabei weitgehend auf sich selbst gestellt ist, während der Profi von seinem Rennstall alle Möglichkeiten bis hin zum persönlichen Physiotherapeuten geboten bekommt, ist eine der üblichen Ungerechtigkeiten, die das Leben so zu bieten hat.

Der Toyota-Yaris-Cup ist eine der empfehlenswerten Einstiegsmöglichkeiten für den Nachwuchs. Für die jungen Leute, die daran teilnehmen, ist …

… Formel 1-Star Ralf Schumacher ein Vorbild, dem sie nacheifern (Fotos: Toyota, BMW).

7. Wie wird man nun Sportfahrer ?

Recht einfach zu beantworten ist diese Frage für jene, die sich bereits in ganz jungen Jahren für den Motorsport interessieren und mitmachen wollen: In den frühen achtziger Jahren schwappte eine neue Variante des Kartsports nach Deutschland, der Jugendkart-Slalom:

Bereits mit acht Jahren können die Kids ins Kart krabbeln, wozu es in der Regel einiger Einstecksitze und Pedalverlängerungen bedarf. Die 5 PS starken Jugendkarts, umweltfreundliche, leise Viertakter, werden vom Veranstalter gestellt. Das spart viel Geld und hat den unschätzbaren Vorteil, dass alle das gleiche Sportgerät benutzen. Gefahren wird auf einem Slalom-Parcours, der auf jedem großen Parkplatz aufgebaut werden kann. Durch Tore, »Schweizer« (Einzel-Pylone), Gassen und um Wenden herum windet sich der Rundkurs im Wechsel von schnellen und kurvigen Passagen auf dem ebenem Asphalt. Bis zu 40 km/h schnell werden die kleinen Flitzer. Im Sinne höchst möglicher Sicherheit gibt's eine Funkabschaltung, mit deren Hilfe ein erfahrener Sportwart den Motor jederzeit ausschalten kann. Die Kinder brauchen nur einen Helm, Handschuhe und festes Schuhwerk. Das Nenngeld beträgt fünf bis sechs Euro, so dass dieser Spaß weit weniger kostet, als ein Nachmittag auf der Indoor-Kartbahn. Jugendkart-Slalomveranstaltungen gibt's überall in Deutschland für Kinder und Jugendliche von 8 bis 18 Jahren, die in vier bis sechs Altersklassen

Schon mit acht ist der Einstieg kein Problem: Jugendkart-Slalom auf gestellten 5PS-Viertakt-Karts (Foto: Motor-Events).

getrennt an den Start gehen. Auskünfte erteilt der nächst gelegene ADAC-Ortsclub. Doch Achtung!: Einerseits ist diese Sportart so ungeheuer beliebt, dass mitunter mehr als 150 Kids teilnehmen möchten. Dann werden die Startplätze rar und es kann sein, dass man als Neuling abgewiesen wird. Informieren Sie sich daher beim Motorsport-Club in Ihrer Nähe und besuchen Sie einige Trainings (die während der Saison jede Woche stattfinden), das erspart Ihnen Zoff und Kinder-Tränen. Nach zuverlässigen Schätzungen starten in Deutschland etwa 100.000 Kids beim Kart-Slalom. Es gibt »Spezialisten«, die mit acht einsteigen und mit achtzehn schon auf zehn Jahre »Motorsport« zurückblicken können, in denen sie einige hundert Pokale gewonnen haben. Wer jedoch ernsthaft nach oben will, sollte maximal zwei Jahre auf den Parkplätzen zubringen und mit zehn, spätestens mit zwölf hinüber auf die Rundstrecke wechseln.

Beim ADAC gibt es schon für die achtjährigen Talente Rundstreckenrennen in der Bambini- oder der Kadetten-Klasse. Hier müssen die

Der ADAC ist der größte Talent-Förderer in Deutschland, Rennkart-Sport gibt's ab dem Kindesalter (Foto: ADAC).

Eltern allerdings im deutlich vierstelligen Bereich als Sponsoren auftreten, denn für ein gebrauchtes Kart, Overall, Helm, Handschuhe und Fahrerschuhe und die Junior-Fahrerlizenz wird man etwa 1000 bis 1200 Euro hinblättern müssen. Doch weniger diese Kosten als vielmehr die Tatsache, dass die Freiluft-Kartrennbahnen in Deutschland eher weit verstreut sind, schränkt den Interessentenkreis ganz erheblich ein. Die Eltern müssen schon voll hinter dem Projekt stehen, um fröhlich Freizeit und Geld in diese ersten Schritte zu investieren. Um Kart und Reifen transportieren zu können, muss ein Anhänger her. Und ein- bis zweimal wöchentlich muss man hinaus auf die Strecke, denn Training ist alles, auch im Kartsport. Der wichtigste Tipp: Zunächst einem Kartclub beitreten, Meinungsaustausch betreiben und von den Erfahrungen der »alten Hasen« profitieren.

Wird das Alter erst einmal zweistellig, werden die Kosten leicht fünfstellig! Wer konsequent auf Schumis Spuren wandelt, sollte mit Dreizehn in den Junior-Kart-Pokal des DMSB wechseln. Die 100 Kubik-Karts verfügen über rund 17 PS und sind über 100 km/h schnell. Mit fünfzehn ist man »reif« für die Deutsche Kart-Meisterschaft, vorausgesetzt, man hat sich in den zuvor beschriebenen Einsteigerklassen als Siegertyp erwiesen. Das hier eingesetzte Formel A-Kart ist ein 30 PS starker Vollblutrenner, mit giftigen Beschleunigungswerten und beeindruckenden Fahrleistungen. Nur erfahrene Tuner können aus dem 100ccm-Drehschieber-Motor das Letzte herauskitzeln und auch bei Bremsen, Auspuff, Rädern und Reifen wird schon das Feinste vom Feinsten eingesetzt. Wer nicht einen Etat von wenigstens 30.000 Euro pro Saison zur Verfügung hat, sollte lieber daheim bleiben.

Im Winter zieht es die Bambinis und Teens in die Karthallen, wo ständig Fun-Rennen veranstaltet und ewige Bestenlisten geführt werden. In Deutschland gibt's inzwischen mehr als 200 Indoor-Kartbahnen. Zumeist ist das Mindestalter jedoch auf 12 Jahre festgelegt, so dass die jüngeren Kids hier nicht zum Zuge kommen. Neben den mitunter recht wilden, lokalen »Thekenrennen« veranstaltet der DMSB auch eine offizielle Indoor-Kart-Tropy, bei der es nach regionalen Ausscheidungsläufen im Finale um Meisterehren geht. Karting in der Halle hat wenig mit dem klassischen Rennsport zu tun und ist für spätere Autosport-Aktivitäten kein wirklich geeignetes Training. Allerdings kann man hier recht gut Konzentration und Kondition schulen und auch einige Tricks im Kampf »Mann gegen Mann« erlernen.

Die Kart-Ära sollte zwischen dem 16. und 18. Lebensjahr abgeschlossen sein. Wer »es« bis dahin nicht gelernt hat, wird's nie lernen, so hart das auch klingen mag. Der weitere Aufstieg ist – wie könnte es anders sein – eine Geldfrage. Auto-Sport ist teuer! Wer nicht gerade von Beruf Sohn ist und ebenso begeisterte wie betuchte Eltern hat, bekommt jetzt ein Problem. Bei der Sponsoren-Suche werden die Kids nämlich sehr schnell auf den Boden der Tatsachen zurück geholt: Die großen, wirtschaftlich potenten und in der Automobilwirtschaft tätigen Firmen bekommen Woche für Woche einige Dutzend gleich gelagerter Anfragen und werfen sie gleich in den Papierkorb. Kleinsponsoren wie der regionale Supermarkt oder die obligatorische Tankstelle bringen nur ein paar Hunderter in die Kasse. Tropfen auf den heißen Stein. Für diese Situation gibt es kein Rezept und keine Tipps. Da muss man durch. Wer's schafft, ein doch recht gewaltiges Budget zu sichern, sollte sich – seinen Neigungen entsprechend – sogleich zwischen dem Tourenwagen- und Formelsport entscheiden, denn sportlich, fahrerisch und perspektivisch sind das zwei völlig verschiedene Paar Schuhe.

Unter den »Einbäumen« mit den freistehenden Rädern gibt es mittlerweile eine Reihe ganz ausgezeichneter Serien, bei denen das Einstiegsalter mit 16 Jahren fixiert ist. Das ist insofern wichtig, als in einer Leistungsgesellschaft eine extrem hohe Erwartungshaltung vorherrscht und in den Profiklassen, wo man vielleicht erstmals Geld verdienen kann, gerade die ganz jungen Super-Talente bevorzugt werden

Erfolgreiche Traditionsserie, an der man bereits mit Sechzehn teilnehmen kann: Die von VW gepowerte Formel König (Foto: VW).

Gegenstück mit Dach: Der Toyota-Yaris-Cup (Foto: Toyota).

(so schafften es Kimi Raikkönen, Felipe Massa und Jenson Button als ganz junge Twens bis in die Formel 1).

Zu den sehr beliebten Formel-Serien zählt die von VW unterstützte Formel König: 1988 vom Sitze-Hersteller König ins Leben gerufen und von einem rastlosen Werner Aichinger gemanagt, mauserte sich die Serie zur idealen Zwischenstation vom Kartsport in die Formel 3. Das Reglement erfordert sorgfältige Abstimmungsarbeit, und die Teenys müssen frühzeitig den richtigen Umgang mit verschiedenen Front- und Heckflügeln, Fahrwerksabstimmungen und Getriebeübersetzungen erlernen. Bis hin zur elektronischen Datenerfassung und -auswertung werden die jungen Talente auf eine spätere Profi-Karriere vorbereitet. Ein ca. 120 PS starker 16 V-Motor aus dem VW-Polo verhilft dem 420 kg leichten Monoposto zu erstaunlichen Fahrleistungen und einem über 220 km/h liegenden Topspeed. Die technischen Freiheiten in der Formel König haben jedoch auch massive Nachteile: Wer einen Spitzenplatz erreichen will kann die Idee vergessen, die Rennen in Eigenregie zu bestreiten und den Rennwagen nach Feierabend in der Garage vorzubereiten. In der Formel-König gibt es eine ganze Reihe von professionellen Tunern und Rennställen, die zwei oder drei Autos optimal vorbereiten und für jedes Rennen perfekt abstimmen, um sie gegen gutes Geld an die zahlende Kundschaft zu vermieten. Die kitzeln das letzte PS aus den munteren Motörchen, können bei der Abstimmung auf jahrelange Erfahrung zurück blicken und besitzen das Know-How, die elektronischen Daten, die nach jedem Test, Training und Rennen »abgezapft« werden, zu lesen und zu deuten. Ein Saisonvertrag »mit beschränkter Haftung« (was der Youngster kaputt fährt, muss zusätzlich bezahlt werden) ist bei den Spitzen-Teams nicht unter 65.000 Euro zu bekommen. Dafür wird der Rennwagen pünktlich zum Freitags-Training an die Rennstrecke geliefert und auch Spaghetti und Cola, die in den Pausen im »VIP-Bereich«, dem obligatorischen Vorzelt am Truck, serviert werden, sind im Preis ebenso enthalten, wie die junge Dame, die den jugendlichen Fahrern nach dem Rennen die Schweißperlen von der Stirn tupft.

ADAC und BMW sind gemeinsam die Initiatoren der »Formel BMW«, die jahrelang »ADAC Formel Junior« hieß: Speziell für die 16- und 17-jährigen Juniorinnen und Junioren geht es bei zehn namhaften Rennen um Punkte, Platzierungen und Preisgelder. Die einsitzigen Monoposti werden im Auftrag von BMW im französischen Magny-Cours von der Firma Mygale SARL produziert. Mit einem Hewland-Getriebe, für das eine Reihe von Übersetzungen erlaubt sind, einheitlichen Sachs-Stoßdämpfern und Eibach-Federn, sechs Michelin-Slicks pro Rennwochende und festgelegten Einstellwinkeln für den Front- und den Heckflügel sind die technischen Gestaltungsmöglichkeiten ein wenig eingeschränkt. Chancengleichheit sollen zudem die einheitlich 140 PS starken BMW-Motoren vom Typ 124 EA garantieren, die von Schnitzer geliefert und verplombt werden. Das Gewicht für Rennwagen, Fahrer und Ausrüstung ist mit 520 kg fixiert und muss notfalls durch Ballast-Zuladung garantiert werden. Fast so interessant wie die Rennen selbst sind die flankierenden Maßnahmen, die ADAC und BMW den Jugendlichen anbieten: Es gibt eine Palette von Schulungen und Ausbildungen wie Fitness-Programme, Seminare zur richtigen Ernährung, Rhetorik-Kurse und Trainings für den richtigen Umgang mit den Medien. Der Fahrerplatz für eine Saison soll weniger als 50.000 Euro kosten, so dass auch dieser Wettbewerb nicht gerade als Spielwiese für Arbeiterkinder zu bezeichnen ist.

Wer lieber ein Dach über dem Kopf hat, entscheidet sich für einen Tourenwagen-Pokal. ADAC und Volkswagen bieten mit dem »ADAC VW Lupo Cup« die für den Nachwuchs wohl interessanteste Alternative an. Die Autos werden nicht verkauft, sondern gegen eine (im Vergleich günstige) Saison-Pauschale von 25.000 Euro vermietet. Ziel ist es, die 125 PS starken, absolut identischen Renn-Lupos über die gesamte Rennserie auf dem gleichen technischen Niveau zu halten, so dass unabhängig vom technischen und finanziellen Background der Fahrer nur das fahrerische Können entscheidet. Auch im Lupo-Cup liegt das Einstiegsalter bei 16 Jahren. Mehr als 80 junge Fahrerinnen und Fahrer bewerben sich Jahr für Jahr um die 24 Mietverträge. In der eigens dafür ins Leben gerufenen »ADAC VW Lupo Schule« werden die aussichtsreichsten Talente in bewährten Auswahlverfahren selektiert. Von April bis Oktober geht's dann bei zehn Rennen (im Rahmenprogramm der DTM) um Meisterschaftspunkte und insgesamt 50.000 Euro Preisgeld. Die von Abt-Sportsline präparierte Rennversion des aktuellen Lupo GTI erweist sich bei einem Kampfgewicht von 855 kg, einem drehfreudigen 1,6 Liter-125 PS-Motor, Sechsganggetriebe und Renn-ABS als munterer Renner und die Zuschauer schätzen die Windschattenduelle und Zweikämpfe in der Lupo-Meute mehr, als manch langweiliges Hauptrennen. Zur Rundum-Betreuung durch VW zählt neben der pünktlichen Anlieferung der 24 stets frisch revidierten Rennwagen auch die Begleitung der Youngster durch prominente Paten sowie ein laufendes Angebot von Renntaktik-, Fitness- und Medien-Schulungen. Wichtig ist auch die Regel, dass bei den beiden ersten Rennen einer jeden Saison nur die halbe Punktzahl vergeben wird. Dadurch wird die Chancengleichheit zwischen Einsteigern und Piloten, die schon im Vorjahr dabei waren, erheblich verbessert. Zudem gibt es eine Rookie-Wertung, die mit 2.500 Euro dotiert ist.

Im Toyota-Yaris-Cup bezahlt man 17.000 Euro für ein Cup-Auto mit Rennkit. Hinzu kommt noch die Einschreibegebühr von 3.500 Euro. Zuvor muss man ein Grundseminar bei Toyota Deutschland absolviert und einen Toyota-Händler als Paten gefunden haben. Die Meisterschaft umfasst acht bis zehn Rennen im Rahmen der »Top 10«-Serie. Die Zulassung erfolgt ab einem bestimmten Jahrgang, so dass man ab 16 oder 17 mitmischen kann. Basis für das Cup-Auto ist der Yaris-Dreitürer mit dem 86 PS starken 1,3 Liter-16 V-Motor. Ergänzt wird das Serienauto durch das übliche Rennsport-Fahrwerk, den Überrollkäfig, Feuerlöscher, Rennsitz und Hosenträgergurt und natürlich darf man auch an diesem Einkaufswagen Rennreifen benutzen.

Wir haben hier vier Nachwuchsserien stellvertretend für einige mehr heraus gepickt. Urgroßmutter aller Youngster-Cups war die legendäre Formel V, in der vor fast 40 Jahren ein Niki Lauda dem Käfermotor ins Kreuz trat. Die Formel Ford trat wenig später in die Szene und wurde noch populärer. Bei den Tourenwagen schrieb der Renault 5-Pokal eine von Stoßstange-an-Stoßstange-Duellen geprägte Rennsportgeschichte. Das Ziel ist klar umrissen: Dem Nachwuchs soll bei einem überschaubaren, finanziellen Aufwand und größtmöglicher Chancengleichheit ein spannendes Betätigungsfeld geboten werden. Nachwuchs-Cups sind Sprungbretter in die Formel 3 oder die Formel 3000, jene Klassen, aus denen die Formel 1 üblicherweise ihre Erbprinzen rekrutiert. Der Weg dahin ist steinig und von Tausend, die weltweit aufbrechen, erreicht vielleicht einer dieses Ziel.

Damit kommt ein anderer Gesichtspunkt ins Spiel, einer, den wir für wesentlich wichtiger halten: Wie Halma, Schach oder Fußball lässt sich Motorsport auch seiner selbst Willen ausüben, in einer schnelllebigen Zeit als ein letztes bisschen Freiheit, Freizeit, Abenteuer. Motorsport macht Spaß!

Die unglaubliche Karriere des Michael Schumacher führte hierzulande in den letzten zehn Jahren zu allerlei Phänomenen, von denen man die meisten als äußerst positiv für den deutschen Motorsport deuten kann: Jugendliche interessieren sich wieder für den Kartsport. Indoor-Kartbahnen schießen wie Pilze aus der Erde. Nachwuchsserien sind ausgebucht. Sportfahrerlehrgänge haben Konjunktur. Weil fast gleichzeitig ein Generationswechsel stattfand und beträchtliche Vermögen von den Eltern der Kriegsgeneration auf ihre Söhne und Töchter übertragen wurden, gab es plötzlich ein großes Klientel mit wirtschaftlich feinstem

Ungemein beliebt: VW-Lupo-Cup, die Startplätze sind immer ausgebucht (Foto: VW).

Background. Die Gruppe der Seiteneinsteiger und »Spätberufenen« war entstanden. Das Ziel: Einmal selbst im Kreis fahren, sich dem Rausch der Geschwindigkeit hingeben und vielleicht einmal auf dem Stockerl stehen.

Eine vortreffliche Alternative für diesen Interessentenkreis bietet der »New Beetle Cup« von Volkswagen. Kaum war das Kultauto neu aufgelegt, wurde schon die Idee einer Rennserie umgesetzt. In der Rennversion wartet der Beetle mit einer Palette technischer Delikatessen auf: Der wuchtige V6-Motor mit 2.800 ccm Ladevolumen und 204 PS liegt quer auf der Vorderachse. Das satte Drehmoment von 270 Nm gelangt über ein 6-Gang-Sportgetriebe zu den 235er Slicks auf OZ-Felgen. Ein Bilstein-H&R-Rennfahrwerk sorgt für eine optimierte Straßenlage und ein ausgefuchstes Renn-ABS mit 4-Kolben-Festsätteln vorn garantiert die notwendige Verzögerung. Das Sicherheitspaket mit Airbag, Seitenaufprallschutz, Käfig, Feuerlöschanlage und Sechspunktgurt rundet das flotte Bild des auf 1.170 kg abgespeckten Breitensportlers ab. Mit einem Kaufpreis zwischen 25.500 und 28.000 Euro bietet der Renn-Beetle ein durchaus annehmbares Preis-Leistungsverhältnis. Aufgebaut werden die Autos von den am Rennsport interessierten VW-Händlern, die auch die technische Betreuung übernehmen. Volkswagen verspricht: »Damit alle Fahrzeuge auf dem gleichen Stand sind und nur die fahrerischen Qualitäten der Teilnehmer entscheiden, werden die technischen Kommissare von Volkswagen Racing jeden New Beetle vor und nach den Einsätzen streng kontrollieren.« Wer ein Auto ergattert hat, muss schnell noch 5.000 Euro Einschreibegebühr abdrücken, dann kann er (oder sie) zum ersten Zeittraining antreten. Zum »VW New Beetle Cup«, der mit 125.000 Euro Preisgeld dotiert ist, werden acht Rennen im Rahmen der »Top 10«-Serie gewertet.

Im »Renault Clio RS-Cup« finden Tourenwagen-Einsteiger das heiß umkämpfte Betätigungsfeld in der ruhmreichen R5-Pokal-Tradition. Kampfgeräte sind die identischen 2-Liter-16 V-Sport-Clio, die gegenüber dem Serienauto mit einem um 16 auf 185 PS leistungsgesteigerten Aggregat, sequenziellem Sechsganggetriebe, modifizierter Vorderachse, Bremskraftverstellung, Renntank, Käfig, Rennsitz und Sechspunktgurt aufwarten. Im Clio-Cup tummeln sich aufstrebende Youngster und reifere Fahrer gleichermaßen. Als »Profi-Liga« im Renault-Sport entstand die »Clio V6-Trophy«, ausgetragen mit dem 285 PS starken Mittelmotor-Zweisitzer. Der über 24 Ventile beatmete Sechszylinder leitet die Kraft über ein sequenzielles Sechsganggetriebe zu den Hinterrädern, so dass die Teilnehmer hier Erfahrungen im Umgang mit einem leistungsstarken Hecktriebler sammeln können.

Markenpokale bieten zweifellos ein Höchstmaß an Chancengleichheit und sie bieten durch das Patronat eines großen Herstellers auch die für den Einstieg günstigsten Strukturen. Hinzu kommt, dass die Aufmerksamkeit der Medien und die Sendezeiten des Fernsehens auf diese Wettbewerbe konzentriert sind. Ein Markenpokal ist jedoch nicht immer auch die preiswerteste Alternative:

Autos nahezu aller Fabrikate und Typen sind beim »Divinol-Cup« starberechtigt. Zehn Rennen mit je zwei Rennläufen stehen für die Tourenwagen auf dem Programm. Während einer Saison besucht der Tross die Rennstrecken in Hockenheim, Zolder, Salzburg, Zandvoort, Oschersleben, den A 1-Ring in Österreich, den Lausitzring und natürlich den Nürburgring. Besonders reizvoll am »Divinol-Cup« ist, dass neben den aktuellen Gruppen A und N auch die älteren Fahrzeuge gemäß DMSB-Gruppe H und viele ehemalige Markenpokal-Autos wie ältere Cup-Clios, Renault-Megane, Cup-Saxos und Cup-Escorts startberechtigt sind. Damit die Rennen dennoch über-

Durchaus was für richtige Männer: New-Beetle-Cup mit dem 204 PS starken Rennkäfer (Foto: VW).

Man sollte sich früh entscheiden, ob man Motorsport auf der Rundstrecke betreiben möchte, wie dieser BMW-Pilot in Spa (Foto: BMW) oder ...

sichtlich bleiben, starten die Autos in acht Hubraum-Klassen, beginnend mit der Schnapsglas-Kategorie (bis 1.400 ccm) und endend mit der Gruppe der zum Teil turbo-aufgeladenen Flunder (über 3.800 ccm) aus den ehemaligen ADAC- und FIA-GT-Cups.

Klassiker und Legende unter den Rundstrecken-Wettbewerben ist der »Langstreckenpokal Nürburgring«, der ausschließlich auf der berühmten Nordschleife des Nürburgrings, der grünen Hölle, ausgetragen wird. Unter den zehn Saisonläufen befinden sich neun 4-Stunden- und ein 6-Stunden-Rennen. Zugelassen sind Tourenwagen und GT-Fahrzeuge nahezu aller Gruppen einschließlich der »Oldy-Klasse H« und eine Reihe älterer Cup-Autos. Es gibt Sonder-Wertungen für Serienwagen und Junioren. Die Starterzahl ist beim Training auf 200 und im Rennen auf 195 Fahrzeuge begrenzt und selbst diese »unglaublichen Kapazitäten« reichen oft nicht aus, um alle Interessenten zu berücksichtigen. Der Langstreckenpokal bietet den wohl anspruchsvollsten Tummelplatz für die besten Amateure und wird auch von Semi-Profis und Profis immer wieder gern besucht. Die Organisation liegt in den Händen der intimsten »Ring-Kenner« und präsentiert sich mit entsprechender Perfektion. Geschmacksache bleibt, ob die Nordschleife das nicht endende Abenteuer bietet oder ob es mit der Zeit langweilig wird, Monat für Monat zwischen Wehrseifen und Tiergarten im gleichen Kreis zu fahren.

Wer Staub und Dreck nicht scheut und (mit mir) den Rallyesport für die höchste Stufe der Lenkradartistik hält, findet auch bei den »wilden Reitern« geeignete Einstiegsfelder: Unter Verbands-Regie wird der »Deutsche Rallye-Pokal« im Interesse kurzer Wege in Regionen ausgetra-

... ob das Glück dieser Erde vielleicht doch auf dem Schotter der Rallyes zu finden ist, wobei ein solcher Super 1600-Renault schon zu den Profi-Geräten zählt (Foto: Renault).

gen. Man braucht eine Nationale A-Lizenz oder kann »vor Ort« eine Veranstaltungs-Lizenz »für diese eine Mal« erwerben. Zugelassen sind die seriennahen Autos der Gruppe G, die jedoch das obligatorische Sicherheitspaket (Käfig, Feuerlöscher etc.) aufweisen müssen und auch ein geeignetes Fahrwerk haben sollten. In den meisten deutschen Städten findet man eine »Pokal-Rallye« im 50 km-Umkreis. Markenpokale hingegen sind im Rallyesport selten geworden, seit das »Schumi-Fieber« alle Interessen auf die Rennstrecke gelenkt hat. Auskünfte gibt's beim DMSB in Frankfurt oder beim ADAC in München.

Die Vielfalt der Einstiegsmöglichkeiten kann hier nur angerissen werden. Deutsche Motorsportler haben es heute leichter denn je, ihre ersten Schritte im Renn- oder Rallyesport zu gehen. Seit sich immer mehr deutsche Hersteller ganz offen zum Motorsport bekennen und seit Michael Schumacher in die »Hall of Fame« eingezogen ist, sind auch die unsachlichen Umweltdiskussionen weitgehend verstummt. Das Image des Rennsports hat sich verbessert und das Angebot geeigneter Einstiegsfelder für Youngster und Späteinsteiger ist immer größer geworden. Der Weg ist frei, pakken Sie's an !

Wenn wir uns nun schon darauf geeinigt haben, den Weg zu einem »besseren Autofahrer-Leben« oder den Einstieg in den Motorsport mit einem Fahrsicherheitstraining zu beginnen, so können Sie »Nägel mit Köpfen« d.h. einige Empfehlungen von uns erwarten. Beginnen wir mit dem Giganten unter den Anbietern, dem ADAC: Klickt man sich auf die Internet-Seite des Millionenclubs (www.adac.de), so findet man auf den ersten Blick alle

Informationen: »Gefahrensituationen rechtzeitig erkennen und in kritischen Lagen richtig reagieren – wie das geht, das zeigen wir Ihnen beim ADAC-Sicherheitstraining. Denn: Richtiges Verhalten kann trainiert werden. Unter Anleitung erfahrener Trainer lernen Sie die Möglichkeiten aber auch die Grenzen Ihres Fahrzeugs kennen. Der ADAC bietet bundesweit auf fast 70 Trainingsanlagen Pkw- und Motorrad-Trainings für alle »Ansprüche« an. Zudem gibt es auf ausgewählten Anlagen Kurse für Spezialfahrzeuge wie Lkw, Bus oder Wohnmobil«, heißt es dort bereits im Aufmacher. Und wer in der Navigation dann »Pkw-Training« aktiviert, kommt sogleich zum Menüpunkt »Trainingsplätze und Kontaktadressen«: Wer hier ein Bundesland auswählt und sich als Pkw-, Motorrad- oder Wohnwagen-Interessent zu erkennen gibt, erhält sogleich eine vollständige Auswahl der Trainingsplätze und Veranstalter. Fast alle Veranstalter verfügen über eine eigene Homepage und sind mit der ADAC-Seite verlinkt, so dass man dort noch tiefer recherchieren kann. Alle ADAC-Veranstalter bieten neben dem Standard-Training auch einige Spezial-Veranstaltungen wie Frauen-, Senioren-, Junge-Fahrer- und Behinderten-Trainings an. Ein Fahrsicherheitstraining beim ADAC kostet zwischen 50,– und 80,– € für ADAC-Mitglieder und 80,– und 113,– € für Nicht-Mitglieder. Die Vorteile des ADAC-Trainings liegen in der bequemen Erreichbarkeit: Von keinem Ort der Bundesrepublik dürfte es weiter als 30 bis 40 km zum nächstgelegenen ADAC-Camp sein. Die Instruktoren sind gut ausgebildet und im Schnitt auch pädagogisch gut drauf, allerdings handelt es sich in den wenigsten Fällen um (ehemalige) Sportfahrer. Die Trainingsgelände verfügen über Flächen für alle notwendigen Übungen. Die meisten haben auch eine automatische Bewässerung. Sie sind jedoch zumeist klein, beschaulich und kaum exklusiv ausgestattet.

Die größten und technisch perfektesten Anlagen mit dem höchsten Erlebnis- und Spaßfaktor findet man an den großen Rennstrecken. Unter dem Patronat der Zeitschrift »auto motor sport« entstand 1994 am Nürburgring das Pilot-Projekt, die europaweit größte und modernste Anlage für Fahrsicherheit. Sie war von Beginn an (und ist bis heute) rund um die Uhr ausgebucht. Prominente Rennfahrer wie Christian Menzel und Sascha Maassen zählten sogleich zu den Instruktoren und brachten den sportlichen Touch ins Programm. Das Fahrsicherheitszentrum Nürburgring wurde inzwischen ausgebaut: »Der Ansturm auf das breite Angebot im 1994 eröffneten Fahrsicherheitszentrum am Nürburgring ist so groß, dass sich die Gesellschafter dazu entschlossen haben, im Sommer 1999 eine zweite Anlage in der Eifel zu eröffnen. Nur einen Steinwurf vom ersten Komplex entfernt, entstand für rund zehn Millionen Mark ein neues, zweites Fahrsicherheitszentrum. Die Anlage ist in Größe, Kapazität und Konzept dem Fahrsicherheitszentrum 1 sehr ähnlich. Die bestehenden Angebote können so weiter ausgebaut und optimiert werden«, heißt es auf der Nürburgring-Homepage.

Schwester-Anlagen auf ams-Initiative gibt es in Augsburg und am Sachsenring. Eine ebenbürtige Anlage entstand inzwischen auch am umgebauten Hockenheimring: Das mit »Feldherrnhügel« und sechs Fahrtechnikmodulen wie Kreisbahn, Schleuderpiste mit Schleudersimulator und Aquaplaningpiste ausgestattete Fahrsicherheitszentrum liegt im Infield der Rennstrecke: »Der Schleudersimulator ist das Herzstück der Fahrtechnikpiste. Eine in die Fahrbahn eingelassene hydraulisch betätigte Platte versetzt das Heck des Fahrzeugs beim Überfahren seitlich und bringt auf diese Weise das Auto ins Schleudern. Der Fahrer hat die Aufgabe, sein Fahrzeug durch gezielte Lenkmanöver abzufangen. Die Kreisbahn ist besonders für Kurvenfahr- und Bremsübungen unter Extrembedingungen geeignet. Der große Hügel, ein Handlingskurs mit Asphaltbelag, ist geeignet für Pkw-, Lkw- und Omnibus-Trainingsfahrten. Die Bewässerung erfolgt kontinuierlich auf der gesamten Länge von 320 Metern. Der Kurs bietet Möglichkeiten zum Üben von Ausweichmanövern und zum Erlernen des Bremsens unter Glatt-

Dass beim Sicherheitstraining eine Formel 1-Karriere beginnt, wird in den meisten Fällen Illusion bleiben (Foto: Renault).

eisbedingungen. Auf der Aquaplaningpiste/ Dynamikfläche wird die Problematik von zu schnellem Fahren über eingestauten Flächen in dramatischer Weise erfühlbar. Beim Durchfahren des Aquaplaningbeckens mit Geschwindigkeiten zwischen 80 und 100 km/h schwimmt das Auto auf und Aquaplaning tritt ein«, schreibt der Hockenheimring auf seiner Interseite. Selbstverständlich gibt es auch hier modernste »Facilities« mit Bistro, Catering und Konferenzräumen für Event-Gruppen aller Art.

In Sachen Fahrsicherheit hat sich der Sachsenring zur »Macht im Osten« gemausert. Auf der Website heißt es: »Teamwork hat auf dem Sachsenring eine ganz besondere Bedeutung. Spaß motiviert uns alle am meisten, etwas Neues zu lernen. Darum finden Sie bei unseren Fahrtrainings auch keine Lehrer, die mit erhobenem Zeigefinger das Rad für Sie neu erfinden. Unsere Instruktoren sind top-ausgebildete Frauen und Männer, einige von ihnen bringen durch aktives Engagement im Motorsport zusätzliche Qualifikationen mit. Lernen durch Erleben – das werden Sie bei interessanten und unvergesslichen Stunden auf dem Sachsenring. Und sollten Sie mal nicht weiterwissen: Ihr Instruktor ist jederzeit Ihr kompetenter Partner. Gefahren sind ein zentrales Thema unserer Fahrsicherheitsprogramme. Wir wollen, dass Sie hautnah – aber so gefahrlos wie möglich – verschiedene Grenzsituationen erleben. Bei uns trainieren Sie, Gefahren in Zukunft frühzeitig zu erkennen und gefährliche Situationen von vorneherein zu vermeiden sowie im echten Notfall zu bewältigen. Ganz nach dem Motto: Lernen durch Erleben – und vor allem: Übung macht den Meister! Für die nötige Action sorgt modernste Technik: Computergesteuerte Wasser-

Zwei, die's geschafft haben: Jenson Button und Jarno Trulli (Foto: Renault).

fontänen stehen für plötzlich auftauchende Hindernisse, der Schleudersimulator bringt Ihr Fahrzeug so richtig in Bewegung und bewässerte Trainingspisten verhindern unnötigen Reifenverschleiß.«

Ein eintägiges Intensivtraining am Sachsenring kostet 127,– € an Wochentagen und 147,– € an verlängerten Wochenenden (Freitag bis Sonntag). Das zweitägige Perfektionstraining gibt's ab 232,– €. Interessanterweise bietet der Sachsenring auch ein Rallye-Training an, das aus einer Grundausbildung (Step 1) für 399,– € und einem Fortgeschrittenen-Training (Step 2) für 999,– € besteht. Dieser stolze Preis kommt zustande, weil bei diesem Training ein Rallyeauto gestellt wird und auch eine Übernachtung enthalten ist, was sie Sache hoch interessant und in meinen Augen durchaus preiswert macht.

Alle Informationen zu den Fahrsicherheitstrainings an Rennstrecken erhalten Sie im Internet oder unter den folgenden Telefon-Nummern:

FSZ Nürburgring, www.nuerburgring.de,
Telefon: 0 26 91/3 01 50
FSZ Sachsenring, www.sachsenring.de,
Telefon: 0 37 23/65 33 38
FSZ Hockenheimring, www.hockenheimring.de, Telefon: 0 62 05/95 00

Wenn ich auf einigen Seiten dieser kleinen Lektüre gelegentlich von »uns« oder »wir« geschrieben habe, so meinte ich das Motor-Events-Team: Seit sehr vielen Jahren beschäftigt sich Motor-Events unter meiner Leitung und unter Mitarbeit so erfahrener Sportfahrer wie dem Schweizer Armin Schmid oder den Formel-

Spezis Dirk Kisters und Klaus Panchyrz mit den Themen »Perfekt Auto fahren« und »Einstieg in den Motorsport« und natürlich - so viel Werbung muss sein - sind Sie auch bei uns willkommen. Alles Wissenswerte zu unseren Veranstaltungen finden Sie im Internet unter

Motor-Events, www.motor-events.de,
Telefon: 0 22 62/12 69

oder Sie fordern die Informationen telefonisch an. Das Auto-Fahrsicherheits- und Perfektionstraining (AFT) hat eine Besonderheit, die es von den übrigen Anbietern unterscheidet: Es ist mobil und kommt mit dem gesamten Equipment, allen Helfern und Instruktoren (und wenn Sie es wünschen auch mit einem gemütlichen Zelt, das bei Bedarf beheizt wird und einem zünftigen Catering) auf ein Gelände ganz in Ihrer Nähe. Viele Firmen haben dazu am Wochenende einfach ihren Firmen-Parkplatz »umfunktioniert«. Das Motor-Events-AFT gibt es wahlweise als Ein- oder Zweitagesprogramm. Das Fahrer-Training ist ideal für Gruppen von 15 bis 60 Teilnehmern. Trainiert wird normalerweise im eigenen Auto, das man (oder frau) ja kennen- und beherrschen lernen will. Auf Wunsch stellt Motor-Events jedoch auch bis zu vier Trainings-Fahrzeuge wie VW-Golf und 3er-BMW, die dann nach dem Rotationsprinzip von allen Teilnehmern benutzt werden, zur Verfügung. Das Wichtigste für Teilnehmer und Instruktoren ist das Motto, unter dem jedes AFT steht: »Fahrsicherheit und -perfektion durch Fahrspaß pur!«, Sie werden selten so fröhlich so viel gelernt haben. Und eines ist bei uns selbstverständlich: Auch beim AFT wird den Sportfahrern auf Hände und Füße geschaut und wir setzen höchste Standards und trainieren auf höchstem Niveau. Zur Zeit kostet ein Eintages-Basistraining 105,– € und die zweitägige Perfektions-Variante 160,– € pro Person in Gruppen von zwanzig Teilnehmern.

Entstanden ist dieses Buch jedoch nicht (nur), um für den Motorsport neue Aktive zu werben.

Im Vordergrund stand vie mehr der Wunsch, einen kleinen Beitrag für die Sicherheit auf Deutschlands Straßen zu leisten und dem Ziel ein wenig näher zu kommen, dass Autofahrerinnen und -fahrer ihr Auto mit mehr Perfektion beherrschen lernen. Unserer Autos werden immer raffinierter: Anti-Blockier-System, Elektronische Bremskraftverteilung, Anti-Schlupf-Regelung, Stabilitätsprogramm und Bremsassistent stehen in immer mehr Ausstattungs-Katalogen. Im Aufwärtstrend ist seit Jahren die Motorleistung: Ein serienmäßiger BMW M3 hat fast 350 PS und ist damit eigentlich waffenscheinpflichtig.

Der technische Fortschritt scheint immer weiter zu gehen, nach dem Prinzip der endlosen Schraube. Was »auf Niveau der Führerschein-Prüfung« stagniert, ist das fahrerische Potenzial. Doch nicht die Technik sondern menschliches Versagen ist noch immer die häufigste Unfallursache. Sogar die Politik hat (mit einigen Jahrzehnten Verspätung) erkannt, dass es sinnvoll wäre, Führerschein-Neulinge sogleich zu einem Sicherheitstraining zu schicken. Porsche, BMW und Audi bieten regelmäßig ganz vorzügliche Fahrer-Trainings an und auch weniger exklusive Marken haben solche Initiativen immer häufiger im Programm.

Nicht nur Jugendliche, alle Gelegenheits- oder Vielfahrer sind hier an der richtigen Adresse, um Fahrsicherheit mit Fahrspaß zu erlernen. Und wer einmal Blut geleckt hat, wird gleich im Anschluss ein Perfektionstraining oder einen Sport-Fahrerlehrgang besuchen.

Dass wir bei der Themen- und Bildauswahl zu diesem Buch den »Sportfahrern auf die Pedalerie geschaut« haben, hat seine Gründe: Fahr-Physik wird nur am Grenzbereich richtig sichtbar. Und dort sind sie zu Hause, die Artisten unter den perfekten Autofahrern.

8. »Who-is-Who ?« – Industrie-Kontakte

Wie in den meisten anderen Lebensbereichen ist »Vitamin B« eine der wichtigsten Voraussetzungen für den Ein- und Aufstieg als Sportfahrer. Zwar werden für einen »Nobody« gute Beziehungen nicht gleich zu einem Sponsorvertrag oder sensationellen Rabatten führen, jedoch ist es vielleicht schon hilfreich zu wissen, wer, wo und wofür zuständig ist und an wen man sich wenden muss, um sportliches Zubehör zu kaufen oder die ersten Tuning-Schritte in den richtigen Händen zu wissen.

Zwar hat Deutschland seine Rolle als »El Dorado des Motorsports« längst an Länder wie Frankreich und England verloren, jedoch tummeln sich hierzulande nach wie vor die meisten Hersteller, die besten Zubehör-Spezialisten und eine Reihe der weltweit prominentesten Tuner. Die Szene ist so groß, dass sie fast unüberschaubar wird und man mag auch uns daher nachsehen, wenn wir nochfolgend nur eine Auswahl von »Kontakt-Adressen« geben, die einerseits keinen Anspruch auf Vollständigkeit erhebt und andererseits keine Empfehlung darstellt:

Bremsen

FERODO (Mogul Friction) Telefon: 02262-890	Klosterstr. 6 Fax: 02264-9292	51709 Marienheide
Haldex Brake Products Telefon: 0711-9349170	R.-Bosch-Str. 41 Fax: 93491740	73770 Denkersdorf
ITT Automotive Europe Telefon: 069-76031	Guerikke Str. 7 Fax: 761061	60488 Frankfurt / M.
Lucas Automotive GmbH Telefon: 0261-8952528	Postfach 100343 Fax: 895744	56033 Koblenz
Textar GmbH (Bremsbeläge) Telefon: 0214-5400	Jägerstr. 1-25 Fax: 540388	51375 Leverkusen
WABCO Telefon: 0511-9220	Am Lindener Hafen Fax: 2102357	30453 Hannover

Federn

Eibach Telefon: 02721-5110	Am Lennedamm 1 Fax: 511111	57413 Finnentrop

Die Legende lebt: Le Mans (Foto: Michelin).

H&R Spezialfedern	Elsper Str.36	57368 Lennestadt
Telefon: 02721-926023	Fax: 10708	

Felgen

AEZ Leichtmetallräder	Industriestr. 4-6	53721 Siegburg
Telefon: 02241-1202100	Fax: 1202190	
ATS GmbH	Industriegebiet	67098 Bad Dürkheim
Telefon: 06322-604120	Fax: 68419	
BBS AG	Welschdorf 220	77761 Schiltach
Telefon: 07836-520	Fax: 52 140	
Borbet	Postfach	59969 Halleberg
Telefon: 02984-301160	Fax: 301170	
EXIP GmbH & CoKG	Am Mantel 8	76607 Bruchsal
Telefon: 07251-8090	ax: 80939	
RONAL GmbH	W.-von-Siemens-Str.	76694 Forst
Telefon: 07251-7010	Fax: 701100	

Zender GmbH	Florinstr.	56218 Mülheim-Kärl.
Telefon: 0261-2860	Fax: 92726404	

Hersteller

AUDI AG		85045 Ingolstadt
Telefon: 0841-890	Fax: 892524	
BMWAG	Petuelring 130	80788 München
Telefon: 089-3820	Fax: 38227563	
Citroen Deutschland AG	Nikolausstr. 84-90	51149 Köln
Telefon: 02203-440	Fax: 44345	
Daewoo Automobile	Borsigstr. 15	65205 Wiesbaden
Telefon: 06122-9930	Fax: 993153	
Daihatsu Deutschland	Industriestr.5-11	47918 Tönisvorst
Telefon: 0251-7050	Fax: 700974	
Daimler-Chrysler AG	Postfach	70546 Stuttgart
Telefon: 0711-170	Fax: 1750473	
Deutsche RENAULT AG	Kölner Weg 6-10	50321 Brühl
Telefon: 02232-730	Fax: 73395	
Ferrari Deutschland GmbH	Stielstr. 3 B	65201 Wiesbaden
Telefon: 0611-284090	Fax: 2840999	
Fiat Automobil AG	O.-Palme-Str. 13-17	60439 Frankfurt/M.
Telefon: 069-669880	Fax: 66988915	
Ford-Werke AG	Henry-Ford-Str. 1	50735 Köln
Telefon: 0221-900	Fax: 9012984	
Honda Deutschland GmbH	Sprendl. Landstr.166	63069 Offenbach
Telefon: 069-83090	Fax: 8309839	
Hyundai Deutschland GmbH	Neckargart. Str. 75	74172 Neckarsulm
Telefon: 07132-4870	Fax: 487270	
Jaguar Deutschland GmbH	Frankfurter Str.	61467 Kronberg
Telefon: 06173-7050	Fax: 705100	
KIA Motors Deutschland	Weser-Ems-Str. 2	28309 Bremen
Telefon: 0421-41810	Fax: 4181755	

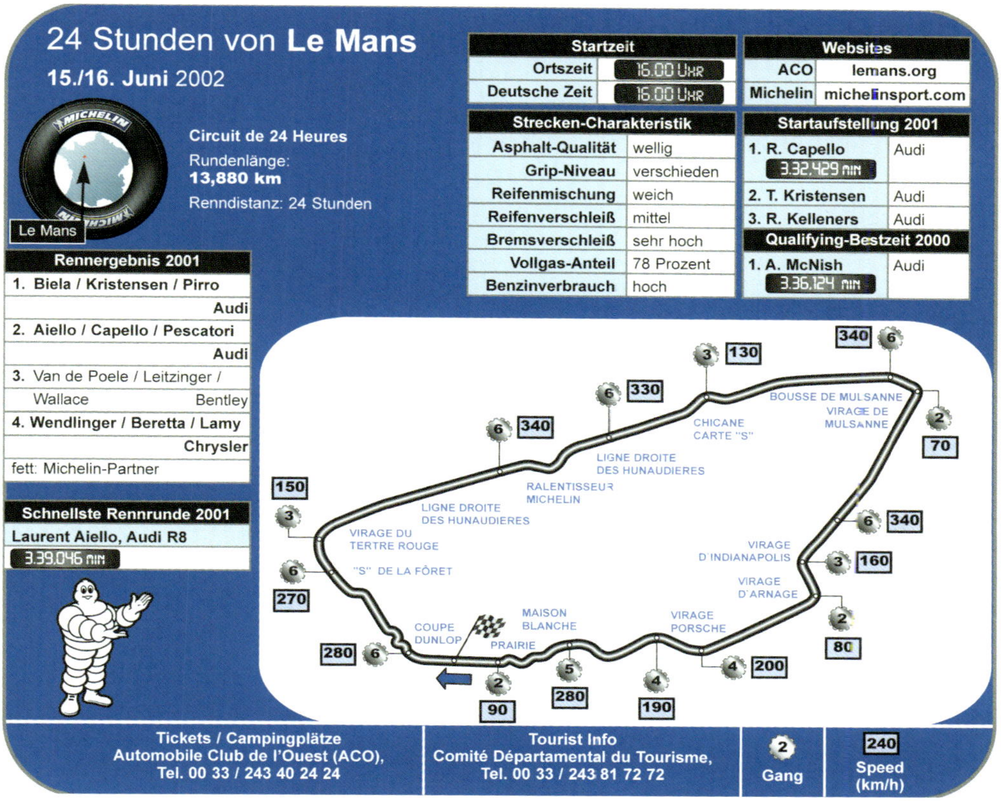

24 Stunden von Le Mans (Grafik: Michelin).

Mazda Motors Deutschland	Hitdorfer Str. 73	51371 Leverkusen
Telefon: 02173-9430	Fax: 943468	
Mitsubishi MMC Auto	Hessenauer Str. 2	65466 Trebur
Telefon: 06147-20701	Fax: 207102	
Nissan Motor Deutschland	Nissan Platz 1	41456 Neuss
Telefon: 02131-3880	Fax: 35599	
Opel AG, Adam	Postfach 1710	65407 Rüsselsheim
Telefon: 06142-770	Fax: 778764	
Peugeot Talbot Deutschland	A.-Peugeot-Str. 1	66119 Saarbrücken
Telefon: 0681-8790	Fax: 879545	
Porsche AG	Porchestr. 42	70435 Stuttgart
Telefon: 0711-9110	Fax: 9115111	

Proton Automobile Deutschl. Telefon: 06031-7930	Pfingstweide 30 Fax: 793111	61169 Friedberg
Rover Deutschland GmbH Telefon: 02131-9380	Forumstr. 22 Fax: 938333	41468 Neuss
Saab Deutschland GmbH Telefon: 06172-9000	Siemensstr. 14 Fax: 900291	61352 Bad Homburg
Seat Deutschland GmbH Telefon: 06105-2080	Starkenburgstr. 10 Fax: 26109	64546 Mörfelden
SKODA Automobile Telefon: 06150-1330	Brunnenweg 15 Fax: 133129	64331 Weilerstadt
Subaru Deutschland GmbH Telefon: 06031-6060	Mielestr. 6 Fax: 606183	61169 Friedberg
Suzuki Auto Deutschland Telefon: 089-315630	Mittenheimer Str. 60 Fax: 3150639	85759 Oberschleißh.
Toyota Deutschland GmbH Telefon: 02234-1020	Toyota-Allee 2 Fax: 1027206	50858 Köln-Marsd.
Volkswagen AG Telefon: 05361-90	Postfach Fax: 928282	38436 Wolfsburg
Volvo Deutschland Telefon: 0221-93930	Ringstr. 38-44 Fax: 9393155	50996 Köln

Kühlung

Behr GmbH & Co Telefon: 0711-8960	Mauserstr. 3 Fax: 896400	70469 Stuttgart

Kupplung

LuK GmbH & Co Telefon: 07223-9410	Industriestr. 3 Fax: 26950	77815 Bühl
Mannesmann SACHS AG Telefon: 09721-980	Ernst-Sachs-Str. 62 Fax: 982290	97424 Schweinfurt

Licht

Bosch GmbH, Robert Telefon: 0711-8116271	Robert-Bosch-Pl.1 Fax: 8117612	79839 Gerlingen

Audi-Prototyp (Foto: Michelin).

Hella KG	Rixbeckerstr. 75	59552 Lippstadt
Telefon: 02941-381	Fax: 387558	

Mineralöl, Benzin

Agip Deutschland AG	Sonnenstr. 23	80331 München
Telefon: 089-59070	Fax: 5907245	
ARAL AG	Wittener Str. 45	44789 Bochum
Telefon: 0234-3150	Fax: 3152319	
AVIA AG	Einsteinstr. 169	81675 München
Telefon:089-4550450	Fax: 45504510	
BP	Max-Born-Str. 2	22761 Hamburg
Telefon: 040-63950	Fax: 63952224	
Deutsche CASTROL	Max-Born-Str. 2	22761 Hamburg
Telefon: 040-359401	Fax: 3594402	
Deutsche VEEDOL GmbH	Max-Born-Str. 2	22761 Hamburg
Telefon: 040-359402	Fax:3594528	

ELF Oil Deutschland Telefon: 030-202760	Schützenstr. 25 Fax: 20278833	10117 Berlin
Esso AG Telefon: 040-63930	Kapstadtring 2 Fax: 63932211	22285 Hamburg
ExxonMobil Oil AG Telefon: 040-63930	Kapstadtring 2 Fax: 63932211	22297 Hamburg
Fina Deutschland GmbH Telefon: 069-21980	Bleichstr. 2-4 Fax: 2198345	60313 Frankfurt/M.
Liqui Moly GmbH Telefon: 0731-14200	Jerg-Wieland-Str. 4 Fax: 142071	89081 Ulm-Lehr
Shell & DEA Oil GmbH Telefon: 040-63240	Suhrenkamp Fax: 63245652	22284 Hamburg
Total Deutschland GmbH Telefon: 0211-90570	Kirchfeldstr. 61 Fax: 9057300	40217 Düsseldorf
Volvoline Deutschland Telefon: 040-6320120	Sandtorkai 73 Fax: 6314664	20457 Hamburg

Motorteile / Getriebe / Spezial-Rennsportteile

B & M Racing (Getriebe) Telefon: 02721-511400	Am Lennedamm 1 Fax: 511401	57413 Finnentrop
FAG Kugelfischer AG Telefon: 09721-910	Georg-Schäfer-Str. Fax: 913375	97421 Schweinfurt
Mahle GmbH (Kolben) Telefon: 0711-5010	Pragstr. 26-46 Fax: 5012005	70376 Stuttgart
Mannesmann SACHS AG Telefon: 09721-980	Ernst-Sachs-Str. 62 Fax: 982290	97424 Schweinfurt
MIS Motorsporttechnik Telefon: 02636-80394	Gleesestr. 14 Fax: 7056	56653 Wehr
Dr. Schrick GmbH Telefon: 02191-9500	Dreherstr. 3-5 Fax: 950115	42899 Remscheid
SKF GmbH Telefon: 09721-560	Postfach Fax: 566000	97419 Schweinfurt

Schwarzes Gold (Foto: Michelin).

SWR Telefon: 02191-561150	W.-Freitag-Str. 11 Fax: 5611555	42899 Remscheid
TRW Deutschland GmbH Telefon: 05105-5180	Postfach 1111 Fax: 518413	30881 Barsinghausen
ZF Friedrichshafen AG Telefon: 07541-770	Postfach 2520 Fax: 772764	88038 Friedrichsh.

Reifen

Bridgestone Deutschland Telefon: 06172-40801	DuPont-Str. 1 Fax: 408490	61352 Bad Hamburg
Continental AG Telefon: 0511-93801	Vahrenwalder Str. Fax: 93881770	30165 Hannover
Cooper-Avon Deutschland Telefon: 02739-87440	Dortmunder Str. 15 Fax: 874444	57234 Wilnsdorf
Deutsche Goodyear GmbH Telefon: 0221-976661	Xantener Str.105 Fax: 97666585	50733 Köln
Dunlop GmbH Telefon: 06181-6801	Dunlopstr. 2 Fax: 681283	63450 Hanau

Metzeler GmbH Telefon: 089-149080	Gneisenaustr. 15 Fax: 14908206	80992 München
Michelin Reifenwerke KGaA Telefon: 0721-5300	Michelinstr. 4 Fax: 5301555	76185 Karlsruhe
Pirelli Deutschland AG Telefon: 06163-710	Postfach 1120 Fax: 713130	64733 Höchst/Odw.
Uniroyal Telefon: 0511-9382228	Büttnerstr. 25 Fax: 9382830	30165 Hannover
Vredestein GmbH Telefon: 0261-80760	August-Horch-Str. Fax: 807658	56070 Koblenz
Yokohama Reifen GmbH Telefon: 0211-52940	Hansaallee 201 Fax: 593481	40549 Düsseldorf

Schalldämpfer, Katalysatoren

ATJ GmbH Telefon: 03773-9313	Eibenstockerstr. Fax: 4288	08349 Johanng.stadt
Bosal Deutschland GmbH Telefon: 02162-9590	Metallstr. 5 Fax: 959400	41751 Viersen
Eberspächer Telefon: 0711-9390224	Eberspächerstr. 24 Fax: 9390642	73730 Esslingen
HJS Abgas-Systeme Telefon: 02373-9870	Dieselweg 12 Fax: 987199	58706 Menden
Remus Sportausp. GmbH Telefon: 08654-60020	Troppauerstr. 2-6 Fax: 600250	83395 Freilassing
Sebring-Auspuffanl. GmbH Telefon: 07531-62083	Th.-Heuss-Str. 36 Fax: 63242	78467 Konstanz

Sicherheit im Motorsport

Manfred Mohr Race-Parts Telefon: 07727-7418	Herdgasse 3 Fax: 1223	78147 Vöhrenbach
Schroth Safety Products Telefon: 02932-97420	Postfach Fax: 974242	59757 Arnsberg

Weltmeister-Phantom: Peugeot 206 WRC (Zeichnung: Peugeot).

Wiechers GmbH — Vor dem Zoll 4 — 31582 Nienburg
Telefon: 05021-5066 — Fax: 12481

Sitze

König Rennsitze — Steinbeisstr. 5 — 74360 Ilsfeld
Telefon: 07062-6883 — Fax: 64405

RECARO GmbH — Stuttgarter Str. 73 — 73230 Kirchheim
Telefon: 07021-935000 — Fax: 935400

Stoßdämpfer, Fahrwerke

Apex Sportfahrwerke — Max-Planck-Ring 46 — 46049 Oberhausen
Telefon: 0208-802070 — Fax: 802065

Koni Deutschland ITT — Industriegebiet — 56424 Ebernhain
Telefon: 02623-6020 — Fax: 60233

Krupp BILSTEIN GmbH — August-Bilstein-Str. — 58240 Ennepetal
Telefon: 02333-987345 — Fax: 987225

Mannesmann SACHS AG — Ernst-Sachs-Str. 62 — 97424 Schweinfurt
Telefon: 09721-980 — Fax: 982290

Monroe Auto Equipment	Luitpoldstr. 83	67480 Edenkoben
Telefon: 06174-470	Fax: 472944	

Tuning

Alfa Romeo

Hähn Tuning	Koblenzer Str. 13	68309 Mannhem
Telefon: 0621-738079	Fax: 722752	
Hörmann Motorsport	Daimlerstr. 2	87437 Kempten
Telefon: 0831-72001	Fax: 72004	

Audi

siehe VW

BMW

AC Schnitzer	Neuenhofstr. 160	52078 Aachen
Telefon: 0241-5688130	Fax: 5688135	
Alpina, Bovensiepen GmbH	Alpenstr. 35-37	86807 Buchloe
Telefon: 08241-50050	Fax:5005155	
Hamann Motorsport	Im Eppen 24	89185 Hüttisheim
Telefon: 07305-96080	Fax: 960816	
Hartge GmbH & Co KG	An der B 51	66701 Beckingen
Telefon: 06835-5060	Fax: 50617	
Isert Racing	Fassoldshof 1	95336 Mainleus Telefon:
09229-8031	Fax: 8004	
Kelleners Sport	Am Pfauenzehnt 23	46539 Dinslaken
Telefon: 02064-449980	Fax: 449940	
MK Motorsport	Industriestr.	76470 Ötigheim
Telefon: 07222-24022	Fax: 28697	
Schnitzer Motorsport	Görlitzer Str. 2-3	83395 Freilassing
Telefon: 08654-4950	Fax: 66318	

Fiat

Hörmann Motorsport	Daimlerstr. 2	87437 Kempten
Telefon: 0831-72001	Fax: 72004	
(auch Lancia, Alfa)		

Rote Gefahr: Mitsubishi-Lancer (Zeichnung: Mitsubishi).

Ford

Mohag Motorsport	Sperberstr. 22	45894 Gelsenkirchen
0209-3600425	Fax: 3600433	
Richter Motorsport	Warburger Str. 51	34246 Vellmar
Telefon: 0561-9828331	Fax: 9828386	
Wolf Racing	Max-Eyth-Str. 17	74632 Neuenstein
Telefon: 07942-3001	Fax: 3030	

Formel 3

Josef Kaufmann Racing	Europastr. 1	54636 Wolsfeld
Telefon: 06568-7797	Fax: 7621	
Bertram Schäfer Racing	Bittburger Str. 92	54634 Bittburg
Telefon: 06561-17046	Fax: 17246	
Rosberg TR-Engineering	Nachtweide 35	67433 Neustadt
Telefon: 06321-91240	Fax: 914205	
Spiess-Tuning	Dieselstr. 11	71254 Ditzingen
Telefon: 07156-95610	Fax: 956111	

Honda

DC Automobiltechnik	Bottroper Str. 286	45356 Essen
Telefon: 0201-714930	Fax: 8715766	

Mercedes		
AMG Telefon: 07144-302240	Daimlerstr. 17 Fax: 302201	1563 Afalterbach
Brabus GmbH Telefon: 02041-7770	Kirchhellener Str. Fax: 777270	46240 Bottrop
Lorinser Telefon: 07195-1814	Linsenhalde 5 Fax: 181200	71364 Winnenden
Mitsubishi		
Ralliart Germany Telefon: 06145-5440	Schieferstein 11 Fax: 544105	65439 Flörsheim
Opel		
Holzer Rennsport Telefon: 0821-906020	Bgm.-Schlosser-Str.4 Fax: 9060241	86199 Augsburg
Irmscher International GmbH Telefon: 07151-971300	G.-Irmscher-Str. Fax: 971305	73630 Remshalden
Kissling Motorsport Telefon: 02253-930212	Bendenweg 79 Fax: 930213	53902 Bad Münstereifel
Lexmaul Telefon: 06074-98898	Senefelderstr. 31 Fax: 94288	63322 Rödermark
Mantzel GmbH & Co KG Telefon: 0208-850590	Zum Eisenhammer 3 Fax: 8505920	46049 Oberhausen
Mattig GmbH Telefon: 08586-6060	Brünstr. 3 Fax: 606202	94051 Hauzenberg
Lexmaul Telefon: 06074-98898	Sennefelder Str. 31 Fax: 94288	63322 Rödermark
Steinmetz Telefon: 0241-5688777	Neuenhofstr. 166 Fax: 5688778	52078 Aachen
Porsche		
Albert Porsche Racing Telefon: 0208-652486	Graf-Zeppelin-Str. 9 Fax: 654190	46149 Oberhausen
Alzen Motorsport Telefon: 02741-972397	Gewerbepark 12 Fax: 972394	57518 Betzdorf

Renault

Arkenau Motorsport Telefon: 04442-6776	Gewerbering 4 Fax: 72302	49393 Lohne
Elia-Tuning Telefon: 09101-906940	Am Galgenberg 10 Fax: 906969	90579 Langenzenn
Sesterheim Motorsport Telefon: 02696-1388	Am Dornzaun 2 Fax: 1399	54579 Üxheim

VW / Audi

ABT Sportsline GmbH Telefon: 0831-571400	Daimlerstr. 2 Fax: 5714037	87437 Kempten
Nothelle GmbH Telefon: 02065-41970	Rohwedder-Str. 9 Fax: 419710	47228 Duisburg
Oettinger Technik GmbH Telefon: 06172-7053	Max-Planck-Str.36 Fax: 7056	61381 Friedrichsdorf
RSL Motorsport Telefon: 07121-54700	Hauptstr. 42-44 Fax: 506269	72827 Wannweil
Spiess-Tuning Telefon: 07156-95610	Dieselstr. 11 Fax: 956111	71254 Ditzingen
VW-Racing Telefon: 0511-674940	Ikarusallee 7 A Fax: 6749488	30179 Hannover

Volvo

Heico Volvo Sportiv Telefon: 06151-300950	Eschollbrückerstr.24 Fax: 3009522	64295 Darmstadt

Zubehör (allgemein)

D & W Telefon: 02327-3270	Dükerweg 21 Fax: 327189	44867 Bochum
ISA-Racing Telefon: 02651-96250	August-Horch-Str. Fax: 962510	56736 Kottenheim
Pontus Handel (OMP) Telefon: 02191-5759	Stursberg I/7 Fax: 50140	42899 Remscheid
Sandtler Telefon: 02327-98670	Heidestr. 85 B Fax: 986767	44866 Bochum

Korea-Geige: Hyundai Accent WRC (Foto: Hyundai).

Zündung, Elektronik, Elektrik

Beru AG Telefon: 07141-1320	Mörikestr. 155 Fax: 132385	71602 Ludwigsburg
Bosch GmbH, Robert Telefon: 0711-8116271	Robert-Bosch-Pl.1 Fax: 8117612	79839 Gerlingen
Champion Deutschland Telefon: 06172-948730	Norsk-Data-Str. 1 Fax: 948711	61352 Bad Homburg

Motorsport-Verbände:

FIA Federation Inter- Nationale de l'Automobile Telefon: +41-22 544 44 00	2, Chemin de Blandonnet Fax : +41-22 544 44 50	CH-1215 Genève 15
DMSB Deutscher Motor Sport Bund Telefon: 069-6330070	Hahnstr. 70 Fax: 63300730	60528 Frankfurt/Main
ADAC Telefon: 089-76760	Am Westpark 8 Fax: 76762500	81373 München
AvD Telefon: 069-6606262	Lyoner Str. 16 Fax: 6606260	60528 Frankfurt/Main
DMV Deutscher Motor- Sport Verband Telefon: 069-6950020	Otto-Fleck-Schneise 12 Fax: 69500220	60528 Frankfurt/Main
DSK Deutscher Sport- Fahrer Kreis Telefon: 07251-94460	Friedenstr. 60 Fax: 944660	76689 Karlsdorf

AUTO-TECHNIK aktuell

Klaus Peter Backfisch/Dieter Heinz
Das neue Reifenbuch
Das einzige Fachbuch zum Thema Reifen liegt in einer neuen, erweiterten und völlig überarbeiteten Ausgabe vor. Die Autoren informieren in diesem Standardwerk über alle Reifenthemen von der Historie bis zum heutigen Hightech-Produkt.
288 Seiten, 466 Bilder
Bestell-Nr. 02025 **€ 26,–**

Steve Rendle
Das große Schrauberbuch für Autofahrer
Für den Gegenwert noch nicht einmal einer halben Werkstatt-Stunde bietet dieses Buch fundierte, aus der Praxis kommende Tipps und Kniffe zur Fahrzeugwartung. Zusätzlich zu den sehr attraktiv aufgemachten Schraubertipps werden allgemeine Ratschläge zu den Themen Sicherheit und Zubehör rund ums Auto geboten.
160 Seiten, 350 Farbbilder
Bestell-Nr. 02056
€ 22,–

Balzer, Ehlert u.a.
Handbuch der Kfz-Technik Band 1
Der erste Band widmet sich der Motortechnik, zeigt die Komponenten eines Motors und dessen Aufbau, informiert über Kolbenformen und Ventilanordnungen, über Vergaser, Einspritzanlagen und Ladesysteme, über Getriebearten und deren Zusammensetzung.
224 Seiten, 543 Bilder
Bestell-Nr. 02054 **€ 26,–**

Balzer, Ehlert u.a.
Handbuch der Kfz-Technik Band 2
So logisch und übersichtlich aufgebaut wie Band eins präsentiert sich auch das zweite Buch über die Konstruktion von Antrieb, Radaufhängungen und Zündsystem. Hier werden die Geheimnisse von Fahrgestell, Bremsen, Lenkung und Karosserie entschlüsselt.
240 Seiten, 500 Bilder
Bestell-Nr. 02055 **€ 26,–**

Christian Bartsch
Die Diesel-Revolution
Christian Bartsch nimmt in diesem Buch den Selbstzünder unter die Lupe. Er erklärt, was es mit der TDI-Technik auf sich hat, wie das Speichereinspritzsystem Common Rail funktioniert und der Diesel in Zukunft aussieht.
272 Seiten, 265 Bilder
Bestell-Nr. 02112 **€ 26,–**

IHR VERLAG FÜR AUTO-BÜCHER

Postfach 10 37 43 · 70032 Stuttgart
Tel. (07 11) 2 10 80 65 · Fax (07 11) 2 10 80 70

Motor buch Verlag

kurz & gut

Die Reihe »Typenkompass«

Jeder Band der Reihe »Typenkompaß« enthält einen kompakten Überblick zur Marken- und Modellgeschichte der großen Automobil-Hersteller – übersichtlich und kompetent. Kurze, einprägsame Texte informieren über den Werdegang und die Besonderheiten der wichtigsten Modelle, ausführliche Tabellen stellen die Technik in Zahlen dar. Das Ganze ist mit entsprechendem Bildmaterial unterlegt, auch in Farbe.

Halwart Schrader
Opel – Band 1
128 Seiten, 134 Bilder, davon 48 in Farbe **Best.-Nr. 02188**

Halwart Schrader
Opel – Band 2
128 Seiten, 120 Bilder, davon 92 in Farbe **Best.-Nr. 02189**

Joachim Kuch/Halwart Schrader
VW – Band 1
128 Seiten, 130 Bilder, davon 109 in Farbe **Best.-Nr. 02105**

Halwart Schrader/Joachim Kuch
VW – Band 2
128 Seiten, 116 Bilder, davon 95 in Farbe **Best.-Nr. 02186**

Detlef Koch/Michael Rohde
Mercedes-Benz – Band 1
128 Seiten, 114 Bilder
Best.-Nr. 02019

Eberhard Kittler
Mercedes-Benz – Band 2
128 Seiten, 117 Farbbilder
Best.-Nr. 02209

W. Schmarbeck/Gabi Wolbold
Peugeot
128 Seiten, 109 Bilder, davon 34 in Farbe **Best.-Nr. 02050**

Walter Zeichner
Audi
120 Seiten, 104 Bilder
Best.-Nr. 01874

Rüdiger Kaufmann
Ferrari
128 Seiten, 115 Bilder
Best.-Nr. 02253

Walter Zeichner
BMW
144 Seiten, 131 Bilder, davon 18 in Farbe **Best.-Nr. 02048**

Unsere erfolgreiche Reihe »Typenkompass« wird laufend erweitert und kostet pro Band € 9,95

IHR VERLAG FÜR AUTO-BÜCHER
Postfach 10 37 43 · 70032 Stuttgart
Tel. (07 11) 2 10 80 65 · Fax (07 11) 2 10 80 70
Motor buch Verlag

Stand Dezember 2002 – Änderungen in Preis und Lieferfähigkeit vorbehalten